华南理工大学亚热带建筑科学国家重点实验室资助项目（2015ZB06）资助出版
国家自然科学基金面上项目（51878285）资助出版
"十三五"国家重点研发计划（2018YFC0704603）资助出版
广州市人文社会科学重点研究基地成果资助出版

◆ 大数据与智慧城市研究丛书 ◆

甄峰 主编

智慧治理和新型协作规划

林艳柳 王世福 〔荷〕斯坦·吉尔特曼 邓昭华 等著

商务印书馆
The Commercial Press

图书在版编目（CIP）数据

智慧治理和新型协作规划/林艳柳等著.—北京：商务印书馆，2022

（大数据与智慧城市研究丛书）

ISBN 978-7-100-20739-3

Ⅰ.①智… Ⅱ.①林… Ⅲ.①现代化城市-城市管理-研究②现代化城市-城市规划-研究 Ⅳ.①C912.81②TU984

中国版本图书馆CIP数据核字（2022）第026754号

权利保留，侵权必究。

大数据与智慧城市研究丛书

智慧治理和新型协作规划

甄峰　主编

林艳柳　王世福　（荷）斯坦·吉尔特曼　邓昭华　等著

商 务 印 书 馆 出 版
（北京王府井大街36号 邮政编码100710）
商 务 印 书 馆 发 行
北京新华印刷有限公司印刷
ISBN 978-7-100-20739-3

2022年8月第1版　　　开本 787×1092　1/16
2022年8月北京第1次印刷　印张 16½

定价：95.00元

"大数据与智慧城市研究丛书"编委会

主编

甄 峰

编委

（以姓氏笔画为序）

王芙蓉　王 德　刘 瑜　林艳柳
徐菲菲　柴彦威　席广亮　秦 萧
曹小曙

本书作者

导言　智慧治理和新型协作规划理论与实践
　　……………………………林艳柳、王世福、邓昭华、〔荷〕斯坦·吉尔特曼

第一章　荷兰协作规划、信息通信技术和智慧治理关系
　　…………………〔荷〕斯坦·吉尔特曼、〔荷〕丹尼尔·德克勒克、
　　　　　　　　　　〔荷〕基斯·拉德斯塔克、〔荷〕芬尼·范·斯特拉伦

第二章　芬兰公众参与规划支持系统
　　………………………〔芬〕马里特·卡希拉-塔尼、〔芬〕马莉美·屈泰

第三章　澳大利亚地理信息和智慧治理
　　…………………………………………………………〔澳〕斯科特·利斯克

第四章　美国规划支持系统的可操作性
　　………………………………………………〔美〕布赖恩·迪尔、潘浩之

第五章　公众参与、城市规划和规划支持技术的共同演化
　　………………张琳、林艳柳、〔荷〕斯坦·吉尔特曼、〔荷〕彼得·霍迈耶

第六章　基于城市规划云平台的公众参与和城市规划
　　………………………………………………………………茅明睿、储妍

第七章　智慧城市规划与公众参与
　　………………………………………………………………………王鹏

第八章　新媒体语境下协作规划的机遇与挑战
　　………………………………………………………………邓昭华、王世福

第九章　网络社会中城市事件的公众参与特征分析
　　………………………………………………赵渺希、李榕榕、徐高峰

第十章　智慧城市建设的治理模式
　　………………………………李永玲、林艳柳、〔荷〕斯坦·吉尔特曼

第十一章　智慧社区治理
....吴树伟

第十二章　上海陆家嘴智慧社区治理
....史熠

第十三章　佛山张槎街道"智慧城市管家"的启示
....邓沁雯、邓昭华

第十四章　基于规划支持系统的历史街区智慧管理
....周恺、何婧

第十五章　面向外来人口聚居区的智慧治理
....林艳柳、刘颖

结论与未来研究方向
................................林艳柳、王世福、邓昭华、〔荷〕斯坦·吉尔特曼

外国作者译名对照表

Stan Geertman	〔荷〕斯坦·吉尔特曼
Daniel de Klerk	〔荷〕丹尼尔·德克勒克
Kees Radstaak	〔荷〕基斯·拉德斯塔克
Fennie van Straalen	〔荷〕芬尼·范·斯特拉伦
Maarit Kahila-Tani	〔芬〕马里特·卡希拉-塔尼
Marketta Kyttä	〔芬〕马莉美·屈泰
Scott Lieske	〔澳〕斯科特·利斯克
Brian Deal	〔美〕布赖恩·迪尔
Pieter Hooimeijer	〔荷〕彼得·霍迈耶

"大数据与智慧城市研究丛书"
序　言

　　随着大数据、云计算、人工智能、物联网等新技术的快速发展，智慧城市建设已经成为全球性共识，并作为世界各国推进城市发展与创新、提升城市竞争力和功能品质的基本战略选择。自 2012 年以来，住建部、科技部先后推出了三批智慧城市国家试点，开展了城市、园区、街道和社区等不同层面的实践探索。在智慧城市试点工作的推动下，超过 500 个城市进行了各类智慧城市的规划和示范建设。这场大规模的应用探索，一方面大幅度提升了中国城市基础设施的信息化、智能化水平，同时广泛积累了智慧城市建设的经验，进一步凝聚了智慧城市建设的社会共识。随着认识的不断深化，智慧城市被普遍认为是推动中国新型城镇化和提升城市可持续发展能力的重要途径。在新型智慧城市建设的同时，要本着以民生服务便利化、社会治理精细化为重点的基本出发点。然而，在广泛且热烈的智慧城市建设浪潮的面前，我们应该冷静地认识到，智慧城市是大数据时代的城市转型和升级，是未来城市的范式，它的建设既涉及工程技术创新，也需要科学理论指引。目前，理论、技术和工程问题的研究远滞后于建设实践的需求，需要学界和业界给予高度重视并迅速采取行动。

　　城市是一个开放的复杂巨系统，涉及复杂的数据和业务关联。智慧城市建设包括城市基础设施、社会经济、居民活动、资源环境、公共安全、城市治理等要素系统的数字化、网络化和智能化。各类智能技术的普及应用在催生各类在线虚拟活动的同时，改变了城市人流、物流、资本、信息、技术等要素流动的结构与模式，并对居民、企业和政府等主体的行为活动、社会联系以及城市功能空间等产生重构作用，且持续影响着人类活动与物质环境的交互方式。新一代信息通信技术为感知各类要素系统和城市物质空间提供新的技术手段，并在人地地域系统的调控中发挥着重要作用。在传统社会空间、物质空间的基础上，对于智慧城市空间的理解，也越来越关注信息空间、流动空间的影响和作用及其带来的城市复杂适应性的系统和韧性变化。因此，从地理学、城市规划学和信息通信技术等多学科角度，综合开展智慧城市的基础理论与规划方法研究，毫无疑问具有重要的科学价值和实践意义。

智慧城市建设带来了数据信息的爆发式增长。大数据则为智慧城市规划建设提供了强大的决策支持，在城市规划、城市管理、民生服务、城市治理的决策中发挥重要作用，也为城市科学研究提供了新的理念、方法和范式。针对当前智慧城市建设中存在的信息孤岛化、应用部门化等问题，迫切需要探索各类数据系统集成和整合应用的机制与协同策略。从城市发展的角度，需要在多源数据挖掘和融合分析的基础上，进行城乡区域各类要素的实时监测、动态评估、模拟仿真和时空可视化，探索时空大数据驱动的智慧规划方法体系，以提升资源要素配置效率、城乡区域空间治理水平和城市可持续发展能力。

针对当前国内智慧城市建设实践以智能基础设施、信息化项目为主导，缺乏对城市复杂系统的全面理性思考，以及综合系统的理论研究欠缺等现实问题，南京大学甄峰教授领衔主编了"大数据与智慧城市研究丛书"。该丛书立足于城市科学研究的视角，从"智能技术—人类活动—地理环境"关系协同、生命有机体、复杂适应性系统和韧性等角度探索智慧城市理论与规划方法体系；基于市民、企业和公共服务流动性以及流动空间分析评价，探讨智慧城市空间组织模式；利用多源大数据的时空融合分析，探索城市研究与智慧规划方法创新；面向新型城镇化发展，探讨智慧国土空间规划、智慧城市治理的框架与实现路径。该丛书从多学科综合的角度展开智慧城市理论和应用研究，为中国智慧城市研究提供了新的探索，为智慧城市建设实践带来新的思考和认识。

丛书主要特点有二。一是在深刻认识数字时代生产生活方式变革的基础上，从以人为本的需求挖掘和城市发展规律把握出发，构建基于人地关系、复杂适应系统等理论框架，探索开放、流动、共享与融合理念支撑的智慧城市研究范式；二是强调从智能技术与社会经济发展、居民活动、城市空间互动融合角度出发，理解智慧城市发展、空间布局和建设管理，并提出多学科综合和多源时空大数据融合的智慧城市规划框架与方法体系。

相信本丛书的出版将为未来智慧社会下的城市高质量发展、城市功能完善、治理效能提升以及规划建设提供启发和指导。毋庸置疑，多学科综合视角的智慧城市理论研究与规划方法体系探索意义重大，需要更多的学者加入，更需要更多的研究成果积累。希望本丛书的出版，能够吸引更多的学界和业界同仁加入智慧城市科学理论与工程技术的研究，为国家智慧城市战略实施以及地方智慧城市建设实践提供相应理论指引和技术支撑。

郭仁忠

中国工程院 院士

深圳大学 教授，智慧城市研究院 院长

"大数据与智慧城市研究丛书"
前 言

智慧城市是近十余年来世界各学术界、政府及企业关注的热点。中国信息化建设的起步虽然较西方发达国家晚，但却发展迅速。目前已经成为全球信息化大国和智慧城市建设的主战场。就概念而言，智慧城市起源于西方，中国在规划建设初期也大量学习、借鉴了欧美发达国家的经验和教训。但中国的智慧城市建设，在"摸着石头过河"的道路中，已经形成了自己的一套体系和建设模式。如今，在这个"百年未有之大变局"的背景下，总结经验与不足就显得非常必要。

智慧城市与我结缘，首先要感谢我的恩师——清华大学顾朝林教授。1998 年，顾先生刚到南京大学就接纳我为博士生，并让我参加国家重点基金项目，引导我去探索"信息化与区域空间结构"这一前沿领域。那时的我，对这一领域还一无所知。感谢先生提供机会，使我于 1999 年和 2002 年先后两次赴香港中文大学跟随沈建法教授做研究助理和副研究员。期间，我有幸阅读了当时在内地还较少见到的大量英文文献，对当时在信息技术影响下的国际层面里的城市与区域研究理论基础、范式和进展方面有了较为全面的了解。有了这些积累的同时，还得到时任商务印书馆地理编辑室李平主任的大力支持，于 2005 年在商务印书馆出版了《信息时代的区域空间结构》一书。

2011 年，我组织了第一届"信息化、智慧城市与空间规划会议"。在北京大学柴彦威教授的推荐下，我有幸邀请了住房和城乡建设部的郭理桥副司长做了关于智慧城市的主题报告。之后，应郭司长邀请，我参与了第一批、第二批国家智慧城市试点的遴选工作，并先后对北京、南京、济南、兰州、宜昌等多个城市进行智慧城市的调研与考察。在实践中，我也逐渐认识到智慧城市顶层规划设计的重要性，以及从城市科学的视角加强智慧城市研究与规划的必要性和紧迫性。郭司长在智慧城市规划建设方面的深入思考，促使我一直试图将信息化与城市研究、空间规划方面的理论与方法探索落实到智慧城市规划建设领域。这对本丛书的选题有着很大的启发。

尽管智慧城市的概念很热，也有大量的著作推陈出新，但作为一个自然、经济、社会、生态组成的复杂系统，智慧城市的规划建设显然不能单纯依靠技术路径。同时，伴随着移动互联网的普及以及各种信息化平台的建设，大数据开始强力支撑智慧城市的规划建设。基于大数据的城市研究与规划探索成果不断涌现。因此，我与时任商务印书馆副总编辑李平博士讨论后，并在他的大力支持下，推出了这套"大数据与智慧城市研究丛书"。

近些年来，随着中国智能技术在社会经济及治理领域的广泛和深度应用，以及经济转型与规划转型，大数据应用与智慧城市规划成为规划、地理、测绘与地理信息系统、计算机、信息管理等领域多学科研究的热点。我要感谢很多前辈和朋友，从他们的学术报告或成果交流中，我都汲取了太多的营养，对本丛书也产生了重大影响。他们是，叶嘉安院士、吴志强院士、周成虎院士、郭仁忠院士、陈军院士、张荣教授、陆延青教授、李满春教授、孙建军教授、卢佩莹教授、路紫教授、王德教授、柴彦威教授、修春亮教授、沈振江教授、党安荣教授、詹庆明教授、刘瑜教授、曹小曙教授、周素红教授、汪明峰教授、杨俊宴教授、徐菲菲教授、裴韬研究员、龙瀛研究员、王芙蓉博士、万碧玉博士、迈克尔·巴蒂（Michael Batty）教授、帕特里夏·L.莫赫塔拉（Patricia L. Mokhtarian）教授、曹新宇教授、叶信岳教授、彭仲仁教授等。同时，也要感谢南京大学"智城至慧"研究团队的师生们。做有"温度"、有"深度"的智慧城市研究与实践，是我们共同努力的方向。

大数据与智慧城市方面的著作是国内外城市研究、政策领域的优先选题，许多出版社都相继翻译出版了智慧城市和大数据相关著作，对智慧城市和大数据的理论研究和实践起到了方向性的引领作用。但是，国内目前的相关成果主要集中在政策和实践领域，虽名为智慧城市，但信息化建设的特色仅突出了实践指导性，对城市研究的理论创新尚存在不足。对地理、规划等相关学科发展的贡献略显薄弱，亟须加强。同时，国内的智慧城市成果技术主义痕迹浓厚。当前的从业者也多为 IT 领域专家与技术人员，故需要站在技术、人文与空间相结合的高度，基于更加综合的视野进行分析和研究，以便更好地指导智慧城市的建设和发展。更进一步，国外的成果多是从社会学和政策的角度关注智慧城市的综合治理。尽管对中国的智慧城市研究与发展有积极的借鉴意义，但当下仍需立足中国国情，面向解决当前的城市问题和实现可持续发展目标，从而构建智慧城市研究的理论框架体系。除此之外，还可利用大数据等手段对城市空间进行多维度分析与研究，探讨智慧城市的空间组织以及建设模式，以便更好地指导国内智慧城市的建设，推进新型城镇化和城市的可持续发展。

自 2010 年这套丛书立项，至今已过去 11 年。感谢商务印书馆领导以及地理编辑室李娟主任及其同事们，一直在支持、鼓励我，给了我足够的耐心和时间去做自由的探索。我时常很惭愧，未能保障丛书的及时出版。但现在看来，基于数十年的研究和积累沉淀下来、认真思考中国大数据与智慧城市已有的成就、存在的问题与未来的方向，才是这套丛书的目的所在。恰巧这些年来，大数据与智慧城市研究逐渐从蔓延式增长转向了理性的探索与思考。大数据应用与智慧城市建设模式及路径也逐渐清晰。新型智慧城市建设已成为主要发展方向。同时，作为全球最大的数字经济和智慧城市市场，"十四五"规划中提出的国家生态文明建设与新型城镇化发展，也为我们从事大数据与智慧城市研究及应用提供了新的背景、服务国家需求、成为试验田。

本丛书旨在对智慧社会理论进行总结与梳理，紧扣智能技术、人与城市空间的相互作用及其影响，探索基于城市研究的智慧城市理论与方法体系；对城市社会经济与空间转型进行分析，尤其是通过城市流动空间的评价，探索智慧城市空间组织模式；利用大数据对城市中的要素互动及其空间变化进行分析，探索新的城市研究与智慧城市规划的方法体系；在总结国际经验的基础上，将智慧城市建设与新型城镇化关联，结合国土空间规划体系改革，探索城市智慧治理的框架、内容与路径。

期待本丛书的出版，能弥补国内智慧城市研究理论创新与方法体系建设的不足；丰富城市地理、国土空间规划相关理论体系；为智慧城市建设实践提供理论、路径、方法上的指导；也为国际智慧城市规划建设提供中国经验。

甄峰

2021 年 4 月于南京

目　录

导言　智慧治理和新型协作规划理论与实践 ··· 1
　一、治理 ··· 1
　二、智慧治理理论与实践 ··· 2
　三、协作规划理论与实践 ··· 5
　四、智慧治理、协作规划与信息通信技术的关联性 ····························· 8
　五、主体内容 ··· 9

上篇　国外智慧治理、新型协作规划和公众参与

第一章　荷兰协作规划、信息通信技术和智慧治理关系 ························· 15
　一、简介 ··· 15
　二、方法 ··· 17
　三、理论层面上的公众参与 ·· 18
　四、ICT 层面上的公众参与 ·· 20
　五、结论与展望 ·· 24

第二章　芬兰公众参与规划支持系统 ··· 26
　一、导言 ··· 26
　二、公众参与规划地理信息系统的背景 ·· 27
　三、Maptionnaire：一个独特的 PPGIS 工具 ··································· 29
　四、PPGIS 是公众参与规划支持系统的一部分 ································ 30
　五、结论 ··· 36

第三章 澳大利亚地理信息和智慧治理 ·· 38
 一、导言 ·· 38
 二、背景 ·· 39
 三、方法 ·· 41
 四、影响分析 ·· 41
 五、成果和推广 ··· 43
 六、讨论与结论 ··· 47

第四章 美国规划支持系统的可操作性 ·· 48
 一、导言 ·· 48
 二、直观的规划支持系统空间模型 ··· 48
 三、可操作的规划支持系统模型 ·· 49
 四、LEAM 以使用为基础的规划支持系统实施 ······································· 50
 五、促进与圣路易斯蓝图模型的对话 ·· 51
 六、皮奥里亚（Peoria）的扭曲抵消 ·· 53
 七、麦克亨利县的规划支持系统融合规划制定过程 ································· 55
 八、下一步：有感知的规划支持系统 ·· 57
 九、结论和讨论 ··· 60

下篇　国内智慧治理、新型协作规划和公众参与

第五章 公众参与、城市规划和规划支持技术的共同演化 ······················· 65
 一、引言 ·· 65
 二、国内外相关研究 ··· 65
 三、公众参与、城市规划和规划支持技术在中国的共同演化 ···················· 68
 四、本章小结 ·· 74

第六章 基于城市规划云平台的公众参与和城市规划 ······························ 76
 一、项目背景 ·· 76
 二、规划云平台的提出 ·· 78
 三、规划云平台的建设框架 ·· 79
 四、基于云平台应用与实践 ·· 84

五、本章小结 ·· 98
第七章　智慧城市规划与公众参与 ·· 100
　　一、引言 ··· 100
　　二、智慧城市规划中的公众参与 ··· 101
　　三、智慧城市规划与公众参与案例 ·· 104
　　四、本章小结 ·· 111
第八章　新媒体语境下协作规划的机遇与挑战 ······································ 112
　　一、引言 ··· 112
　　二、协作规划的关键要素 ·· 112
　　三、新媒体的机遇和挑战 ·· 114
　　四、新媒体承载的规划争议 ··· 115
　　五、讨论与前瞻 ··· 120
第九章　网络社会中城市事件的公众参与特征分析 ································ 123
　　一、引言 ··· 123
　　二、网络社会中的城市规划理论 ··· 124
　　三、研究基础与事件的网络参与过程解析 ·· 127
　　四、反思与讨论 ··· 136
　　五、网络社会中的规划参与展望 ··· 138
第十章　智慧城市建设的治理模式 ··· 139
　　一、引言 ··· 139
　　二、智慧城市的建设内容、行为主体以及运营模式 ··························· 140
　　三、案例分析 ·· 145
　　四、本章小结 ·· 147
第十一章　智慧社区治理 ·· 149
　　一、智慧社区的建设 ··· 149
　　二、智慧社区的运维 ··· 152
　　三、智慧社区的未来 ··· 155
第十二章　上海陆家嘴社区智慧治理模式 ··· 159
　　一、引言 ··· 159
　　二、陆家嘴社区基本情况 ·· 160

三、陆家嘴社区智慧治理模式及要素 ……………………………… 160
　　四、智慧社区建设 …………………………………………………… 162
　　五、陆家嘴社区智慧建设模式的价值 ……………………………… 173

第十三章　佛山张槎街道"智慧城市管家"的启示 ………………… 175
　　一、引言 ……………………………………………………………… 175
　　二、社区智慧治理的路径架构 ……………………………………… 175
　　三、佛山张槎街道"智慧城市管家" ……………………………… 177
　　四、佛山张槎街道社区智慧治理的模式借鉴 ……………………… 188
　　五、本章小结 ………………………………………………………… 189

第十四章　基于规划支持系统的历史街区智慧管理 ………………… 190
　　一、历史街区智慧治理框架 ………………………………………… 190
　　二、历史街区空间数据库设计 ……………………………………… 191
　　三、历史街区智慧治理应用 ………………………………………… 205
　　四、本章小结 ………………………………………………………… 214

第十五章　面向外来人口聚集区的智慧治理 ………………………… 215
　　一、引言 ……………………………………………………………… 215
　　二、传统治理方式及基于网页规划支持系统的智慧治理 ………… 215
　　三、城中村改造过程中的治理模式 ………………………………… 217
　　四、外来人口集聚区的智慧治理和社会可持续发展 ……………… 220
　　五、本章小结 ………………………………………………………… 225

结论与未来研究方向 …………………………………………………… 227
　　一、基于信息通信技术的公众参与和协作规划 …………………… 228
　　二、新规划技术手段和方法 ………………………………………… 229
　　三、智慧治理的多种模式 …………………………………………… 230
　　四、规划师角色的转变 ……………………………………………… 231
　　五、城市规划和治理体制创新 ……………………………………… 232

参考文献 ………………………………………………………………… 233

导言　智慧治理和新型协作规划理论与实践

　　智慧治理是智慧城市的一个主要构成部分，是基于信息通信技术（Information Communications Technology，ICT）的一种治理模式。它能够建立政府、市场和公民社会三个领域的平衡关系，促进多方参与者的沟通和协作，具有互动性、包容性、协作性和透明性。然而，不同的体制转变和组织过程也会造成不同的智慧治理结果。智慧治理与新型协作规划模式有着密切的联系。传统的协作规划是指三个领域的利益相关者在规划过程中的互动，从而建立共识并寻找某一规划问题的解决方案，但也存在着少数强势利益相关者可能占主导地位、缺乏公众参与、利益相关者沟通低效等问题。近几年来，新型信息通信技术（如规划支持系统、众包、社交媒体、云平台、在线参与平台等）的发展为协作规划中公众参与和利益相关者互动沟通提供了新的途径，促使了新型协作规划的出现。大量的公众和专家等能够实时地参与到规划过程中，与政府互动沟通，但也出现了由于数字鸿沟和网络权力中心等造成的新的权力不均衡。此外，如何通过体制创新和结合新技术平台来促进治理和协作也是新型协作规划当前所面临的挑战。

　　本书由国内外近三十位知名学者、规划师和政府人员等共同撰写，适合学者、规划专业人士、技术人员、政府人员以及在校学生（城市规划、管理、政治、技术等方向）阅读和参考。

一、治理

　　自20世纪70年代以来，在全球化和网络社会的背景下，西方国家已经从政府（Government）转向治理（Governance）（Healey，1997）。全球化促进了跨国公司的发展以及经济的多元化。信息技术的发展则促进了新型沟通模式和网络社会的出现，从而推动了社会的转型和多元化价值观的形成。此外，随着城市快速发展，环境污染问题日益严重，环境纠纷和运动日益增多。在这种新的环境下，传统政府主导的城市规划和发展模式出现了很多问题，例如难以应对各种不确定性和复杂性。因此，鼓励市场和民间多方利益相关者参与到协同治理过程变得非常重要。

治理这个术语没有统一的定义，总的来说，它可以在不同的情景下使用，是所有形式的社会协调和规则模式（Bevir, 2012）。治理是关于管理而不是控制，因为治理体系是可渗透的，承认外部影响和假设决策者并非无所不能（Cariño, 2003）。在治理活动中，国家是一个推动者，它提供市场和民间主体行动的法律和政治体系，因此，治理活动指的是国家、市场和民间主体参与和解决集体问题的互动及决策过程（Hufty, 2011）。国家可以是中央和地方各级政府部门；市场是各个企业组织；民间则是公民社会。治理活动可以在地方、国家或国际等不同层面进行，影响不同的政策领域和不同的时间尺度（Lange *et al.*, 2013）。

在中国传统的城市规划中，政府常常扮演着主导角色。随着改革开放、市场经济的发展，越来越多的市场主体也参与到城市建设和发展中。近几年来，在城市更新中出现了多元的治理模式，如政府、开发商和村集体合作的模式等，主要是基于国家、市场和民间主体之间的关系形成的（Lin *et al.*, 2015）。虽然这些治理模式有别于传统的政府主导模式，且能在一定程度上解决城市发展和更新中多方利益冲突问题，但也存在弱势群体参与率低以及缺乏利益相关者沟通的有效平台等问题。

二、智慧治理理论与实践

随着新一代技术的出现和智慧城市建设的加速前进，以互联网、移动互联网、大数据和云计算等为基础，通过创新型的技术应用，新型的智慧治理模式成为可能。智慧治理的出现可以解决传统治理模式的一些问题。例如，利用技术手段能够促进利益相关者的有效沟通和大规模的公众参与等。

智慧治理是智慧城市一个重要的元素。智慧城市（Smart City）即通过参与式治理，使对人力和社会资本以及传统（运输）与现代通信基础设施的投资，能够有效地促进可持续的经济增长，提高人们的生活质量，并明智地管理自然资源（Caraliu *et al.*, 2011）。智慧城市包括六个主要元素：智慧经济、智慧移动、智慧人、智慧环境、智慧治理和智慧居住（图1）（Giffinger *et al.*, 2007）。其中，智慧治理的主要特征为参与到决策过程、公共和社会服务、透明的治理、政治战略和观点。

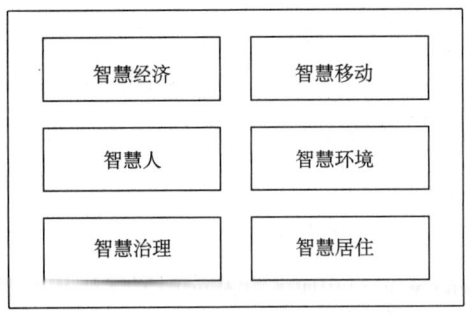

图 1　智慧城市的六大元素

资料来源：Giffinger et al.，2007。

智慧治理是信息和通信技术的组织与制度运用到城市管理中（Komninos，2009）。由于城市快速地建设先进的信息通信技术设施，使得公司不断协作和创新，为公民提供更好的服务，从而赋予公民获取各种信息，使他们在某种程度上能够参与城市建设的辩论以及影响决策。智慧治理为通过使用信息和通信技术来获得更好的结果和更加开放的治理过程从而执行新的人类协作方式（Meijer et al.，2015）。智慧治理不是技术问题，而是一个复杂的体制转变，需要认识到社会技术治理的政治性质。它可以构建国家（State）、市场（Market）、公民社会（Civil Society）三者的平衡关系，调解不同道德与价值体系之间的冲突，尤其是在促进边缘群体的决策参与上。智慧治理能够起到积极的作用，从而避免不必要的社会冲突，促进社会公平与可持续发展（Suk-Joon，2013）。因此，智慧治理强调的是怎样通过信息和通信技术使得国家、市场和公民社会（在中国的语境下，"社会"比"公民社会"更贴切）更好地沟通和协作（图2）。

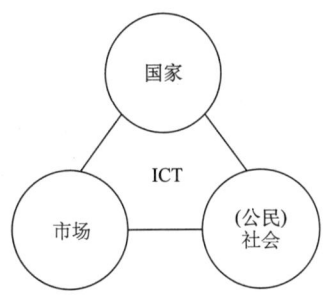

图 2　智慧治理中三个领域的关系

用于支撑智慧治理构建的信息通信技术、平台和数据包括两大类：1. 大数据、数据仓库、监控工具等用来加强政府的信息基础，主要应用在交通管理、犯罪控制等方面；

2. 社交媒体（如美国的 WhatsApp、Twitter 以及中国的微信和微博等）、网络和开放数据等用来支撑人们的沟通和协作，特别是智能手机和即时通信软件的广泛使用，促进了参与式治理模式的发展。信息通信技术在治理上有三个主要的贡献，包括新的生产、分配和治理流程的启动，组织和体制安排的转变，个人的选择和行为的信息（Ferro et al.，2012）。

智慧治理的主要特征包括有效协作、领导能力、公众参与、决策的透明、公私合作伙伴关系、高效的沟通、数据交换和服务以及应用程序的集成（Chourabi et al.，2012）。智慧治理主要有以下四种类型（Meijer et al.，2015）。

1. 智慧城市建设中的治理活动（Governance of a Smart City）。
2. 强调智慧决策过程（Smart Decision Making Processes）的需求并执行这些决策。这种政府机构转变程度较低，因为没有强调重组政府机构以及决策过程。
3. 创建智慧行政（Smart Administration）。智慧政府是一种新型的电子政府，即利用信息通信技术去连接信息、过程、体制和物理基础设施，更好地服务市民和社区。这种智慧治理要求政府内部重新建构和行政创新。
4. 强调智慧治理是多种利益相关者的智慧城市合作（Smart Urban Collaboration）。这种模式需要内外机构的转变，意味着跨部门合作和社区参与，从而促进经济发展和以市民为中心的服务。

智慧治理的三个主要维度：元素、预期成果、实施战略。在此基础上，需要建立一个新的智慧治理模型，包括实施战略（Implementation Strategies）、智慧治理安排（Smart Governance Arrangements）和结果（Outcomes）（Bolivar et al.，2015）。在实施智慧治理战略中，行动（包括立法和出台相关的新政策等）能够将原来的组织模式转变为智能治理的形式；在智慧治理安排中，技术是协作、参与和智慧治理的关键因素；智慧治理的

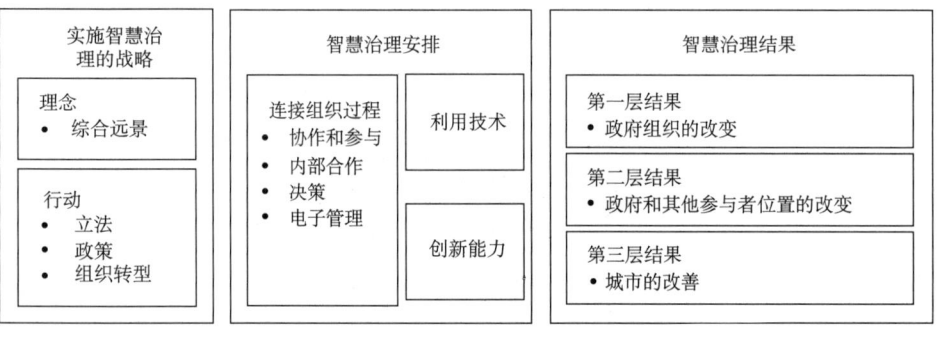

图 3　智慧治理模型

资料来源：Bolivar et al.，2015。

影响会产生三个层次的结果。这个模型可以用来识别和解释智慧治理的不同模式和影响。他们建议未来的研究要侧重分析情景因素（Contextual Factors），如行政文化、政治和人口因素对智慧治理的影响。

林艳柳对这个理论框架进行了拓展和补充。她认为西方国家和中国在体制背景和技术条件方面存在明显的不同（Lin，2018）。在对比中西方国家智慧治理时，需要考虑这些因素对智慧治理模式的影响。首先，西方国家大多是民主制度，而中国是自上而下的政策制定模式。体制差别将影响实施智慧治理的战略和智慧治理安排（如公众参与的深度和广度）等。其次，西方国家和中国存在着不同的技术条件。西方发达国家的网络覆盖率相当高。虽然中国信息通信技术在过去的几十年得到快速发展，但仍然存在着很大的数据鸿沟。此外，社交媒体、智能手机、门户网站、众包、规划支持系统等对智慧治理的影响越来越大。这些技术条件都会对智慧治理模式造成不同程度的影响。

智慧治理在西方各国得到广泛的实施，特别是荷兰、法国、德国、瑞士、英国、西班牙和意大利等。智慧治理的主要成果之一是有效的公共行政，即政府为公民提供更有效的服务，从而促进经济增长，提高公民在城市建设方面的参与度。因此，电子政务是欧洲城市智慧治理的重要组成部分。例如，英国爱丁堡市议会的智慧城市远景计划重视电子政务基础设施建设，有效地提高政府公共服务水平。该市理事会正在开展一些智慧城市试点项目，为客户提供服务战略和改善理事会的服务。欧洲智慧治理模式强调多方协作和公共参与。例如，荷兰阿姆斯特丹智慧城市建设，以市场、政府和社区伙伴关系为基础，共同研发可持续发展的解决方案。其中一个项目是成立太阳能专家联盟，即呼吁研究所、公司、学生和研究人员等多方参与，在阿姆斯特丹科学园建设一个浮动太阳能平台，为该园区带有浮动太阳能板的地块提供能源。此外，社交媒体等也逐渐被应用到社区参与中。欧洲智慧治理目前面临的一个新问题是如何将直接参与模式与现有的代议民主体制相结合。在中国，智慧治理主要包括智慧政府，即利用信息技术手段建立政府服务门户和进行城市社区管理等，其面临的挑战是如何通过体制创新，有效地将网络公共参与结果与规划决策相结合。

三、协作规划理论与实践

自19世纪七八十年代以来，协同或沟通规划（Collaborative/Communicative Planning）在西方出现并逐渐成为西方空间规划的主要模式。其出现和流行受以下几个因素的影响，包括政府到治理的转型、地方经济活动和人们的全球化关联（Healey，1997）、社会和政治的碎片化、利益相关者的多元化、网络社会（Network Society）的出现等（Booher et al.，2002）。空间规划可以理解为基于评估和平衡竞争需求，一个社会利用土地以及提供配套基础设施和设备的决策过程（Nuissl et al.，2011）。协作规划是描述空间规划中具备包容性和参与性的治理过程。可以将其视为经过不同利益相关者的协商而产生新的社会网络的治理活动。国家、市场和公民在治理过程中的参与和互动能够产生新的思维和行动方式从而促使新的关系和治理模式的产生。协作规划理论确保了公民是作为规划辩证参与者的重要角色。一个国家或地方的体制结构对于协作规划的决策过程有着重大的影响。

在利益相关者之间建立共识（Consensus Building）对于协作规划的成功很重要。建立共识指的是在规划实践中，不同利益相关者走到一起，通过长期面对面的交流，以解决共同关注的政策问题（Innes，2004）。协作规划的成功受到多个因素的影响，包括历史上的冲突和合作、利益相关者参与的意愿、权力和资源的不平衡以及制度设计等。然而，协作规划过程在实践中更多地被理解为一个完全互动的过程，但结果可能是不完整或者有争论的（Healey，2003）。不同协作规划过程能够形成不同权力关系网，但这些权力关系网不一定产生理想的成果。一种有效的权力关系被称为网络权力（Network Power）（Booher et al.，2002）。网络权力的形成需要具备三个条件：1. 网络中的代理（Agent）应该是多元的，代表着全方位利益；2. 代理认识到互相依存关系并依赖对方来履行自己的利益；3. 网络信息的流通必须准确且被参与者信任，从而充分利用代理的多样性和相互依存关系。

根据希利（Healey，1997）的文献，协作规划的关注点主要有以下几方面：

- 体制（Institution），包括正式和非正式体制；
- 背景（Context），即一个地方独特的空间、社会和文化等特征；
- 网络（Networks），包括权力和社会网络；
- 权力关系（Power Relations），即国家、市场和公民社会的权力关系；
- 规划过程（Planning Process）的组织和支持。

由于实践中遇到过很多问题，传统的协作规划受到了很多学者的批判。协作规划忽略了国家在大多数规划实践中的主导作用，因为规划被认为是国家试图影响和调节空间的过程（Huxley et al.，2000）。强大私营利益集团的加入很可能会破坏公共利益，从而降低民主的合法性。协作规划在实践中失败的原因还包括它更关心过程而不是结果（Hartmann et al.，2012）。只有少数利益相关者被选择参与到工作坊中进行讨论并影响决策过程。传统的城市规划公众参与方式包括社区会议、听证会、市民建议委员会、市民审查小组、市民问卷调查、专家研讨会等。这些方式并不能有效地促进大量受影响的公众直接参与到对话中,并且这种利益相关者面对面的长期对话,使整个规划过程变得十分冗长。

近年来,新型信息通信技术、众包(Crowdsourcing)、社交媒体、基于位置的信息网络(Location-Based Social Network,LBSN)、智能手机、互联网、云平台等的发展为协作规划中大量公众直接参与以及利益相关者沟通、互动和合作提供了新的途径,促使了基于信息通信技术的新型协作规划的出现。许多西方学者开始探索信息通信技术在协作规划中的应用。例如,芬兰学者开发了一种新型网页规划支持系统,方便普通民众在智能手机中使用,从而使芬兰赫尔辛基的大量公众直接参与到城市规划中(Kahila *et al.*, 2014)。一些中国学者也认为国内已经出现了协作规划的雏形。民间机构和广大公众通过新媒体和网络等平台与地方政府沟通和互动,并一定程度上影响了规划决策过程(Deng *et al.*, 2015)。在本书里,作者收集了国内外这几年新出现的多个协作规划案例,发现它们和传统协作规划有着许多不同之处(表1)。

表1 传统协作规划和新型协作规划对比

	传统协作规划	新型协作规划
参与者	三类主要利益相关者(政府、市场和公民社会);选择少数利益相关者代表参与规划决策,间接民主	除了利益相关者(政府、市场和公民社会),还可能包括广大公众、专家等直接参与到规划过程中;任何组织或人都有可能发起规划事件和影响规划决策,实现直接民主
规划师角色	主要为调停人	角色多样化(调停人、发起者、组织者、技术专家等)
信息通信技术	没有	规划支持系统、网页地理信息系统、社交媒体、基于位置的信息网络、智能手机、互联网、云平台、众包等
互动沟通平台	包括工作坊、访谈、问卷等,参与人员规模小,互动速度慢,效率较低	借助大数据采集与分析,ICT在线调查和设计方案,可支持大规模网上实时参与,但也容易排斥不擅长使用网络的群体(包括利益相关者)
权力和网络关系	利益相关者的权利关系;政府和少数私营机构常常扮演着主要的角色	社交媒体和互联网的公众参与,受网络社会影响较大,但网上参与也容易形成精英权力中心

四、智慧治理、协作规划与信息通信技术的关联性

智慧治理和新型协作规划有着密切的关系。信息通信技术扮演着很重要的桥梁作用（图 4）。信息通信技术能够促进人与人之间的实时沟通，支持大规模的公众参与。新技术为城市居民、政府、企业和各种机构在辩论他们对城市的理解中提供了新的互动和协作方式（Batty *et al.*，2012）。换句话说，新技术的发展有助于公众参与到城市规划决策中以及多方利益相关者的沟通和合作，从而模糊了智慧城市和城市规划的边界。

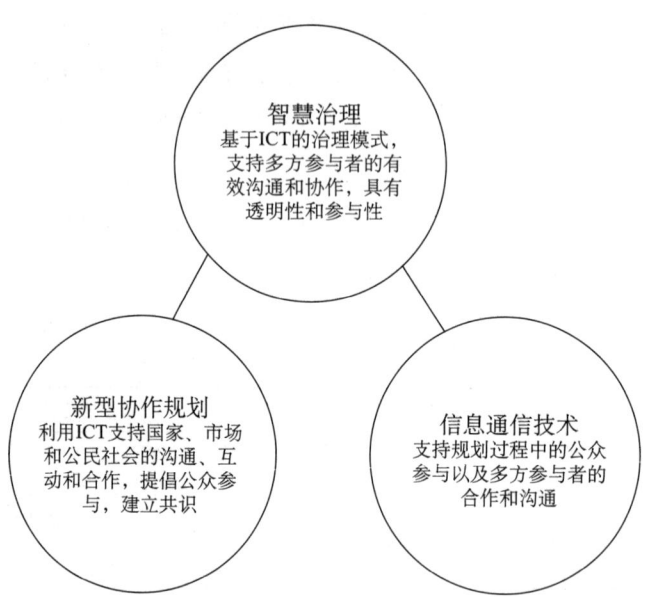

图 4 信息通信技术是智慧治理与新型协作规划的桥梁

新技术包括新型地理信息系统、规划支持系统、手机应用程序、众包、社交媒体、智能手机、云平台、高速网络、智能化设备、传感器、人工智能、大数据分析和可视化技术等。规划支持系统是一套用于支持独特的规划任务、基于地理信息技术的组件（包括数据、信息、地理信息系统、统计工具和模型等）。规划支持系统包括模型和网页两大类。近几年，特别是网页规划支持系统快速地发展并在世界范围内广泛应用，使大量的城市居民能够参与到公共辩论中，表达他们的意见并听取别人的意见。这有利于形成新的解决城市问题的方案。智能手机和社交媒体（如微博、微信、推特（Twitter）等）的

广泛使用，使得在规划和治理过程中人与人之间的信息可以实时沟通与互动。新技术可以用于建构社区综合信息平台，从而促进社区智慧治理。此外，城市规划云平台以及大数据采集、分析和可视化技术能够提供集合的技术服务，构建专家、政府、市场、民间团体以及广大公众互动、沟通和协作平台。

五、主体内容

（一）上篇

第一章，介绍了荷兰的智慧治理，包括它带来的影响以及如何在规划中实现。本章首先对协作式规划和参与式规划的相关概念进行优势、劣势、机遇与挑战（Strengths，Weaknesses，Opportunities，Threats，SWOT）分析，然后讨论为达到智慧治理的目标，ICT应该扮演的角色、其规划实践的附加价值以及需要克服的障碍。第二章，介绍了芬兰从公众参与地理信息系统到公众参与规划支持的转变。其中一个案例是网络地理信息系统工具，如公众参与地理信息系统（Public Participation Geographic Information Systems，PPGIS）方法。本章介绍了Maptionnaire工具在规划不同阶段使用的案例。Maptionnaire是由芬兰阿尔托大学开发并已在城市规划领域使用的工具。当问卷涉及位置信息时，公众参与地理信息系统非常有用。它可以让公众制作个人生活环境地图。规划师可利用这些新的信息来支撑他们的规划实践。实证研究表明，规划的不同阶段需要不同的公众参与地理信息系统来支持，并提供新的方法来收集居民的观点、经验和意见等。第三章，利用以地理信息为基础的工具来研究澳大利亚城市集约化，即在区域规划中把城市的增长从郊区拉回尚未被充分利用的城区。本章总结了智慧治理及相关技术应用的经验教训，并指出地理信息技术尤其是规划支持系统（Planning Support System，PSS），在社区参与、多方案评估、规划影响评价和规划成果传播等方面的作用极为显著。第四章，探讨了目前广泛使用的规划支持系统和大尺度城市建模技术能否适应当地的条件，以帮助规划实践过程。通过对近十年美国中西部的规划案例分析，讨论土地使用演进评估与影响模型（Land-Use Evolution and Impact Assessment Model，LEAM）和规划门户网站（Planning Portal）在规划实践活动中的运用。美国伊利诺伊大学的研究人员与政府规划官员、社区利益相关者直接合作，通过参与式和迭代式的愿景制定、模型校正、情景模拟和公开讨论等方式，分析选择未来发展方向，并完善规划过程。

（二）下篇

第五章，回顾了国内公众参与、城市规划和规划技术共同演化的不同历史阶段。本章指出在当前阶段，通过完善公众参与体制、引导公众参与到规划过程中，可以促进规划过程中的沟通并建立共识，减少自下而上的公众参与出现的社会冲突，有利于维护社会稳定和可持续发展。网页规划支持系统可以用于收集民意和促进政府与公众间的沟通和互动，有助于提高规划的公正性和建立共识。第六章，介绍了 CITYIF 规划云平台的概念和若干规划实践。本章指出面对新型城镇化、互联网大数据技术发展以及"互联网+"带来的规划转型，众规式公众参与已经开始成为行业共识。城市规划云平台提供集合的技术服务与交互式体验，互动与共享的多专业协同，规划师与政府、市场及社会的沟通协作平台。第七章，探讨了智慧城市规划与公众参与的关系以及清华同衡设计院多个相关实践项目。本章指出智慧城市中蕴含的大数据采集与分析、信息通信技术作为城市硬件的组成部分等理念，为智慧城市下的公众参与提供了创新的技术支撑手段，促进政府和公众的沟通以及"自上而下"与"自下而上"相结合。同时也指出真正的公众参与、科学规划还需要城市规划从业者以开放的态度、科学的精神去探索，以及社会的价值导向、社会组织体制和机制不断进行完善。第八章，指出新媒体改变了时间、空间和社区的概念，同时传播社会价值观，加速了我国的社会转型，并催生了新形式的协作规划。本章以广州大佛寺新媒体规划事件为案例，分析萌芽的协作规划所面临的机遇与挑战，同时还指出新媒体语境下的协作规划与传统协作规划的不同之处。新技术（媒体、规划支持系统等）与传统规划手段（会议、工作坊等）的结合，能有效引导参与者对规划案例的完整理解，促进共识和达成有效的集体行动。第九章，指出随着信息技术的不断进步，互联网生活模式深入公众的日常生活，公众也日益关注与自身息息相关的城市规划与管理决策。网络社会中的规划参与现象越来越突显。本章以上海公交车线路调整事件为例，指出政府应当支持各种形式的网络规划参与，并且要尽快建立健全科学合理的网络规划参与平台，制定切实可行的监管规范。第十章，归纳总结智慧城市建设的治理模式并分析了相关的案例。三个主要利益相关者（政府、市场和社会）在智慧城市的四个层次（感知层、网络层、平台层和应用层）建设中的不同关系，形成了不同的资金和运营治理模式。第十一章，介绍了智慧社区的概念、指标体系、治理和服务，指出国内智慧社区建设存在的问题，并提出建立未来社区的"推拉"模型。第十二章，从地方政府的角度上，介绍了上海陆家嘴社区智慧治理模式。本章指出智慧社区建设的过程本身是一个创新培育的过程。智慧社区建设的结果是提升社区公共服务、公共管理和公共安全的绩效，完善社会保障、社会动员、社会创新等模式建设。第十三章，分析了将信息化、智能化应用体系与创新的服务体系有机结合的张槎街道的"智慧城市管家"项目。第十四章，构架了基于网页规划支持系统的历史街区智慧治理，并以历史文化名城长沙为例，介绍历史街区空间数据库的建设与应用。第十五章，探索了基于网页规划支持系统的外来人口聚居区的智慧治理。新型网页规划支持系统，可以借助社交媒体、互联网和智能手机等平台，使城中村的大多数外来人口参与到规划决策过程中。

上 篇

国外智慧治理、新型协作规划和公众参与

上篇介绍了西方国家（荷兰、芬兰、澳大利亚、美国）的智慧治理、新型协作规划和公众参与。首先，通过文献综述并以荷兰为例，阐述了从传统协作或参与式规划转变成智慧治理的优缺点、潜力和挑战等，并指出在这个转变过程中信息通信技术潜在的附加价值。其次，介绍了基于网页和模型两大类规划支持系统在智慧治理、公众参与、协作或参与式规划中的作用以及实践案例。

基于网页规划支持系统以公众参与地理信息系统（Participatory Planning Support System，PPGIS）为代表，广泛应用于城市规划中的公众参与、协作和治理活动。在芬兰，这种规划支持系统已经广泛运用于城市规划实践中，具有很大的实用性和效益性。例如阿尔托大学开发的参与式规划支持系统已经在世界各地多个规划项目中应用，将不同形式的知识、新工具和方法嵌入规划过程中，强调公众参与是规划和决策过程中的一个组成部分。

基于模型规划支持系统主要应用在分析、模拟、评估和可视化城市规划方案的潜在影响方面。例如，CommunityViz 软件可通过虚拟场景模块，开发和评估各种方案及其带来的影响。在澳大利亚，该规划支持系统应用在评估和可视化城市集约程度化，对促进社区参与、评估多方案、评价规划影响和传播规划成果等方面有着一定的作用。它能以明确的、量化的和易懂的方式向社区成员、决策者和规划专业人士展现规划方案，从而促进沟通、协作和智慧治理。在美国，土地使用演进评估与影响模型（LEAM）和它的规划门户网站应用在规划实践中，对规划和决策过程有着一定的支持作用。总而言之，规划支持系统在提高公众参与和促进利益相关者沟通上有很大的作用，并且有利于智慧治理和新型协作规划的形成。

第一章 荷兰协作规划、信息通信技术和智慧治理关系

一、简介

在世界各地城市中,当居民和政府官员尝试讨论如何利用信息通信技术时,他们会逐渐受到智慧城市概念的影响(Hollands, 2008; Goodspeed, 2014)。尽管研究人员在不断发掘许多重要的驱动力,如人力资本与教育、社会与关系资本、治理体制及可持续发展问题(Kitchin, 2014)等,ICT 基础设施似乎仍然是智慧城市的核心关注点。与这个广阔的视野一致,智慧城市的概念是通过参与式治理手段,结合对自然资源的精明管理,对人力与社会资本、传统(交通运输)与现代通信设施进行投资,促进可持续的经济增长与生活品质的提高(Caragliu et al., 2009)。正是通过参与式治理手段引发了我们对智慧城市概念的思考,从而联想到另一个概念,即智慧治理。同时,智慧治理是智慧城市六个主要领域之一,其他五个领域分别为智慧生活、智慧经济、智慧环境、智慧人群以及智能移动(Giffinger et al., 2007)。这个认识引发了对"如何理解智慧治理的概念"的讨论。这也是我们希望重点关注和详细说明的问题。

我们以规划与政策文献上颇为显著的"从政府走向治理"这一转型来展开我们的讨论。这标示着公共领域行动的一次转变,而这种行动在过去完全是由政府发起和指导的。先前的行动计划仅由政府实施,现在则由其他主体发起或合作参与,例如私营企业和公民社会。正是这些由其他主体发起或参与的行动,将统治和治理加以区分。事实上,治理作为一个概念出现,由它可认识到,公共部门不是唯一为社会问题提供解决方案的责任方。因此,关注点从纯粹的政府行为,转向了国家、市场与公民社会各方之间的相互作用。其中,各方利益相关者的积极参与是这次转型的一大特征。协作或参与式规划可以被看作是治理行动,而这些行动将产生联系家庭生活与企业的关系网络(Healey, 1997)。

从政府走向治理的转型基本条件或原因，以及在这次转型中出现的协作或参与式规划，都可追溯到中产阶级大量增长的阶段。他们在工作和家庭之余有更多的时间和财富，同时由于受教育程度的增加而提升了参与能力。总体来说，协作规划通常被看作一种理想的治理模式，因为它具有传统（蓝图）规划方法中所欠缺的必要的灵活性。然而，它也是受到批判的。协作规划成功的关键变量，其中包括既往的冲突与合作经历、利益相关者参与的动机、权利与资源的失衡以及领导能力与制度设计（Ansell et al, 2008）。比如说，在协作规划的过程中，民主合法性利益有可能由于强大私营集团的加入而受损，从而损害公共利益（Hartmann et al., 2012）。

近年来，随着ICT的发展，互联网、社交媒体以及新型协作规划也随之出现，且不断被"智慧治理"所收纳。相比利益相关者的面对面交流，网上各方之间（如民间组织与公民）的线上交流和互动其实对达成共识更为关键（Cheng, 2013; Deng et al., 2015）。在智慧治理的概念中可以总结出ICT支持互动合作和参与的四种模式：第一，在门户网站和其他接入点增加日常生活与工作的有用信息；第二，公民与软件互动的方式，使他们通过与其他网络用户的交流，去了解这个城市的更多信息，也能发挥他们分析信息的创造力；第三，市民通过众筹系统回答问题和上传信息；第四，完全成熟的决策支持系统，使公民亲身参与到有关城市未来的规划与设计（Batty et al., 2012）。因此，ICT对协作规划具有关键性的作用，也成为了智慧治理的一部分（Papa et al., 2013）。然而，智慧治理理念需要的不仅仅是ICT对协作规划的支持（Komninos, 2009）。智慧治理具备参与决策过程、管理系统透明及供给公共服务等特征（Giffinger et al., 2007），能够促进有效协作、引导支持、公众参与、决策透明、公私关系、有效沟通、数据交换和集成服务与应用（Chourabi et al., 2012）。因此我们可得出结论，智慧治理支持在决策过程中的公众参与和多方利益相关者的合作，它具有更广泛的意义，而不仅仅是ICT加协作规划。但智慧治理与参与式或协作规划有明显的联系。然而，这也引发了一系列问题：如何将当今的参与式或协作规划转变成智慧治理？智慧治理在这片领域中的附加值是什么？这将进一步引发更多关于智慧治理"如何做"和"为什么这样做"的问题。

上面提出了一些概念性和实践性的问题。在概念层面，它提出了"由参与式规划转变成智慧治理的优点、缺点、潜力以及挑战"的问题。简而言之，这个问题阐明了参与式规划与智慧治理之间的关系，以及影响这段关系的因素。而在实践层面，上述讨论也提出了一个问题：由参与式规划转变成智慧治理的过程中，ICT（潜在的）附加价值在哪里？从科学文献中可得知，参与式规划与智慧城市的概念都在科学与流行科学辩论的最前沿,与智慧治理的概念形成鲜明的对比。目前,在参与式规划转变成智慧治理的过程中,ICT 作为一个结论与经验在国际学术界中是尚未成熟的。因此,回答上述问题,有助于提高对智慧治理的概念性与实践性的见解,从而增加其科学与社会的关联性。

本章的概要如下:首先对本研究的方法进行解释。其次,通过关注当今的参与式/协作规划,在概念层面上详细解释智慧治理,阐述在迈向智慧治理的过程中其潜力与劣势。接着把这些潜力与劣势置于当今的 ICT 发展趋势中研究,验证其在转变过程中的实用附加值。此外,我们将批判地反映智慧治理这个新兴概念框架的概念性和实践性的结果。而这一段的目的是根据前两段的讨论结果,来回答上述提到的关于智慧治理的"如何做"和"为什么这样做"的问题。最后,我们进行了总结与展望。

二、方法

为了回答上一部分提出的几点问题,我们将分步进行解释。

首先,我们回顾大量文献,重点关注协作式和参与式规划与智慧治理的概念,从而更深入地理解这两个概念的差异与共性。另外,回顾文献能总结出协作式和参与式规划的一系列优点与缺点(表1–1)。该表已征询过学者、从事规划行业及私营部门的人员的意见,以确保该表的完整性。此外,这次意见征询将重点放在最重要及广泛认可的优缺点上,而不是那些不太重要或"昙花一现"的特征上。

表 1–1 协作式和参与式规划的一系列优点与缺点

优点	代表性	– 相比没有参与者的规划过程,一组参与者能更好地代表一个社会 – 参与其中的公民都可以表达自己的观点
	公众支持	– 参与式规划能增加公众对规划的支持 – 公民的参与也能增加他们对规划消极后果的接受意愿 – 公民的参与能激发参与者社会所有权的新形式的产生
	专业性	– 参与的公民可以共享他们的知识,从而保证改善规划的质量 – 共享本地知识,有利于规划满足本地的需求
	合法性	– 参与机制的讨论提高了空间规划的合法性,也增加了规划的可接受程度 – 参与式规划提供了一种直接的民主形式
	信任度	– 参与制度在政府和公民社会之间搭建桥梁,从而增加参与者对(当地)政府的信任
	教育意义	– 参与制度也包括一个提供信息与教育的功能,提高公民在规划过程中的知识能力与技能 – 参与式规划让公民学会如何跟政府部门沟通,反之亦然
	主动性	– 参与制度能强化积极的公民意识 – 长远来看,积极的公民意识能增加在当地社区和民间组织上的投资

续表

缺点	代表性	– 代表的群体不一定能很好地反映这个社会 – 只有"专业公民"能代表这个社会，因为他们具备规划过程中所需的知识和技能 – 由于ICT或已采用的参与机制模型的介入，某些公民可能会被拒绝参与进来
	权利	– 拥有不同知识、技能与教育水平的参与者在规划过程中会有不同的起点 – 同样，参与者的沟通能力不同，也会导致表达个人观点的能力不同 – 参与者可以选择隐瞒（重要）信息 – 参与者使用（公共）资源的能力也不同，例如制度与经济
	技能/避险	– 潜在参与者的技能水平不同，意味着一部分人会跟随ICT的步伐，另一部分人则会被阻碍 – 同样，无缘接触ICT平台，甚至一个设备，也会阻碍智慧治理的发展
	存在问题	– 参与式规划是为了获得解决方案，而不是公开地讨论规划领域中的问题
	单一化	– 规划过程通常都是被简化了，为了帮助"平均水平"的参与者更好地理解手头上的事情，意味着参与式的规划过程是不完整的 – 同样，当做出些选择和假设时，若没有对潜在的场景做好解释，会导致不信任的产生 – 相似地，用来推算或指代某些解决方案的模型是为了简化现实，测量结果通常是建立在案例研究之上的
	黑盒子	– 在不同的咨询会议之间，根据政府计划和法规对想法和计划进行总结，而参与者对这个评价过程毫不知情 – 参与者认为某些制度（如环境影响评价）也是一个黑盒子
	责任制	– 一个参与式过程（直接民主）的结果如何与政府的政治机制（代议制民主）结合起来
	信任度	– 参与者需要信任这个过程（黑盒子）、其他参与者伙伴，以及所涉及的技术（如模型等） – 参与式规划的传统模型有时不被参与者所信任，因为他们在之前的过程中曾经有过歪曲事实的负面经历

接下来，我们将在该表的帮助下，组织几轮平行的头脑风暴讨论。讨论的目的是回答上一部分提出的两个问题，因此上述列表中的优缺点在讨论中被重新整理。

第三步，我们首先将上述协作式和参与式规划的优缺点进行重新组合，得出一个更易于管理的表。之后，用重组后的表来整理头脑风暴中得出结果（答案）。随后，头脑风暴中的每一个参与者（共10人）将审查这个重新组合的表，找出遗漏或有误的答案。

三、理论层面上的公众参与

1990年以来，公众参与已经成为空间规划的一部分。尽管参与式或协作式规划的引入只被看作一种思想，但在现代规划实践中，参与制度已占有一席之地。虽然参与制度在规划实践中得到广泛运用，但它同样也具有积极性与批判性。接下来我们来列举参与式规划的优势与面临的挑战。这些潜力与困难分成三类，包括规划过程中参与者的代表性、权利、技能、专业性和信任度、存在问题与单一化，以及（智慧）治理过程本身的黑盒子、责任制、合法性、公众支持、教育意义、预算节约等。

对于参与者来说，参与式规划的潜力是巨大的。首先，参与式规划增加在规划中吸纳参与者的可能性，大大提高了不同参与者在规划过程中的代表性，其中包括受规划影响的公众。原因是，参与式规划提高了规划意见的数量与多样性（Sandercock，1998）。当大部分参与者能接触到规划领域的时候，规划就能获益，因为参与者能带来新的视角与专业意见（Innes，1998；Innes et al.，1999; Faehnle et al.，2013）。这将极大地提高规划质量（Van Herzele et al.，2005），从而获得更能满足本地需求的解决方案，同时拉近政府与公民之间的距离，并充分发挥其强化公众支持的潜能。

尽管如此，代表性可能是潜在的困难之一。通常规划过程会涉及那些拥有政府知识和容易接触到规划领域的专业公民。因此，这些在参与式规划中的公民并不能反映受规划影响人群的多样性。而且参与式规划实践通常不能达到他们的预期目标（Cleaver，2001）。另一个问题是权利的不均衡（Friedmann et al.，1998; Albrechts，2004）。参与者和非参与者的不同源于他们的知识、信息、沟通与教育的背景差异。这些差异会导致规划过程中的不参与，或选择性地披露当地信息的行为。此外，沟通能力强的人有可能会为自己提出有力的观点。除此之外，参与者本身存在能力的差异，包括知识的差异（如对法律的理解）或者资源的差异（如金钱等于为手头的事情说话）（Arts et al.，2004）。在智慧治理的方面，缺乏ICT的参与者也会阻碍规划的进程。例如，当涉及技术手段时，一部分有潜力的参与者会接受挑战，而另一部分参与者则会感到挫败，或者放弃接触这些手段的途径。同样的，参与者需要在参与式规划的过程中，以及在这些过程的ICT使用中寻求信任。

这个结论也跟政府向市民展示问题和疑问的方式有关。值得注意的是，参与式规划主要被政府用来解决项目的运作问题，而不是更基本的策略问题。例如，关于新铁路的建设，其效率、需求或连接的路径，一般不纳入参与式规划过程。相反的，参与者会被询问选线如何能与环境最佳融合。除此之外，这些问题通常会被简化，使"平均水平"的参与者也能理解这些问题和解决方案。这意味着某些问题会因为其复杂性，或者因为它们会导致一个新的（更长的）规划的产生，而被抛弃在参与式过程之外。另外，为了让"平均水平"的参与者能接触规划过程，一些预先的假设或基本选择没有被明确地解释。这也包括在规划过程中使用的基本模型的不确定性。例如，噪音的图像是很难被标准化地绘制出来的，因为测量噪音的标准会根据专家们的不同假设而不一样。

第三，除了参与者和手头上的问题外，参与式规划的管理也有其潜力与障碍。首先是其潜力，当受规划影响的市民主动去参与规划制定的过程时，他们更能支持这个规划的正面成效并接受它的负面结果。另外，主动的参与行为也能增强规划的合法性和政治认同。除此之外，参与制度也体现出一种直接的民主形式，这与由选举产生的代议制相对民主不同（Albrechts，2004）。同样的，参与式规划也有公示与教育的目的（Faehnle et al.，2013）。通过参与式规划过程，参与者能更好地互相理解与评价各自的观点与制定的规划。除了理解不同的观点以外，参与者也可为规划提案提出自己的观点。此外，公民的参与能激发积极的公民意识，反过来也能增强公民之间的社会凝聚力。同时，积极的公民意识也能增加对本地社区的投资。比如说，它可以激发人们去开展自己的民间活动。这将会给自主生活环境带来一种新的责任形式。作为政府组织的一个新增红利，这也将节约长期的公共预算。

关于参与式规划治理的潜在障碍，对参与者来说，在协商之间或之后的这时间段都被看作黑盒子。在这段时间（黑盒子）内，参与者的观点、想法和信息都会被公共机构转换成正式的规划方案。然而对参与者来说，他们的想法是否能在规划中被采纳以及他们的观点会如何转换成解决方案，他们通常是不清楚的。同样，如何权衡世俗认知与专业模型，往往也是不清楚的。除此之外，某些模型如环境影响评估，对一个合法的规划过程来说是强制性的。再者，责任制也是这个讨论的关键点。尽管参与式规划比民选政府能促进更多参与者直接参与到规划过程中，但是直接民主形式与间接民主形式如何相互作用仍然是一个问题。

四、ICT 层面上的公众参与

过去十年内，互联网的使用得到巨大的提高。2014 年，能使用互联网的世界人口从 2004 年的 14.18% 增长到 40.69%。这是一个革命性的转变，人与人之间的联系度从来没有达到今天的高度。几十年来，许多发展中国家都在努力开发一种能允许大规模的人、企业、政府之间交流的通信基础设施。例如，固定电话主线适配率在大多数发展中国家都处于边缘地带，使世界的一大部分都"失去了联系"。移动通信是一种比较廉价的基础设施，使世界上大部分人口都能连接到互联网并且互相联系。再比如，在印度和中国的总人口中，每 100 个住户中分别有 2.6 和 20.7 条固定电话主线，然而每 100 个住户中便分别有 73.2 和 81.9 个移动电话，以及 18% 和 49.3% 的网络适配率（图 1–1）。对于这两个国家来说，互联网的使用应该在过去的十年内得到最明显的增长。随着世界各地网络适配率的持续增长，政府有潜力让人们不分时间或地点地进行公众参与式规划。在这一时段中，ICT 对参与式规划的贡献将分为三个方面，分别是参与者、手头问题以及治理体制。

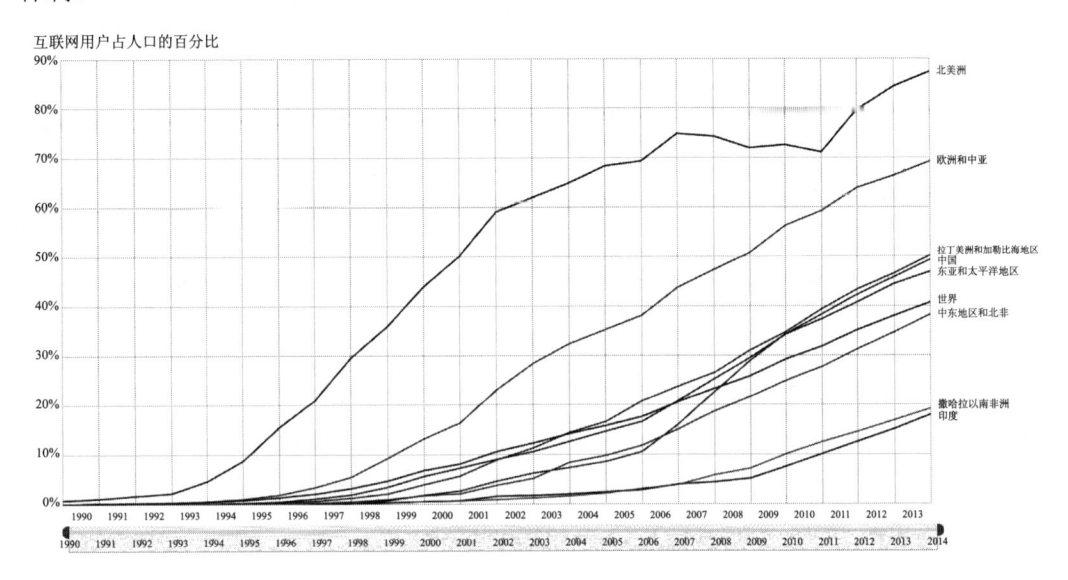

图 1-1　世界各国互联网用户的增加

资料来源：http://data.worldbank.org。

如前文所述，参与式规划能增强受规划影响居住环境的市民的代表性。然而，其中主要的挑战之一，是如何真正地让人们主动参与到规划中。我们已知的有两个主要的困难：首先是人民需要了解参与的可能性，第二是他们需要对"行动指引"（即开始参与规划过程）作出回应。在前互联网时代，邮件、广告、广播和电视广告都是实现这些过程的媒体。然而，这些媒体通常要求巨大的前期投资，但并没有达到较高的转换率。此外，这些面对面讨论的参与平台通常都是视时间和地点而定的，因此也限制了其可访问性。网上及非时间依赖的媒体平台如电子邮件，也不是一种解决方法，因为它不仅强加了沉重的行政负担，同时互动能力也受到严重制约。相反，社交媒体提供的互联网平台可以解决大部分问题。

社交媒体在这方面提供了一个绝佳的机会。尽管社交媒体在世界各个领域的普及率并不一致，但是使用社交媒体的人数仍在急剧增长。例如在美国，74% 的互联网用户活跃在社交媒体上，其中在 18～29 岁的年龄范围内，有 89% 的用户活跃在社交媒体上；

在 30~49 岁的有 82%；50~64 岁的有 65%；65 岁以上有 49%的用户都活跃在各社交媒体上。这为选择一个特定的目标群体提供了可能，同时用符合成本效益的方式解决该目标群体的问题，如在社交媒体上发布帖子。如前文讨论所说，许多互联网用户都是利用他们的移动电话连接互联网的。移动电话还可以共享他们的位置信息。因此只要推送与特定地点特定人相关的信息，就能实现信息的高度个性化。个性化的信息能增加人们阅读帖子、了解手头问题的机会。如果人们能发现这些相关的话题，那参与机制的难度就降低了，因为他们已经活跃在身边的平台上了。此外，他们可以在空闲的时候回复信息，因为交流是无时间和地点限制的。然而，如果它能激发人们的参与，它也是十分依赖社交媒体上的格式的。例如，如果把主题变得更游戏化一点，可能会激发更多人潜在的参与动力，但长文本格式产生的效果恰恰相反。

不过，社交媒体平台仍然不能囊括一个地区的所有人，因此它不能被看作参与式规划中其他平台的替代品。某些不能或不愿意通过网络媒体来参与的潜在参与者就是这样的情况。因此，社交媒体应该被看作一个额外的平台，一种能增加潜在受影响市民参与水平的方式。许多政府都有人口普查信息，用参与者元数据与实际的人口数据作对比，能帮助我们确定受影响市民通过网络参与过程的程度。

当人们选择参与到规划的过程中时，他们需要克服几项挑战。首先是参与者之间不同能力带来的潜在风险。对一个特定规划有特殊利益的团队而言，可利用技术手段转移公众的注意力，例如通过使用参与式规划平台（社交媒体）购买广告空间或通过吸引优惠政策（如折扣、价格等）来实现。这个风险可以通过一个系统的阶段性策略来克服。第一阶段，通过一个非结构化格式呈现问题，参与者在一定时间内可以自由地作答。在这个阶段，某些利益集团可能会通过广告等手段影响这个讨论。在第二阶段，输入的信息会被重新分类成更多具体的主题。这些主题将被更客观地评判其利弊，进而包括所有的观点/想法。之后这些主题将会公平地呈现在所有的参与者面前，并提供相应的投票权利，这保证了所有的参与者都被告知。这些投票的结果虽不是决定性的，但由于用户只允许投票一次，这确实也更加客观地反映了他们的情绪。除此之外，参与者元数据可以与该地区内的人口统计数据进行匹配，从而提高特定区域的代表性，例如不居住在该地区内的市民的投票可以不计或所占比重较轻。

另一个类似的挑战是参与者利用数字技术、通讯技术的技能差异。数字文盲是一个普遍但并没解决好的社会问题，虽然这部分参与者可以利用传统参与式规划平台。至于交际技能，仍有一些困难需要克服。首先，许多社会团体都有各种文化背景，可能会导致语言障碍。该障碍可以通过多语言系统来解决。其次，文本输入质量的问题（即语法、表达形式）可以通过定期（目标）总结（多语言）讨论结果来解决。这些简单的措施可以防止产生人身攻击行为，且为参与者发起一个更加客观或至少更加平等的讨论平台。此外，它保证了参与式规划能产生新的见解与观点。发布这些讨论结果，可使参与者知道调解者（即政府）对讨论、聆听和回应等事项的关注。为参与者进一步解释那些模糊不清的主题，也可实现回应的效果。

虽然社交媒体促进了参与者与政府之间大规模的交流互动，但是在一个行政论坛如社交媒体上，更加复杂的问题是没那么容易解决的。书面文字受限于描述性的信息传播格式，这通常会导致长文本的产生，且未被大多数参与者阅读。有些社交媒体可以把规划过程中的图以照片的形式发布。不过，这仍然是一个欠佳的解决方案，因为参与者对规划提出建议的成效仍然是不可见的。这反过来又导致了一个单一化的议题。其中参与的重点被放在操作层面而不是策略层面，即以"如何使铁路最好地融入当地环境中？"的答案，来回答"首先我们是否要修建一条新的铁路？"的问题。基于地理的协作，能为这些基本问题提供大力的支持。

地理协作提供了一种在地图上共同合作的可能性。参与者可以使用一个基于网络的界面，在地图上实时绘制草图，其他用户能立即看到这些草图。这项技术被称为事件驱动地图（Event Driven Maps，EDM）。它有两个主要优点：其一，它为参与者从根本上变更规划（增加或移除建筑物、道路、铁路等）提供了可能，这可以实现更广阔范围和更复杂的公众参与。其二，规划的影响能直接可视化，同时其影响也可以得到评估，例如，可立即评估规划思路是否导致交通拥堵或失业问题。使用地理计算分析方法，这些可视化和评估可以为复杂的问题提供一定的见解与结论。

这种地理协作的方法同时也能帮助解决规划中"黑盒子"的问题。通常专家们使用地理信息系统（Geography Information System，GIS）来计算城市规划的影响程度，并根据这些计算得出一系列的场景。对参与者来说，如果没有一个地理协作的概念，规划过程就是一个黑盒子，他们并不知道为什么有这样一套特定的场景。除此之外，如果参与者建议改变规划，则接下来的真实规划变更（或取消）的原因仍然是模糊不清的。地理协作增加了政府和参与者的透明性，因为所有的影响结果都是自动计算且可视化的。再者，政府可以展示他们的历史数据来支持自己的主张：为什么某些措施会导致某些影响，同时增强这些行动的合法性。

在参与式规划的过程中，参与者会更致力于手头上规划与发展的主题。不过，其风险是当参与者的建议没有被采纳时的幻灭与不信任。因此这个"游戏规则"不应该只是书面格式，而且还要在ICT平台上执行。例如，参与式规划的每个阶段的目的都是不一样的。因此，展示参与者目前所处的规划阶段的图表，可以控制公众的期望值。其次，如果某个规划阶段需要达到公众的投入，这个过程也是需要（实时）可视化的。从这个意义上说，参与的"游戏规则"需要在参与式规划的相关阶段进行可视化。

最后，如噪声干扰、空气污染和交通拥堵之类的问题都是在参与式规划中经常被提出的主题。参与者担心他们的生活质量会在建设阶段或在实施之后受到影响。如果参与者经历了比他们预期或被正式承诺过的更多的滋扰，即使政府在不断地测量和监控，公众支持也许会被动摇。然而，这些测量结果都会遭受参与者的怀疑，因为限制滋扰的发生也符合政府的利益。一种很好的提高透明度的方法就是让参与者自己去测量这些滋扰。此外，让参与者亲自测量的机会也激发了参与者长期的积极参与。多亏了较为廉价的传感器技术，参与者得以自行测量。这些传感测量技术应在地图上向参与者透明化推广使用，并且展示测量值是如何包含或排除异常值的。为了确保参与者使用的传感器测量的技术有效，政府也应该促成一个公开验证传感器有效性的测试环境。另一种相似的形式被称作"蜂巢"或集体规划。思路是用移动设备作为数据收集器来获取信息和访问大量的数据。例如，参与者可以通过他们手机上的一个应用，将关于被损坏的步行道的信息上传给市政府。在这种形式中，手机上的摄像头和麦克风会被用作一种平台，让公民作为"传感器"去解释和提供元信息。这些数据收集的方式将会进一步增强未来的这种规划形式的潜能。

五、结论与展望

在这一章的开头，我们曾经问过自己一个问题：如何将当今的参与式/协作式规划转变成智慧治理，且它在这个领域的附加值是什么？从这个问题中我们可以提取两个研究问题。在概念层面，我们提出了这样一个问题："由参与式规划转变成智慧治理的优点、缺点、潜力及挑战是什么？"简而言之，这个问题阐明了参与式规划与智慧治理之间的关系，以及影响这段关系的因素。总的来说，参与机制在当今的规划实践中已占有重要的地位，因此，对参与者来说，参与式/协作式规划的潜力是有实质性的，特别是给他们提供了发表观点的声音。然而，如何很好地代表受规划影响的人群仍然是一个挑战。此外，参与式规划过程似乎将空间规划的重点放在与项目运作相关的问题，而不是基本的策略问题上。这可归因于将事情简化，从而让他们在广泛且多样的参与者群体中自由讨论的措施。再者，我们可以得出这样一个结论，参与者的积极参与能有力增强该规划的合法性与这些规划的政治认同。因此，这会加强积极的公民意识，反过来也能增强社会凝聚力。不过，参与者的思路是否会被规划采纳，他们的观点将如何转换成规划的解决方案，以及这是否会被参与者的选举代表接纳，对于参与者来说仍然是一个问题。

除了上述概念层面的问题外，在实践层面，我们也提出了一个问题："由参与式规划转变成智慧治理的过程中，信息通信技术潜在的附加价值在哪里？"正如上一部分所说，在线参与论坛（社交媒体）、地理协作以及参与式传感测量技术都能增强规划过程的透明度。因此，在信息通信技术的帮助下，本地的知识能更容易地获取，也能刺激市民更积极地参与到规划过程中，从而增强规划的公众支持与合法性。不过，这也要求改变规划师的角色定位。规划师必须能理解信息通信技术，能用合适的方式使用这项技术，同时能在其中提取正确的信息。此外，信息通信技术必须为参与式规划的内容和过程提供一定程度的确定性和合法性，尤其是用于地理协作过程中的模型必须提供具体的、准确的和已知的输出措施，且不会导致对隐藏的假设和有争议的参数的无休止讨论。规划师不得不依赖数据和软件专家所提供的数据或平台，深入了解数据处理过程，以指导在线参与式规划的过程。因此，规划师们要成为规划的调解者，理解新型的规划模式，并且组织和参与到规划过程中。这样的规划过程不仅具有论坛性质，而且更加具有问题导向性。一个网络环境中的地理协作与地图工具能增强参与者的能力，使他们能向政府机构提出新的解决方案，或强调他们解决方案的重要性。从大范围的影响来说，这也涉及规划师对新型数字技术的学习。然而，这意味着规划师的培养方式将发生改变。规划教育应该涉及地理信息技术、大数据处理以及沟通技巧，从而通过网络平台与参与者联系，以及与数据专家进行有意义的交流互动。这对下一代的规划师来说将是一个巨大的挑战。

第二章　芬兰公众参与规划支持系统

一、导言

城市规划不断地在提高生活环境质量与保持城市个性价值和特征之间寻求平衡。这种挑战在世界各地的城市发展中日益突出。关注的共同点是，如何在不降低人们最重视的生活环境质量的同时塑造城市结构。

城市通过各种支持其发展的、可持续的、实用的数字化信息而变得更加智能。一个好的城市规划需要广泛的参与者。规划师的中心任务是在社会的不同群体之间建立联系，并使用数字化工具和流程来支持他们。因此，规划师在智能网络社会中的角色，是理解目前复杂发展模式的促进者。数字化可以提高公众参与度，更有效地整合多元社会的不同需求。传统的面对面的参与方式可以辅以社交媒体和其他通信技术来完善，例如基于网络的地理信息系统（Web-Based Geographic Information Systems，WebGIS）。核心问题并不是谁来组织参与，而是如何结合正式的和非正式的不同参与式实践，以及如何将产生的信息应用于规划过程。

更民主、有效的参与式规划需要我们提供更多的公众参与机会。现有的参与方法和程序如公开听证会、研讨会等，仅吸引有能力和善于表达自己意见的人群，不能实现真正的包容和有效率的公众参与（Doelle *et al.*, 2006; Rowe *et al.*, 2000）。城市规划应该对持反对意见的公众更具包容性。虽然数字化为更广泛的公众参与带来了许多新型的、鼓舞人心的工具，但就目前具体的规划项目而言，数字化的采用必须慎重考虑（Kahila-Tani *et al.*, 2016）。

在公众参与规划的背景下出现的数据化过程的一个案例是 WebGIS 工具，如公众参与地理信息系统方法。本章将介绍其中一种叫 Maptionnaire 的工具，又称为 SoftGIS，最初是由芬兰阿尔托大学开发，已在城市规划领域使用。本章将介绍这个工具在规划不同阶段中的使用案例，并介绍了一种启发式模型——参与式规划支持系统（Participatory

Planning Support System，PPSS），及其在规划的不同阶段的实用性和效益性。

二、公众参与规划地理信息系统的背景

不同背景的研究人员和从业者对公众参与规划地理信息系统有不同的理解（Brown et al.，2014; Luna-Reyes et al.，2012）。鼓励公众参与的工具包括公众参与规划地理信息系统（PPGIS），社区综合地理信息系统（Community Integrated Geographic Information Systems，CIGIS）（Harris et al.，1998），自下而上的地理信息系统（Bottom-Up Geographic Information Systems，BUGIS）（Talen，2000）或 SoftGIS（Kahila et al.，2009）等。此外，能够实现大规模的公众参与协作的工具为自愿式地理信息（Volunteered Geographic Information，VGI）（Goodchild，2007）或结构化的公共参与（Structured Public Involvement，SPI）（Bailey et al.，2010）。

PPGIS 是地理信息科学中专注于公众利用各种形式的地理空间技术参与到规划过程中的一个方向（Tulloch，2008）。PPGIS 可以让没有专业技术基础的人，通过可视化的图像和模型进行交流（Carver et al.，2001）。PPGIS 和 VGI 是相关的术语，都是描述收集和使用非专业空间数据的过程（Brown et al.，2014）。PPGIS 往往是研究人员基于网络发起的；而 VGI 通常由非专业人士发起，用来开发创建、调集和传播地理数据（Goodchild，2007; Hall et al.，2010）。VGI 产生了空间信息的众包，即一群人通过在线社区生成内容（Sui et al.，2012）。虽然共同决策可以理解为众包，但许多 VGI 项目仍然在特定主题的地理信息收集和可视化上具有针对性。VGI 的数据是由志愿者自发提供的。值得注意的是，VGI 项目包括维基卫星地图和 OpenStreetMap。相比之下，PPGIS 数据是由指定组织的参与者收集，比如通过大学的研究项目，或在规划过程中的信息征求。在 PPGIS 和 VGI 中，目的、地理环境、数据质量、抽样方法、数据采集、数据所有权和主导地图技术维度的不同取决于具体项目（Brown et al.，2014）。与 PPGIS 项目不同，数据抽样验证并不是 VGI 项目的核心。虽然 PPGIS 和 VGI 工具都可以视为促进群众数据收集的工具，但这并不能自动发生。许多 PPGIS 项目的覆盖面相当有限，只服务一小部分的公众（Schlossberg et al.，2005）。

阿尔托大学（Aalto University）自 2005 年起开始开发的 SoftGIS 是 PPGIS 的一个先进范例，超过 3 万芬兰人在使用。日本、澳大利亚、新西兰、美国、波兰、葡萄牙、伊朗、奥地利、德国、墨西哥、荷兰、挪威和巴西也在使用。SoftGIS 是一个基于互联网的

PPGIS，能够将基于地域的人类经验转化到城市规划进程中（Kahila *et al.*，2009）。已有多种主题研究采用了该方法，如儿童友好环境、城市安全感知、生态系统服务可及性和室内空间的评价等（图 2–1）。SoftGIS 的方法论植根于交易环境心理学，但更接近真实的地方感知（Kyttä *et al.*，2012）。SoftGIS 可发展成商业化的 Maptionnaire[①]云服务，无需任何编程或 GIS 技能。任何人都可以创建调查，收集和分析数据。下面首先介绍 Maptionnaire 工具，之后介绍 PPGIS 推进的公众参与规划支持系统。

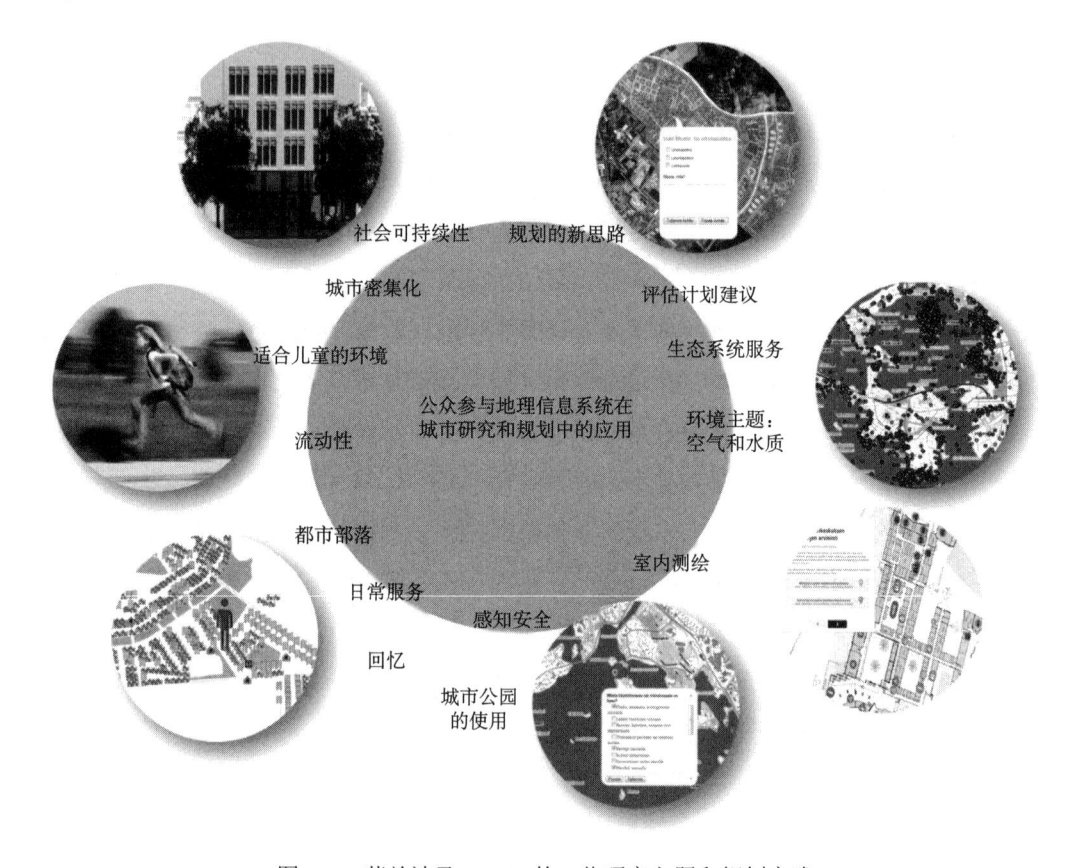

图 2–1 芬兰涉及 PPGIS 的一些研究主题和规划实践

---

① Maptionnaire 是一个云服务，允许任何人来设计和实施 PPGIS 研究，并分析接收到的结果。Maptionnaire 由 Mapita 公司所有，由阿尔托大学开发完善。它便于从事土地利用规划和开发的从业人员在他们的项目中使用 PPGIS 工具。欲了解更多信息请访问 http://maptionnaire.com。

三、Maptionnaire：一个独特的 PPGIS 工具

Maptionnaire 是用于创建和分析基于地图的问卷调查，同时提供沟通平台的云服务。基于地图的问卷调查的创建和分析需要大量的技术基础。然而，通过免费的 Maptionnaire 云服务，任何人通过网络浏览器都可进行 PPGIS 研究。除了学术研究，城市规划部门、咨询公司和社区参与项目也已经开始使用地图问卷调查。我们认为，这主要是因为在这些领域中拥有 GIS 专业技能的人比较多。该技术对位置相关的议题非常有效，如商务旅游、房地产管理、基础设施项目、国家公园徒步路线或者购物等研究。

Maptionnaire 包括各种地图。问卷调查可以根据需求来决定底图样式。通常调查需要包含多个地图图层，供受访者选择。在地图上可以表示为：未来，如征求对城市规划方案的意见或想法；现在，如研究人们的行为或流动模式；过去，如记录老年人的回忆。

此外，地图不限制面积规模。室内空间的尺度地图，如学校、商场、机场等，都是探索 Maptionnaire 的趣味题材。Maptionnaire 的设计在本质上是数字地图。它可兼容商业供应商的产品，如必应（Bing）、地图盒子（MapBox）、谷歌（Google）。

（一）地图问卷的类型

地图问卷可以有不同的设计。基本上地图问卷的设置有两种不同的方法：一是受访者在地图上绘制点、线、面。然后回答后续一组调查问题，也可以添加照片和录音；二是地图问卷上有可互动的选项，选择一个图像，回答一组相关问题。不同的人在地图上的绘制会有本质的区别：Maptionnaire 不仅支持创作者绘制，还支持受访者绘制。

下面以一个关于居民住房偏好及城市发展的地图问卷为例说明在调查中如何使用地图。这个案例包括了两种类型地图问卷：1. 受访者可以在底图上自由绘制一个点；2. 受访者可以点击给出的几何形状并留下评论。

（二）数据输出和地图数据分析

与传统的表格调研数据相比，Maptionnaire 提供的数据还包括受访者的地理坐标。具有坐标的两个主要好处是：

• 准确定位和消除模棱两可的情况。口头描述地理位置，可能包含多层含义而容易被误解。相比之下，现代的网络地图和卫星图像能够自由缩放比例，因此受访者能够精

确定位附近的事物。

• 高效的分析和可视化。GIS 工具让我们拥有大量基于地理位置的成套数据来分析其含义。此外，通过可视化的地图，我们可以便捷地与他人交流成果。

例如，在 Maptionnaire 分析工具中，我们能够看到一个受访者的数据，并生成一张表示相同点不同浓度的热力地图。不同颜色代表不同的问题，例如"哪里是快乐的地方，购物的场所等"。

调查结果应快速与公众分享，让受访者感受到他们的付出有回报。调查结果的发布方式有两种。一种是直接将结果放在在问卷调查中，受访者可以一边回答问题，一边查看别人的结果。另外一种是可以对其他人的结果进行评论。此外，分析工具可以公开，即任何人都可以访问 Maptionnaire，进行筛选、搜索、浏览和可视化等操作。

（三）与传统调查问卷的整合

尽管 Maptionnaire 非常适用于参与式规划项目，但它仍然植根于科学研究。它带有一个全面的问卷调查工具集和基于地理信息的数据分析，包括语义分析、李克特量表分析、多项选择等。它拥有强大的定量分析和分类能力。例如，可以询问受访者的年纪或点选"你去哪里休闲？"。点选完后会有一个后续问题"你在那里发现什么？"，选项有"朋友""独处""运动"和"艺术"等。

四、PPGIS 是公众参与规划支持系统的一部分

本章研究在城市规划过程中嵌入各种 PPGIS 工具的可能性。公众参与规划支持系统（PPSS）是通过一套参与工具和行动来支持规划实践的概念方法。它强调公众参与是规划和决策系统的一个固定的、持续的组成部分。其重点是通过使用 PPGIS 将不同形式的知识、新工具和方法更好地运用到规划过程中。PPSS 系统依赖于知情知识（Informed Knowledge）的规划方法。这意味着：1. 不同形式信息的开放性；2. 对参与者不同观点的接受度；3. 不同的参与工具和实践在规划进程中的整合度；4. 对当地环境和背景的敏感性。

虽然城市规划历来强调专业知识，但这种模型却强调了非专业人士经验知识的重要性——群众的智慧。知情知识和专业知识都应该被重视和利用。它们只有结合在一起时才能有效实现城市的明智决策。

接下来我们将详细探讨规划的七个不同阶段中公众参与的作用（图 2–2）。我们将重点关注规划师在规划实践的不同阶段中，如何通过 PPGIS 工具产生有用的信息。正如前面所说，真正的挑战并不是缺乏数据工具，而是在日常的规划实践中，如何将工具与理念、思想和居民生活经验相结合。目标是利用 PPGIS 在规划实践中的创新，来实现更多改善型的参与行动。为了实现更有效的参与式规划，参与的过程与结果皆应反映居民对生活环境更深刻的理解。通过居民的生活经验，促进专业知识的使用和生活环境的评估，以实现具有地方性和公开性的规划方法。

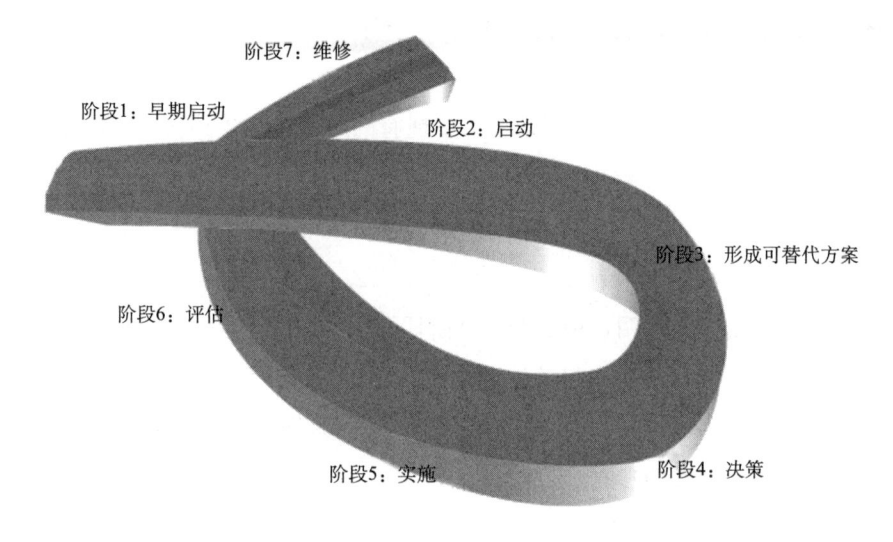

图 2–2　PPGIS 的 7 个步骤

（一）开始初期

在规划的早期阶段，公众参与有利于发现现状问题和热点问题。但目前，在城市规划领域中这个阶段的公众参与很少。早期的启动阶段——在规划项目被命名之前——要明确受数字化工具支持的由公众讨论而得到的非正规信息的角色，以及由不同研究得出的正规信息的角色。目前，作为参与者的居民在早期的启动阶段的作用往往是微乎其微的。决策者、规划部门和利益群体（如居民组织和居民个人）都应享有发言权，并共同影响对问题的认识，引导新规划的产生。不幸的是，这种需要多元价值观的全社会广泛参与极少发生。

我们的观察发现，PPGIS 工具在此阶段是有用的。它们可用于系统和广泛地采集数据，为规划项目提供解决问题的基础。到目前为止，只有有限的证据表明，数据收集会显著影响程序设置或导致项目颠覆。众筹知识的 VGI 工具、支持社区能力与信任建设的辩论地图也适合在早期阶段使用。这需要更公开透明的程序，以及规划者、决策者和居民之间的强烈沟通。

阿尔托大学的房地产部门想知道人在奥塔涅米校园（Otaniemi Campus）内如何移动以及哪些空间可以改进。这样做的目的是创建一个用户友好型的校园，骑行与步行互不干扰。学生和员工受访者分别需要在地图调查问卷上标记他们的日常移动路线、校园里的重要地点。这项调查在 2010 年秋季开展了一个月。共有 1 121 个人参与了调研并在地图上做了 6 209 处标记。此外，参与者还回答了网页上弹出的问题，包括哪个地方能够到达和哪些设施是需要的。参与者记录了许多现有的路线，也给了很多新路线的建议（数据收集后被用作新路线的设计）。

（二）启动

我们研究的实践结果表明，项目的启动阶段可用 PPGIS 工具支持公众参与。居民可以充当信息的提供者，以及对来自其他受访者的意见做出建议。此外，面对面的协作和交流可以支持 PPGIS 和 VGI 的数据收集与分析，从而验证和补充数据收集。这种多种方式的结合需要一个更彻底的参与性方法。

虽然我们的案例证明，PPGIS 工具能够支持规划的早期阶段，但也有证据表明，即使规划者看重数据的收集，但有些数据却没得到有效利用。这种现象的原因大概为：①因为很多规划师日常并没有使用 GIS 技术或处理 GIS 数据，规划师仍然缺乏必要的技能来分析 GIS 数据；②在规划过程中，规划师更倾向于通过安排参与使参与过程合法化，而不是确保所收集数据的有效利用；③负责数据收集任务的人通常不负责实际计划的制订，从而对数据利用不感兴趣。例如，在一些案例研究中，采用 PPGIS 的决定来自不同的参与者，部分来自负责协作活动的人，还有部分人并不负责规划设计。因此，最后规划师并没致力于充分利用收集到的数据。这会导致工具的利用获得支持，但数据的采用并未获得一致认同。然而在许多情况下，所收集的数据可再次被运用到许多不同的项目，例如详细规划。以下是芬兰赫尔辛基市应用 PPGIS 工具支持公众参与到一个新城市规划启动阶段的案例。

赫尔辛基市正在起草一个新的城市规划，该规划将引领芬兰首都的发展直到 2050 年。在这个规划的早期阶段，赫尔辛基想基于地图问卷调查来收集居民意见。一共有 3 745

位居民愿意提供他们的意见。他们在一个月内在地图上标注了 32 989 个位置。最热门的地点（"住宅建筑的地方或地区"）被标注了 8 911 次（占标注总数的 51%）。第二热门的标注点是"这个地方是独特的城市场所"（4 816 次）。为了评估公众参与的影响，我们问规划师如何看待 PPGIS 工具和数据的影响。规划人员普遍认为工具和收集到的数据是有用的，但数据的实际运用效益仍然是相当低的。

规划师 1 说："迄今为止，实施此类调查的最大优势是"图像"的好处。如果要使用数据的内容，还需要有更深入的分析。"

规划师 2 说："地图上的标记反映了居民敏锐的洞察力，例如城市的林荫大道和冲突地区清晰地呈现。"

规划师 3 说："至关重要的是，我们已经能够为那些不愿去公众参与场所或研讨会的居民提供公众参与的渠道。现在的挑战是要证明调查的影响。"

其实，公众参与过程能够更加提前，因为在总体规划之前有描述未来几十年的土地利用解决方案的愿景。独立的公众参与相对有效，特别在总体规划提案公开讨论之前，个人可以贡献自己的意见来完善总规。本次调查的受访者普遍在促进发展上比参加其他活动积极。与出席研讨会、公开听证会的人相比，这些受访者普遍比较年轻。

尽管规划师似乎普遍对这工具满意，尤其是数据和主要成果，但他们往往会认为该成果很难应用到规划实践中。当被问及他们曾使用过的工具，几乎所有人都读过结果报告，但对于数据的利用大多停留在在线分析和数据的在线可视化阶段，只有少数人将数据下载到自己的电脑。

（三）备选方案的制定

在备选方案制定的过程中，行政阶层和广泛的社会群众之间往往存在互动。不过，这种互动通常是通过稳定的渠道实现，如政策网络。规划提案初稿，至少在芬兰，通常由专家们严格编写，而外行的人一般都只能在提案发表后提意见。理想情况下，居民应能够研究和比较专家提出的不同方案，影响备选方案的制定，甚至最后与规划师一同制作方案。因为这个规划阶段具体化了"良好的环境"这一观念，到时将通过讨论确定规划的终稿，而广泛参与是必不可少的支持民主的要素。

在许多已完成的 PPGIS 项目里，居民已获准评估不同的规划方案，而 PPGIS 实现了规划提议更加动态的可视化，使受访者可以在地图上评论和提意见。虽然 PPGIS 工具并不用于居民制作规划方案，但这些工具给居民查看方案提供了宝贵渠道。例如，积极的规划倡导者为赫尔辛基总体规划制定了一个方案，并用 Maptionnaire 软件让这个方案可视化和收集公众的意见与建议。若能介绍收集的数据对规划方案的影响，再把所列的方案进行公开投票，这个阶段可变得更加有效。然而这个目标并不容易实现，因为很难证明这些数据对提案的影响程度。

芬兰林业组织莱门河国家公园（Metsähallitus）在图有者国家公园（Sipoonkorpi）的再生和维护规划的各个阶段，皆使用 Maptıonnaire 软件。首先，他们让公园游客标注自己最喜爱的地方（图 2–3）。多数人认为，该公园需要野趣区和休闲区。通过调查获得的结果影响了公园的再生和维护规划，对野趣区和休闲区进行了分离。此外，该组织还收集市民对设计提案的反馈。因此，规划的几个阶段都明显包含了居民的想法和建议。当游客评估规划提案的时候，他们甚至被要求提建议，描绘部分野趣区和休闲区的边界。

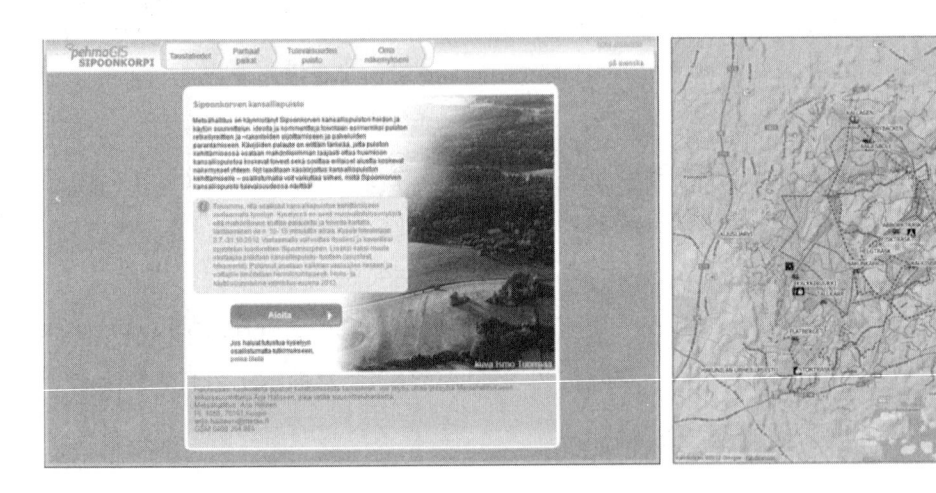

图 2–3　公园使用者最喜爱的地点标记和路线调查（左）以及调查结果汇总（右）

规划师 1 说："Maptionnaire 是一个崭新的形式，补充了传统的听证会。它从广大的利益相关群体中收集意见和愿景后，再以图表形式呈现给他们。在 GIS 环境下接收数据材料非常便捷。因此，它的地图演示和信息系统的使用已经准备妥善。"

（四）决策制定

最后的决策阶段依旧在负责部门，其所做的决策多少含有非正式的政策协商。这凸显了规划早期阶段公众参与的重要性。各利益集团长期形成的政策网络影响着这些决策。尽管现有的政策网络是真正代表了大部分居民的意见，但依旧存在问题。

我们的观察发现，只有少数项目的规划师愿意在此阶段使用 PPGIS 工具。在芬兰，这一阶段的所有官方发布的意见都应包括个人数据，因为规划师需要对每一个意见提供反馈。此过程往往会延迟规划进程，因为规划师会接收到大量的意见，而每一个意见都必须仔细研究。因此，规划师并不想在此阶段推动 PPGIS 工具的利用。专家们担心信息泛滥，信息越多可能会导致"进一步的混乱，导致模糊而不是清晰。适当的忽略意见可使政策的选择变得更便捷"（Young et al，2002）。

（五）实施

实施阶段是指通过建筑建设，安装基础设施或实施一些培训和社会方案来执行项目（Horelli，2002）。方案的通过并不保证其严格按原目标实施。因此，此阶段的公众参与也很有必要，至少在信息沟通方面。但至今仍没有此阶段使用 PPGIS 的实证案例。然而，PPGIS 可以用于信息沟通过程或者收集有关场地建设的反馈。

（六）评估

评估阶段，包括对项目收集的数据进行物质和社会变化的评估。这要求对整个规划周期的持续评估，更好地了解公众参与过程（Horelli，2002）。因此，评估不限于策略周期的特定阶段，还要覆盖整个决策过程的不同角度和时间（如实施前、实施后等）。

通过 SoftGIS 工具完成的研究案例表明规划的实施评估应内嵌在规划过程中。公共参与的有效性可以通过相关过程与结果的质量来验证。在现实中，公众参与的效果仍难以确定，因为大部分文献只指出程序性标准，并没指出导向有效过程的因素，更不用谈如何测度其成效了（Rowe et al.，2004）。PPGIS 工具提供实现事前或事后评价的重要方式（Kyttä，2011），如生活环境、儿童友好型环境、安全感的感知质量的研究，可以被看作是事后和事前的评估调查。在这里，进行标准化查询是有益的，这将更好地对不同地方或城市进行横向比较。

阿尔托大学的研究人员对大赫尔辛基水域的休闲活动进行研究（Laatikainen et al.，2015）。地图调查员让受访者标出水体附近的活动地点，并对景观价值进行评估。超过 2 000 个受访者接受了本次调查。结果证明，公民享受水边的时光，城市海岸能帮助人们暂时逃离日常生活。

正如受访的研究员说："描绘出最受欢迎海岸的多功能性是一个结合详细的当地认知和带地理坐标的定性信息的巨大机会，我们可全面认识该区域并对其进行全新的演绎。"

（七）维护

维护阶段意味着结果转化和远景形成。居民可变成被动角色，成为当前环境状态的评论员。定期给出反馈，在提高人们对居住环境的认知意识上具有重要作用。最终这个阶段和前一个阶段可以重新链接回问题定义阶段的理解中，从而完成规划的循环过程。在数据收集的方式上，维护阶段不同于评估阶段。在评估阶段，使用随机样本来验证数据是很重要的，而在维护阶段，数据收集可以发生在自愿的基础上。

五、结论

本章介绍阿尔托大学的 SoftGIS 研究小组在芬兰和国外大量的 PPGIS 实践。SoftGIS 工具和商业服务地图软件 Maptionnaire 的漫长开发工作（2005~2015 年），让我们了解到这些工具对城市规划的帮助。当问卷涉及位置信息时，PPGIS 非常有用。它功能强大，可让公众制作个人生活环境地图。而在研究中，这种数据为人的环境研究提供了新方式，在城市规划中具有双重好处。一方面，规划师可使用这些新的信息来支持他们以知情知识为特征的规划实践。另一方面，他们可利用这些工具作为新的参与机制，巩固现有的各种参与性工具。

实证研究表明，规划的不同阶段需要不同种类的 PPGIS 工具来支持，并提供新的方法来收集居民的观点、经验和意见等。显然，PPGIS 工具可明确表达居民丰富的场地相关的经验。无论在学术研究还是在城市规划方面，这些数据集的处理和利用都是相对灵活的。一开始，城市规划师会对居民的正面评价感到惊讶，因为之前他们获取的是大量的负面反馈。此外，规划师得益于居民通过 PPGIS 提出的建议。需强调的是，PPGIS 工具并不能单独解决公众参与的难题。这些工具应是其他公众参与方式的补充。此外，为了更高效利用 PPGIS 工具，规划师需要对它们能如何支持公众参与有更多的理解。在未来，还需要有更多的研究来介绍 PPGIS 工具是如何支持不同阶段的项目的。通过对集体认知的理解，实现从数据到规划方案的转化，这个过程非常有趣。

将 PPGIS 工具和基于位置的用户知识纳入居民和专家的日常工作中，并不需要太多新工具或创新的概念。目前面临的挑战使现有的规划文化将变得更加开放和全面，也将更加深入地把新方法和理念融入到实践中。公众参与常被用于确认政治的合法性，只需在规划的过程中被提及，而可以不是规划过程的一部分。这是体制障碍的结果。新的参与工具和规划支持系统不断出现,为规划师提供了新工具但未明确其实际目的,进一步支持了这一观点。我们的研究结果强调了愿意改变现有实践方法的"超级规划师"的重要作用。因此,为了克服更多 PPGIS 工具嵌入到规划过程的体制障碍,未来不能只停留在个别"超级专家"上。所以,规划文化应该更强调理解、解释和学习,强调从公众讨论中来收集数据,减少数据采集的随意性,同时减少忽视或误用所收集数据的可能性。

第三章　澳大利亚地理信息和智慧治理

一、导言

智慧治理可以被定义为通过嵌入信息通信技术，尤其是交互式 ICT，实现高效协作、公众参与、有效沟通和透明的决策与管理（Chourabi *et al.*, 2012; Lin *et al.*, 2015; Toppeta, 2010）。尽管 ICT、城市景观和城市管理之间的联系日渐紧密，地理和地理信息系统在智慧管理中也有巨大机遇，但地理信息技术在支持智慧治理方面的应用尚未全面开发（Lin *et al.*, 2015）。本章研究了地理信息系统在澳大利亚布里斯班的城市集约化项目中的应用，一方面响应关于研究智慧城市和智慧治理案例的呼吁（Toppeta, 2010），另一方面也呼应国际对城市土地集约利用的相关研究（McCrea *et al.*, 2012）。

城市集约化是一种区域规划和城市发展策略，旨在通过提高未充分利用的城市土地及已有基础设施周边地区的人口密度，来实现区域人口的快速增长，从而控制城市无节制的蔓延（McCrea *et al.*, 2012; Murphy, 2007）。用城市集约化的手段解决城市边缘地区问题的好处是公认的，包括减缓城市蔓延和公共服务成本上升、保护耕地和开放空间、最大限度缩短通勤时间等。在城市地区提倡土地集约化往往更有争议。虽然它有助于增加经济和就业机会、促进社会多样性、混合用途开发、促进经济适用房和商品房发展、改善公共交通、创造舒适步行环境、增加社区活力以及促进公共安全（McCrea *et al.*, 2012），但它也可能导致建筑遗产的缩减、工业区功能转化导致的失业、开敞空间和公园的减少、人口结构的变化、高层建筑阴影增加、交通拥挤、住房成本的增加（McCrea *et al.*, 2012; Searle, 2012）、由于建设带来的噪音和交通问题以及居住私密性下降（Litman, 2015）。

城市集约化优缺点共存的状态，暗示着它的不确定性以及潜在的争议。这种不确定性为利用地理信息技术来讨论城市集约化以及改善决策透明和公众参与提供了机会。然而，我们仍需要在地理信息系统（GIS）作用的基础上走得更远。它在支撑超越流程式及被动式的规划过程中仍存在着局限性，因为它仅关注现状并且帮助避免少量消极因素，有时甚至会造成意想不到的影响（Harris，1989）。规划支持系统（Planning Support Systems，PSS），广义上是指为空间规划而设的地理信息通信技术（Pelzer et al.，2015），在解决城市集约化方面展现出很好的潜力。PSS 拥有规划评估、多方案分析（Harris，1989）以及公众沟通参与等技术，增强了 GIS 的功能。智慧治理的原则是使用地理信息技术（如 PSS），与受规划影响的社区一起，对城市集约化进行评估、可视化和沟通。

二、背景

布里斯班城市及其周边地区的土地集约化，是由昆士兰东南部（South East Queensland，SEQ）区域规划（QLD 2009）所驱动的。昆士兰东南部区域规划于 2005 年提出，2009 年更新，是一个当地政府的法定规划（England，2011）。该规划采用了城市集约化的策略，减轻分散开发、适应人口快速增长并提供高效的基础设施和服务。被划定为城市集约化的地区，一般围绕已有的中心区域，拥有较好的基础设施，包括公共交通及休闲设施（Queensland Department of Infrastructure and Planning，2009）。其目的是鼓励混合用途开发、使用公共交通、增加社会多样性、社区归属感、住房多样性和住房负担能力（McCrea et al.，2012）。

布里斯班市议会（Brisbane City Conncil，BCC）根据 SEQ 区域规划，拟定了西端（West End）地区的结构规划草案（Brisbane City Council，2007）。西端地区位于昆士兰东南部地区的布里斯班河畔，与布里斯班中央商务区隔河相望。历史上，西端地区是滨河工业用地内的工人居住区（Walters et al.，2011）。其人口囊括了低收入群体、学生以及来自不同种族的人群（McCrea et al.，2012），并拥有不同的文化背景（Conner，2011）。该社区内，还有使用公园、河边和中央公共零售区的流浪者。除游乐场和烧烤区外，河边的公共开放空间开发程度非常低。可供选择的公共交通方式包括公共汽车、渡轮以及坐落在南岸社区的火车站（McCrea et al.，2012）。当结构规划草案公布时，西端地区的现状建筑主要以一层为主，鲜有高于三层（Lieske et al.，2008）。

该规划旨在指导社区今后 15～20 年内的发展和土地利用方式。根据相关规定，该规划整合 SEQ 区域规划提出的城市集约化策略。BCC 在规划中强调了西端社区的发展潜力，并指出将大量投入基础设施和公共设施。该文件还指出该地区在城市更新方面落后于布里斯班市的其他市区。为表述该规划的必要性，BCC（2007）指出："虽然位于滨水战略区位、中央商务区城市框架内，但该地区缺乏明确的发展方向或定位，尚未成为有特色的目的地，且被南岸区域掩盖了其潜力"（Brisbane City Council，2007）。他们得出以下结论："……该地区拥有一个独一无二的城市更新机会"，并且该规划"……重新审视该地区的发展潜力，并提出唤醒这只'沉睡的巨人'的措施"。该规划提出了许多积极的措施，包括建设有吸引力且结合卓越设计和地方特色的城市环境、保护历史建筑、混合用途开发、每天 18 小时的活跃时间、经济适用房策略、滨河开放空间、远离河流的社区空间、吸引人的高密度空间、高质量和便捷的公共交通、步行和自行车网络，以及补充布里斯班中央商务区在零售、餐饮、购物和商务办公方面的不足（Brisbane City Council，2007）。

尽管存在这些潜在的优势，市民对该规划的态度依然比较消极，包括不太满意有限的开放空间和增加的建筑高度。西端社区协会（West End Community Association，WECA），一个当地的市民团体，对该规划表示担忧。他们觉得该地区的低矮建筑形态将被 9～19 层的中高层建筑替代。

城市集约化的正反面影响，并未充分被认知（McCrea et al., 2012）。库利尔帕（Kurilpa）结构规划草案并非一个详细规划，而是一个发展愿景。该规划提供了一份附带建筑高度控制的土地利用规划图。影响评估只局限于以下因素：新增住宅单元、人口、商用楼面面积及工作岗位，但评估几乎没有回应现有居民的关注点。在这种不确定的条件下，居民对这一规划的态度是消极的。为了确定规划可能产生的影响，他们决定进行深入研究，而不是一味作被动反应和价值判断。WECA 率先测度该规划将带来的影响，并且以此与当地社区和布里斯班市议会进行沟通。关于这一问题的讨论集中在三个方面：事实、意见和价值观，透明度和计算基础，预测的依据。围绕该规划，居民提出了许多问题：会产生什么影响？商业、人口等是否会增加？影响将会作用在哪？交通距离会产生什么变化？当完成开发后，这个地区将会变成什么样？布里斯班市议会未能解答这一系列的疑问。这时，WECA 联系了美国蒙大拿州米苏拉的 GeoData 空间数据股份有限公司（http://www.geodataservicesinc.com）、澳大利亚昆士兰蒙特维尔空间信息服务有限公司（Spatial Information Services Pty Ltd.）以及本文作者。他们看过我们做过的 PSS 实例后，认为我们能够以透明的方式解决他们关注的问题。

智慧治理的原则意味着一个机遇，通过利用 PSS 批判地评价城市集约化，能够更明确地论证该规划、政策和产生的影响到底是否与居民愿景一致。挑战在于需要以明确、量化、易懂的方式向社区和利益相关方展现该规划。

三、方法

该规划的量化评估使用了 CommunityViz 软件 PSS（http://placeways.com/communityviz/index.html）的 360°虚拟场景模块来开发和评估各种替代方案，以及它们带来的影响。通过拓展 ArcGIS 的量化能力以实现地理数据的公式计算（Lieske et al., 2015）。360°虚拟场景模块可评估特定土地利用方式的潜在影响。通过设定土地利用虚拟场景和一系列定量指标，PSS 可超前预测这些方案的影响。

虚拟场景开发和评估是 PSS 的基础功能之一（Lieske et al., 2013）。在规划环境中，不同的虚拟场景可视为不同的合理可选择的开发方案。虚拟场景可作为交流工具、评估工具和思维工具。作为交流工具，虚拟场景提供了场景创造者和使用者之间的信息交换（Xiang et al., 2003）。作为评估工具，虚拟场景回答了如果的问题。虚拟的场景可实现情景规划，经过对众多可替代方案的探讨，被选定的行动将是经得起推敲的、谨慎的（Avin et al., 2001）。作为思维工具，虚拟场景促使使用者去发现和应对环境中促使变化的驱动因素（Avin et al., 2001）。通过对不同开发模式的观察，能看清其背后的驱动因素（Veeneklaas et al., 1995）。隐含和明确地使驱动因素成为虚拟场景，能促使对不同假设的思考以及激发评判性思维（Xiang et al., 2003）。虚拟场景改变和改善了原有的思考方式，因为讨论由原来的"你认为会发生什么事？"变为"还有什么事会发生？""为什么这会发生？"以及"这会怎样发生？"（Avin et al., 2001）。最后，虚拟场景能在缺乏特定可选方案时，帮助找出潜在的可选方案。用以支持规划过程的虚拟场景开发，通常包含现状条件，及一个或多个合理的未来可选方案。

四、影响分析

虚拟场景对比和评估可从定量、定性和视觉三方面入手。虚拟场景的定量对比由 PSS 的第二基础功能——影响分析完成。PSS 影响评价涉及不同空间模式的量化结果，同时涉及与其相关的非空间驱动因素。作为一种兼具评估和沟通功能的技术，影响分析能够帮助人们理解各种独立设计和政策选择的内涵（Snyder, 2003）。PSS 的量化影响分析，通过构建指标、测算具体的影响值来完成（Walker et al., 2011）。事件发生前后或在不同虚拟场景之间，指标的构建可对方案进行直接的标准化比较，如指标的核算或地块尺寸的测量。另外，指标体系也能为某种特定目的量身定制。指标应围绕核心议题及项目将带来的潜在变化来选择（National Research Council，2002）。一旦建立和生效，指标将提供更高效的工作方式。这些逻辑和公式也可以实现项目间的相互借鉴（Lieske et al.，2013）。规划方案的影响评估应基于该规划的潜在影响以及社区诉求来进行。

用以评估结构规划的指标，包括土地利用区、工作岗位的提供、居住单位数、人口数、交通可达性和开放空间。为了采集多层建筑在土地利用方面的影响，土地利用区指标对三维空间、多层建筑、土地利用性质进行了区域量化。土地利用区统计主要应用土地利用数据图层的属性，包括土地利用种类、建筑密度（建筑基底面积占土地总面积的百分比）以及建筑层数。每块用地的指标由以下数据相乘所得：用地面积、建筑层数、容积率（建筑面积与用地面积的商）、指定用途的室内面积。容积率和指定用途室内面积的数据被分别储存在土地利用图层的属性表中。工作岗位的指标是预测总体就业岗位的供给，同时对以下几种土地用途类型可提供的岗位数量进行预测：商业、文化、零售业和居住。用给定的用地三维多层面积与假设的每个岗位的空间指标相乘，得到相应的工作岗位数目。CommunityViz 软件允许单个岗位的空间指标值被设定为可变量，通过数值滑动条随时调整数值。这种可变量被纳入 360°场景和基于方程计算的 GIS 属性表中，使得在方案浏览中实现同步地理与数据的输入，同时自动生成相应的地图与新的数据值。每个零售类工作的空间指标的默认值是每人 20 平方米，可变化范围为 0～100 平方米。居住单元指标同时采集经济适用房和商品房相关数据。经济适用房的指标按经济适用房的用地面积除以经济适用房的平均规模计。像上述的工作岗位空间指标一样，平均住房面积的值也是一个可变量。经济适用房面积的默认值为 80 平方米，可变化范围为 50～300 平方米。商品房指标的计算方法与上述类似，但其平均面积的默认值为 160 平方米，可变范围为 50～300 平方米。为了模拟每周七天，每天 18 小时的活跃时间，人口指标分为日间/晚间人口指标。夜间人口包括商品房和经济适用房、零售商业和文化用地的人口。零售商业和文化设施的夜间工作岗位、居住人口以及夜间游客数量的总数为夜间人口指标。夜间居住人口和游客数量都是基于土地利用区的。前者基于居住单元面积，后者同时基于居住单元面积、游客以及零售和文化设施的顾客数量的假设值。公共交通指标则以交通可达性的方式进行评估，其中的关键指标为通勤距离。交通站点包括附近的南岸社区火车站以及西端社区边缘的公交车站。交通距离指标基于与交通站点距离的可变量。默认值为 250 米，可变范围为 0～700 米。社区可利用的开放空间，以每晚人均开放空间面积作为标准，取每千人开放空间面积。

利用地理可视化，以充分利用地理信息系统的功能和相关技术，达到以直观易懂的方式整合、展示和传达场景信息的目的。可视化带来许多好处，包括激发公众参与规划的热情（Geertman，2002）、改善交流、促进利益相关者的理解与知识贡献（Isaacs et al.，2011）。谷歌地球（https://www.google.com/earth）和环境系统研究所公司（Environmental Systems Research Institute Inc.）的 ArcScene（https://desktop.arcgis.com/en/3d）可用于对规划方案的可视化展示。ArcScene 用于开发数据的三维表现。例如，将建筑层高设定为4米，就能提取出建筑的高度。当建筑的高度未知，则默认为4层。为了充分利用背景场景以及便于数据共享和查看，谷歌地图用于展示数据。

五、成果和推广

规划方案的研究包括两个场景：场地现状和建议的规划方案。这两个场景是基于不同的土地利用性质的，如图 3–1 所示。指标计算结果和可视的影响由场景展示，以更鲜明的方式展示出西端社区的现状和规划方案的不同。

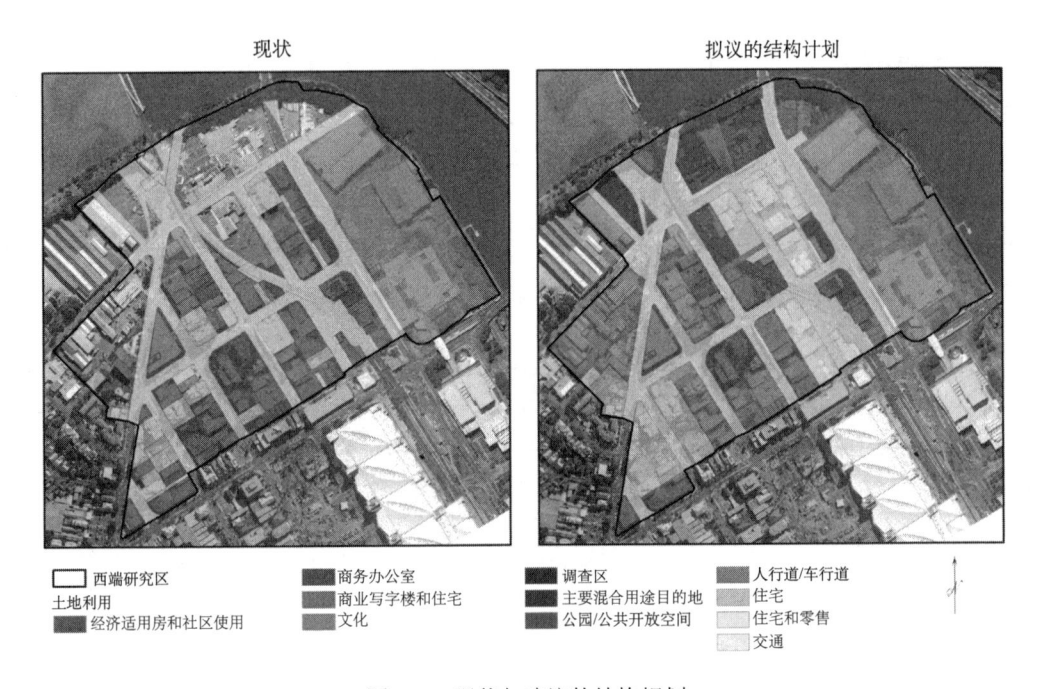

图 3–1　现状与建议的结构规划

如表 3-1 所示，土地利用指标中，混合用途用地、居住用地和零售商业用地面积在规划方案中大幅增长，文化用地面积略有增长，工业用地则在规划方案中被去除。对于工作岗位指标，除文化用地在晚间略有增长外，其他用地均有大幅增长。为了获得居住单元增长的基础信息，并解答关于经济适用房和社区风貌的疑问，该指标能够同时检测经济适用房和商品房数据。结果表明商品房增幅的百分比仅略高于经济适用房。

表 3-1 指标计算结果

	现状场景	结构规划场景	单位
土地利用区			
商业办公	50 526	371 112	平方米
商业办公与住宅	0	43 235	平方米
文化	63 369	68 272	平方米
工业	54 142	0	平方米
住宅	38 568	294 803	平方米
零售	9 027	93 469	平方米
就业			
零售	451	4 673	个
商业办公	2 526	18 556	个
文化	317	341	个
经济适用房	16	100	个
商住混合	30	230	个
总量	3 340	23 901	个
住宅单元			
经济适用房	156	1 005	单元
商品房	241	1 843	单元
人口			
日	9 173	52 613	个
夜	2 816	12 287	个
交通			
访客	345	455	个
居民	63	148	个
就业	2 879	5 438	个
开敞空间			
每千人	0.85	0.20	公顷

规划方案场景的日间人口是现状日间人口的五倍有余,而夜间人口则为现状的四倍有余。

在交通指标中,与人口和工作岗位相比,规划方案在公共交通方面是考虑不周的。这项报告与以往学者的研究结论是一致的(Walters *et al.*,2011; Stone,2012)。对于城市集约化带来的密度增长,现有的交通基础设施是不足的。城市集约化需要的不仅仅是增加密度,还必须要有公共交通服务和设施方面的实质性投资(McCrea *et al.*,2012)。西端社区最新的高密度地带都在两个交通中转站 800 米范围以外,而高密度开发亟需公共交通的相应投资(Searle,2010)。此外,布里斯班市议会(2008)建议的开放空间标准为每公顷千名居民,但在 2007 年与布里斯班市议会的讨论中,目标是希望提供每 2 公顷千名居民的开放空间。因此,现状和规划方案的统计结果都显示出开放空间不足。这反映到随后的讨论中,"他们谈到了额外的绿地……但这些绿地在哪里……"(Walters *et al.*,2011)。

二维的平面图像,如图 3–1,无法表现规划建筑高度带来的影响。我们利用谷歌地球来说明现状建筑高度(深灰色)与规划建筑高度(半透明色)之间的差异(图 3–2)。如图所示,在规划方案中,西端社区将一个低层社区变为一个多、高层社区。

图 3–2　现状建筑高度(左)和结构规划场景的建筑高度(右)

图 3–3　规划方案中日间(左)和夜间(右)的人口分布

除了展示建筑高度外，可视化技术可代替过去等值线等数据展示方式。图 3-3 表示日间人口和夜间人口的差异，其中场景中的垂直高度每米代表 20 人。地理可视化使快速视觉评估日间/夜间人口成为可能。人们能够查看人口的空间分布以及日间/夜间活跃区域。表 3-1 所有指标都能被空间分解，然后使用地图或三维可视化显示。无论使用哪种方法，都能有效传达这一系列数据的空间分布。

公布这些结果的目的，是为了说明地理信息技术是如何支持昆士兰东南部区域规划的实施，同时表明布里斯班议会和西端社区居民在规划中所作的努力。通过统计、二维（地图）和三维（可视化技术）等方式展示规划影响、与利益相关者高效沟通、提供真实透明的信息，从而把事实与观点和价值观区分。成果通过在线研讨会向 WECA 主席和几个委员会委员进行初步展示。这个小团队的反馈较好。他们大致理解了模型是如何开发的（展示的透明度）以及规划方案将带来的影响。第二版展示则引发了 WECA 更广泛的讨论。WECA 对展示材料的反应是，他们对参与项目十分感兴趣，认为成果的可视化是非常重要的。第三版展示由 WECA 开发，并向一位布里斯班市议员展示。第三版展示的重点更多是过程透明度和成果，而不是模型开发或技术细节。

在讨论期间指出，这些模型可以运用于下列两个方面：其一，从其自身立场出发，在 WECA 内部探索更多替代方案并进行宣传；其二，在与布里斯班市议会的协作中，作为一个透明客观的工具，以处理城市集约化的问题以及在社区中示范智慧治理。WECA 认为后者有很大价值，但对 BCC 没有完全接受而感到失望。然而，WECA 的代表称，分析是有价值的。他们指出，人们理解信息的三维表现，但分析的真正力量来自于定量计算。影响评估值和指标取决于人们能直观看见规划变化的程度。

虽然 WECA 提议再设计一个替代方案作为第三种场景，但这并未实施。因为社区的大多数成员认识到，西端社区的密度增长将会是不可避免的。问题在于如何让社区支持高密度，并且看到他们追求的是高质量发展，而不是阻碍社区发展。WECA 所提倡的替代方案，已涵盖了许多这类的观点，并被记录下来（Walters *et al.*，2011；McCrea *et al.*，2012）。包括控制建筑层数为 7~8 层，增加绿色空间，被动式太阳能绿色屋顶，增加经济多样性，使社区和开发更有视觉趣味、活泼、安全等措施。这改变了社区原来反对城市集约化的态度（Litman，2015），未来工作的重点应关注文物建筑的更新保护，调查住宅单元的成本以及解决能源消耗问题（Searle，2010）。

六、讨论与结论

在所有改变土地用途的案例中，如果事实能与观点和价值取向分离，明确展示出统计的透明性和基本原则，将对各方都有利。在西端社区结构规划的评估中，规划支持系统使得这一理想得以实现。PSS 能够向社区成员、官员、决策者和规划专业人士，中肯简单地描绘出可能发生影响的量级和位置。这些成果使 WECA 能够理解议会的规划方案将会带来什么影响，并且促进其与议会进行明智的沟通。

西端社区开展了数年的关于城市集约化的讨论，并产生了积极的影响，即对社会发展概念的认知水平有所上升。虽然没人能举出具体的例子，但通过各个包括地理信息技术在内的规划过程，城市集约化正在通过发展公民知情权而逐渐建立起智慧治理的能力。

一个 WECA 的代表推测，BCC 在规划过程中没有使用这项技术的原因是：PSS 是一项大多数政府忽略或者不敢使用的技术，因为它能够明显地表达出变化。在这种情况下，两个场景间的变化程度是由昆士兰东南部（SEQ）区域规划的年限（20 年以上）和西端社区的规划年限（15～20 年）所导致的。规划年限是基于"2006～2031 年，人口将增加 280 万"的预测（Queensland Department of Infrastructure and Planning，2009）。此外，区域规划还包含了在各地方政府区域内新增加的住宅总量以及住宅再开发量。布里斯班市分别增加了 156 000 平方米和 138 000 平方米。如表 3-1 所示，若在西端社区执行规划方案，将会产生 2 451 个的住宅单元增长量。这个明显变化是在区域规划中确定的，并通过西端社区的结构规划反映出来。同时，这些影响的具体位置是由政治决定的。除了提高活动中心和基础设施附近的开发强度以外，昆士兰东南部区域规划并没有规定城市集约化要在哪个邻里空间实现（Searle，2010）。那是布里斯班市议会的一个政治决定。在布里斯班的规划和决策过程中，智慧治理、公民知情权、地理信息与信息和通信技术的使用、政治因素形成了一种紧张的关系。这种紧张的关系在某种程度上源于基于证据的规划、智慧治理、政策制定和决策的模糊性（Stone，2012）。这是未来研究的一大方向。

第四章 美国规划支持系统的可操作性

一、导言

技术对规划和政策制定的作用是过去几十年城市规划的重要议题，而规划支持系统（Planning Support Systems，PSS）则是该议题的新内容。1959 年，伏尔希斯（Voorhees）认为面向规划的计算机模型是乐观的、雄心勃勃的和全面的。此后，学者们继续讨论这个话题，认为计算机技术可以帮助我们更好地理解未来，并会在规划上扮演重要的角色（Harris，1965）。但是在 1973 年，学术圈开始出现不赞同计算机技术促进规划发展的看法。例如，在被多次引用的文章中，强调了大尺度计算机模型的不足，以及这些模型在帮助社会做出更好的决策时的无能为力。这些批评对城市建模学科产生了深远的影响（Lee，1973）。然而，即使存在反对意见，可操作的城市模型的研发依然被坚持下来，并最终演变成了规划支持系统。

21 世纪初，学者开始对规划支持系统进行了全面的思考（Brail et al.，2001），并收集了规划支持系统技术的最佳实践案例（Geertman et al.，2003）。后来，建立了更加明确的针对大尺度城市的建模系统（Brail，2008），并对规划支持系统技术进行了前沿研究（Geertman et al.，2009）。最近，研究重点已经转向信息需求管理、基于使用的系统以及信息检索和传递的网络策略。最新的相关概念模型还包括智慧城市，它被称为以信息和通信技术来完善城市运作的综合理念（Batty，2013）。该理念以协调与整合技术的需求为核心，也就是独立开发但协同运作的技术——这非常像现在所说的规划支持系统。

二、直观的规划支持系统空间模型

土地利用变化（Land-Use Change，LUC）模型的核心是大多数空间明晰的规划支持系统的典型要素。这些模型帮助规划师和决策者更好地了解空间数据、城市发展模式的动态性和复杂性，在某些情况下评估城市形态的改变对环境、经济和社会系统的影响。虽然元胞自动机（Cellular Automata，CA）技术在直观空间模型核心的开发测试至今已有 30 多年（White，1994），规划师运用、修改 LUC 模型开发第一代的规划支持系统也超过 20 年（Geertman et al., 2004），但这些模型直到最近才具备完善的功能来支持规划。主要是因为当时人们"普遍缺乏规划支持系统在不同规划背景中的开发、采纳及实施的知识和深刻理解"（Geertman et al., 2004）。此外，大部分规划支持系统的文献，主要关注技术和系统结构，特别集中在理论基础、软件架构和工具功能上，缺少操作方面的实证（Deal et al., 2009a）。由于规划支持系统的新颖性、复杂性和规模大，这种情况的出现是可以理解的。有些学者从定性的角度来讨论特定规划支持系统与真实世界的相关性，例如规划支持系统在规划过程中的作用、对决策产生影响的效率，以及规划支持系统结果在公开演示中的可解释性等（Deal et al., 2003; Petit, 2005）。通常来说，虽然技术层面上它是有价值且可行的，但在规划上的系统化运用却是缓慢的。这主要是由于交流和信息传播出现了问题。这可追溯回道格拉斯·李（Douglass Lee），以及他关于大尺度规划技术问题的看法。

三、可操作的规划支持系统模型

目前行业先锋们已推出规划支持系统的土地利用变化（规划支持系统 LUC）模型的雏形，同时把 LUC 模型包装成可操作的应用程序，具备可视化及在线用户界面。土地利用演变和影响评估模型（The Landuse Evolution and impact Assessment Model，LEAM，http://portal.leam.illinois.edu/stockholm），WHATIF（http://www.whatifinc.biz/index.php）和 UrbanSIM（http://www.urbansim.org/Main/WebHome）是美国运营得最好的三个案例。这些规划支持系统旨在让非专家用户，只需通过网络门户与简单的鼠标操作，就可输入数据、操作、本地化、测试未来情景下的规划支持系统 LUC 模型。其中一些模型已经接近实现这个理想（包括 LEAM）。不过，在我们看来，要在结构化的规划进程中充分发挥规划支持系统的巨大作用，需要模型师和规划师的知识连接。这些专家可以：1.促进这一进程和提供技术，并指导社区有效地运用这些工具；2.确保规划支持系统投入和产出的质量；3.向非技术人员解释模型结果的内涵；4.帮助反推[①]建议实施策略和情景分析。

[①] 反推是一种工具，通过可行性分析和影响评估，实现从现状到愿景的联系。

伊利诺伊州大学（The University of Illinois）的土地利用演变与影响评估建模实验室，在世界各地尤其是美国中西部的运作和实施规划支持系统上取得了一些成就。我们将介绍LEAM运作的几个案例，揭示LEAM规划支持系统影响规划和决策过程的三种路径：1. 通过基于使用的规划支持系统的开发和实施；2. 通过帮助抵消潜在的扭曲；3. 通过与规划制定流程融合的能力。我们亦建议，规划支持系统技术的未来将由用户主导走向用户感知。这将使他们在实际规划的实施中更有效益。

四、LEAM以使用为基础的规划支持系统实施

LEAM模型主要由两个部分组成：1. 土地利用变化（LUC）模型——由一组能描述地方变化因果关系的次级动态模型驱动，能够测试演化潜在的"假设（what-if）"场景；2. 影响评估模型，根据当地的兴趣点和适用性来建立未来的土地利用变化模型，进行辅助解释和分析，再借此评估"因果（so-what）"的问题，并阐明该模拟情景的潜在影响。规划和政策制定需要回答"假设"和"因果"两个问题，这也是LEAM框架的基础。

LEAM采用混合元胞自动机（CA）的方法。与CA类似，LEAM采用随时间变化而改变状态的结构化的表格（单元）。LEAM的表格是由生物物理因素（如水文、土壤、地质、地貌）和社会经济因素（就业、家庭结构、行政边界、规划区域等）构成的。当这些因素组合在一起时，将呈现等高线状的具有高低斑点的轮廓格，代表每个单元潜在的土地利用变化的概率。概率产生的基础是局部互动（如单元对给定吸引点的可达性）、全域互动（如区域经济的状态）和其他影响机制（如社会力量）。它也可以测试特定的规则。通过对规则集的设定，产生不同的规划情景。不像其他大尺度模型，LEAM在一个精细的分辨率（30米×30米）内工作，包括基于单元的微型模型。它与其他模型能实现宽松和紧密的连接，实现在不同空间尺度下的操作，包括区域社会经济的宏观模型、交通基础设施和连接的需求分析等。这最终实现测试和评估更大范围的"假设"情景组合。

在LEAM的实施过程中，LUC模型是一个集数据采集、模型建构、信息对话、可视化、常规展示、数据访问的迭代演进过程。地方规划师、政策制定者和利益相关者对给出场景的显著性与价值，提供反馈和意见。在项目初期就要定期收集这种反馈，可更有效地捕获本地信息，以提供更符合当地情况的工具，并普及它的使用。与大多数LEAM的方法相异，这种以使用驱动的模型和系统开发，是在开放论坛上实现的。这种反馈和当地信息在创建规划支持系统工具时至关重要。完全依赖理论或数学工具，并不能完整

描述一个地方的条件。不断地进行内外审查与互动，是告知建模者和利益相关者关于模型变化、改进和方案结果的关键。在规划支持系统可视化门户网站公开展示这种以使用为驱动的方法，有助于提供另一层面的反馈和互动。

笔者发现，在不同的应用背景下，LEAM 在许多场合下产生的大量信息，已影响了相关政策的制定。在以使用为驱动、基于反馈的模型和系统建构中，LEAM 成功地进行了政策建议。政策的制定呼吁更多更好的信息，进而又增强和改进了 LEAM（以对其他政策进行建议）。这种互动和迭代模型的开发和反馈，还可以发生在规划的不同阶段。在应用这种以使用为驱动的模型过程中，我们发现，LEAM 可以通过多种途径影响决策。接下来，笔者将介绍一些具体的途径，以及 LEAM 在规划制定过程中的效果。三种情况介绍如下：密苏里州的圣路易斯（St. Louis，MO），伊利诺伊州的皮奥里亚（Peoria，IL）和伊利诺伊州的麦克亨利县（McHenry County，IL）。它们代表 LEAM 规划支持系统在规划的实践中取得的三方面显著影响，包括：促进对话、抵消扭曲和与规划流程融合。

五、促进与圣路易斯蓝图模型的对话

规划支持系统工具可增加规划过程的参与度，因为获取的相关信息越多，可促成对更多替代方案的思考，反过来就会成就更好的公众舆论（Geertman，2002）。案例范围包括圣路易斯周边的两个州、十个县级区域。LEAM 在这进行了长时间的应用，充分验证了以使用为驱动、嵌入式建模工作的真正意义（Deal et al.，2003）。

2003 年，东西部门户协调委员会（East-West Gateway Coordinating Council，圣路易斯地区的都市规划组织和政府委员会），开始把 LEAM（在以后的版本中被称为蓝图模型，Blueprint Model）当成一个平台，鼓励区域在经济发展、社会公平和环境可持续性问题上进行对话。项目的启动放弃了长时间建模的过程，转为快速生成一系列的情景模拟。这种快速启动有两个目的：快速开始公众参与，使相关人员产生兴趣；收集当地利益相关方意见，根据当地需求调整 LEAM 模型。这些早期的模拟是在研讨会、会议和其他公共论坛中受公众监督下制作的。论坛参与者为城市的 LUC 动态和今后的建模工作提供了有价值的见解。在每年更新的基础上，他们还为与会者提供了极好的交流平台。

案例早期的批评意见在于，LEAM 初步模拟所展示的沿密西西比河（Mississippi River）两岸分布的发展方式——伊利诺伊州（Illinois）在东部，密苏里州（Missouri）在西部。初步模拟表明，伊利诺伊州的部分新建设与密苏里州有紧密关系；与此同时，区域的中央商务区（CBD）位于密苏里州，并历来存在大量的建设活动。这些模拟利用了惯常的车速进行计算，但未考虑跨河的难度。当拥挤所产生的速度被用来衡量出行时间（交通拥堵会影响地区的吸引力）时，模拟的新建设从伊利诺伊州转向密苏里州。在这里，桥梁的拥挤和桥梁的到达方式是主要影响因素（桥梁是严重的堵塞点，同时可替代路线有限）。这一结果强调了桥梁在跨区域发展中的关键作用。

该地区一直研究新桥的选址，其初步设计及环境影响评估工作已持续了20多年。尽管市民和政客们齐心争取联邦专项资金，但最终并未成功。资金的短缺使得原本的桥梁设计计划遭到质疑，也使人们开始思考该如何落实该项目。弥补资金不足的替代方案包括桥梁收费、以改进现有桥梁的通行能力来缩减建设费用等，但区域间并未达成共识。面对僵局，东西部门户协调委员会（EWGateway）率先在区域讨论中增加基础分析。它超越了传统的成本效益分析，基于不同的选择，共同模拟分析未来的交通、土地利用场景。

通过连接 LEAM 与交通需求模型（TransEval），创建了三种模拟。对于新桥的建设与否，对比这三种模拟中的土地利用、经济发展和交通结果以及基线无建构（No-Build）模拟，出现了轻微的差别：建造新桥似乎略对麦迪逊（Madison）和圣克莱尔（St. Clair）的发展有提升，而圣路易斯（St. Louis）和杰斐逊（Jefferson）的发展却略有下降；不建桥而征收通行费有利于查尔斯（St. Charles）的土地开发。图 4—1 显示，在 LUC 更精细的分辨率下，是否建设新桥的情景差异。黑色单元展现新桥建设后的城市增长；灰色单元展现不建新桥的城市增长。该图呈现出更复杂的差异，并暗示着若细化到县域分析则能看到更明显的区别：桥梁工程有利于伊利诺伊州一侧的土地开发，也会导致河流另一侧的密苏里州的发展下行，在地方一级的差异非常显著。

毫无疑问，围绕这些模拟的讨论相当激烈。结果与大家的直觉相反。增设通行费用会增加地区的总出行时间。通过复杂的相互作用分析，得到引人注目的解释。收费会使交通量分散到其他不收费的桥梁，导致那些桥梁的日益拥堵，增加了出行时间。这种解释否定了用收费来填补预算缺口的提议。如果增加桥梁，土地的使用模式很可能会改变，因此在这些地区必须以协作的方式来控制土地的使用。然而，即使每个测试场景所需的投资大有不同，但最终的差异也非常轻微。这可能表明成本最低的替代方案是最好的。但它也表明，对于需求方来说，如果能在一个职住平衡的地区投资，可能会提高成本效益。

该案例有一个重要的启示，为了促进当地的思想交流和讨论，可能没必要花费很长时间去微调模型和结果。在规划过程中及早提出初步结论，可促进区域的对话。初步模

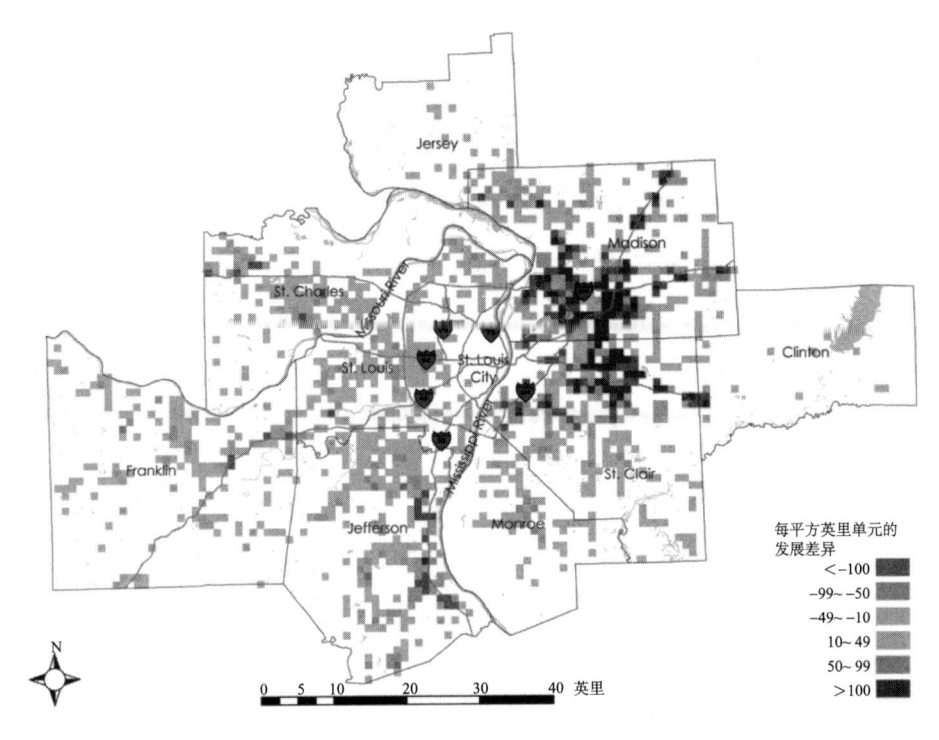

图 4-1　圣路易斯蓝图模型中的城市增长模拟

型能生成多个场景也是提倡的。对于模拟结果的讨论，包括对它缺陷的讨论，会增加区域规划对话的价值。因此，即使是快速生成的结果，透过专家和当地市民的视角，对规划师、利益相关者代表、决策者等人的协作也非常有利。

六、皮奥里亚（Peoria）的扭曲抵消

处理不同视角的相互关系和促进社区交流是规划支持系统增强交际规划的另一种方式（Umemoto et al., 2009）。提供客观、公正和非政治性的信息，可以帮助抵消公共规划过程中出现的扭曲（Forester, 1993）。信息失真通常是当地知识的产物。它根植于公认的准则、价值和信仰网络中。如果信息不正确（现实因果关系的扭曲），其根植的特征将使它们难以克服传统的规划沟通过程（Stein et al., 2012）。长此以往，可能在公开讨论中出现有问题的结论。地方和个人的贴现，就是一种可能的扭曲案例。

在金融方面，贴现指的是在未来接收当前价值的支付或一连串支付。考虑到货币的时间价值，即它能赚取利息，今天一美元的价值比明天的要更高。商品或服务的现值，

取决于它的服务时长、估值的比率及使用的频率（Pallathucheril *et al.*，2012）。

规划方面的贴现要复杂得多。规划决策因其发生的时间长、涉及不同年代的人口、跨越距离大，从而引发跨代、跨社会和跨地域的公平问题。成本可能由某个地区（社区、州、国家、世界）的某代人承担，但利益却被另一个地区的另一代人享用。在规划和方案评价与考核中，应该使用可变贴现或双曲线贴现（Hyperbolic Discounting）来解决这些时空多元矛盾的问题（Portney *et al.*，1999）。

在工作中笔者认为，为人们赋予客观测试与评估当前和未来条件的能力，是用于抵消局部信息扭曲的、不佳贴现的、导致未来代价高昂的有力工具。在早期的皮奥里亚的 LEAM 应用中，我们为地方和区域规划师提供了这种客观的论证。

21世纪初，皮奥里亚周边的三个县——伍德福德（Woodford）、塔兹韦尔（Tazwell）和皮奥里亚（Peoria），皆经历了由肥沃高产农田向住宅商业用地的转换。据我们所知，在任何具体的分析中，这种不根植的发展趋势都令人感到十分不安。伍德福德县已出台了一些保护农地的策略，如若要变更区划条例，要求最小的地块面积为40英亩。同时，为了预测未来的土地使用变化，该三县正进行一系列的情景模拟，并在公开工作坊中进行评估（Deal *et al.*，2003）。基于现状发展条件不变，在地图上描绘了未来空间增长的边界，并指明了增长的影响。其他的情景探索包括高增长率、低增长率、各种公共投资和政策思路的影响，包括伍德福德县提出的区划法令变更。图4-2展示了在发展条件不变的情景中，预期的土地使用结果。

大家对一系列的情景进行了公开讨论，目的是评价区域内的相关政策问题，这也包括了40英亩的区划要求。结果显示，区划的变更能如期减少农田的消耗，但同时也为区域带来意想不到的后果。相比发展条件不变的情景，若按建议的条例发展三十多年后，农地损失量从10 000英亩下降到7 000英亩。这是可预见的。出乎意料的是，当这些新区划条例纳入情景模拟后，原来位于农业区的城市发展，将转移到伊利诺伊河沿岸的环境敏感区，造成12 500英亩的森林损失（图4-2）。这个结论导致大家改变对新区划条例的观点，该条例的变更也被搁置，直至沿河岸保护区的政策到位。

最初，该条例变更带来的任何负面影响，似乎都已被贴现。但当人们看到了该模拟并理解了建议条例的后果，该贴现率则大幅下降。保护沿河区域便成为第一要务。

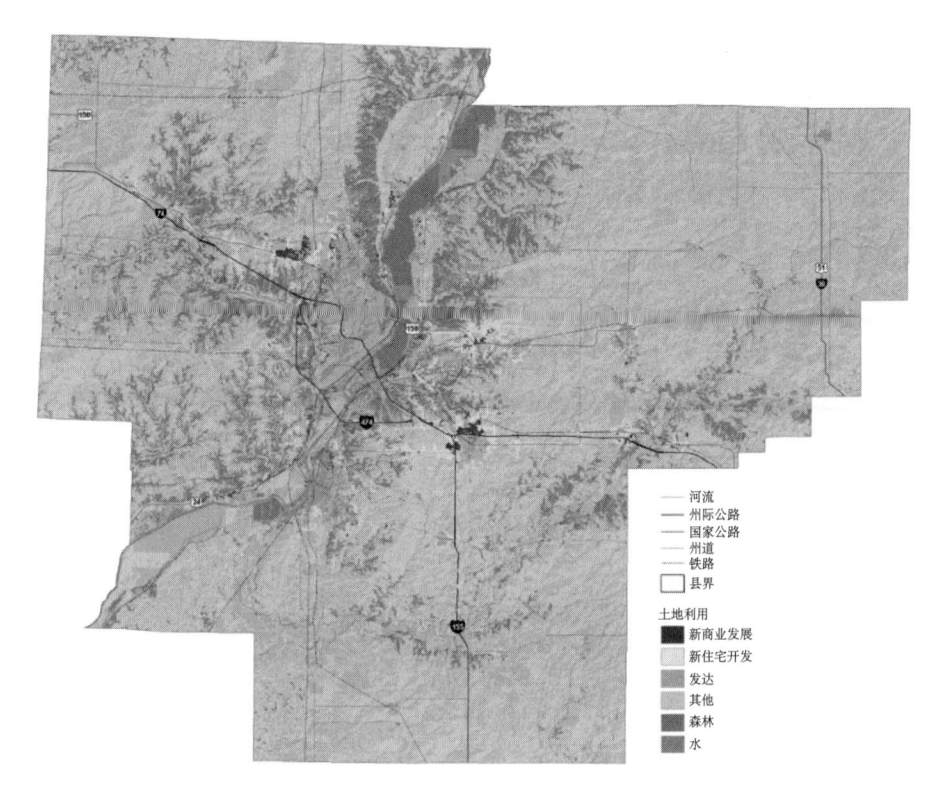

图 4-2　皮奥里亚的三县地区在现状发展条件不变的情况下的土地利用情景

上述的案例说明，若能把公共政策、投资选择的后果进行详细推演和说明，则能在公众审议中减少利益相关者对这些后果的贴现。含糊的认知会导致未来的后果被贴现。当潜在的后果通过具象、客观的方式展现，人们会发现熟悉的内容变得陌生。传统的思维方式受到挑战，并开始质疑理所当然和显而易见的事物。总之，它可以抵消规范性的扭曲。

七、麦克亨利县的规划支持系统融合规划制定过程

LEAM 同时为综合规划提供了信息支撑。这是通过直接建立和测试政策杠杆、为规划提供结构基础而实现的。我们的观点是，有了有效的规划支持系统工具，物质规划可能不再需要了。规划支持系统通过数据和需求分析，来回答综合规划的根本性问题——现在我们在哪里，我们想要去哪里，以及我们如何到达那里。它们成为数据访问和地方规划的资源库，有效地支撑规划集成系统。该规划集成系统提供了持续规划的方式。在

本节中，我们运用麦克亨利县的经验，来展示 LEAM 规划支持系统是如何创建 2030 年综合规划的。虽然该案例并没实现持续规划的理想，但该规划的过程和结果赢得了地方综合规划奖。

芝加哥大都市区有七个县，麦克亨利县位于其西北边缘，距离芝加哥市中心约 35 英里，拥有 318 000 人口。其地理位置和独特的自然风貌，塑造了极具吸引力的优质生活。自 1990 年以来，全县人口增长了 40%，年均增长 2.3%。该县上一版规划是"麦克亨利县土地利用规划 2010"（McHenry County Regional Planning Commission，2010a，b），于 1993 年编制并于 2000 年更新。但是，麦克亨利县区域规划委员会（McHenry County Regional Planning Commission，RPC）认为该规划已不切实际，并于 2007 年开始编制麦克亨利县 2030 年综合规划（Deal et al.，2009b）。

2007 年，在伊利诺伊州自然资源部（The State of Illinois Department of Natural Recourses）的帮助下，LEAM 实验室开始构建该县的规划支持系统。最初旨在评估未来城市土地利用的变化对该县自然资源的潜在影响。它很快就被投入使用，便发现了 2030 年综合规划过程中的一些信息扭曲现象（McHenry RPC，2010）。规划支持系统在构建过程中，首先要建立一个"参考"或"业务照常"的场景，作为基准来评估各种土地利用政策的影响。假定现状发展趋势不变，到 2030 年的土地利用被作为"参考"，同时模拟了该情景。其他模型情景可以与参考的情景进行比较，以了解备选政策对土地利用、需水量、水质、湿地、自然区域、农业用地和地下水的保护所产生的影响（这些要素皆由县的利益相关者确定）。

麦克亨利县区域规划委员会发布了会议纪要，关注 2030 年规划采用的预测人口数。这是首要的问题，暗示着该县未来是要促进增长还是反增长。一组居民希望能延续过去的发展趋势，但另一个环保组织则敦促要保护环境敏感的农用地。经过长时间的讨论，LEAM 模拟了一系列经由县规划局甄别的未来土地利用场景（大概 18 种）。这些场景不仅是为了预测未来的增长潜力，还向利益相关者展示了政策选择的影响，并增强了他们对未来的认识。激烈的公开辩论后，RPC 认为紧凑型毗邻增长（Compact Contiguous Growth，CCG）的场景可成为未来用地规划的借鉴。县域西南部的显著差异，是由于 CCG 场景放置在阿冈昆乡镇（Algonquin Township）的可用闲置用地（县目前主要的城市化地区）而受到限制。

由 LEAM 规划支持系统产生的时间、空间明确的信息，帮助了 RPC 更客观地评估空间明确的政策。例如，有一个场景识别了未来 20 年面临城市扩张"入侵"危险的耕地

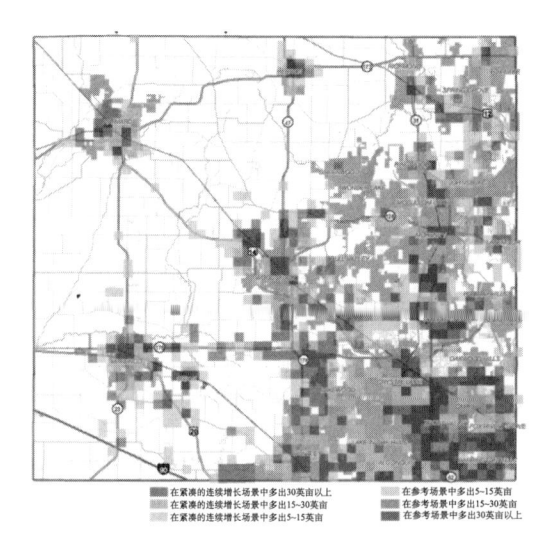

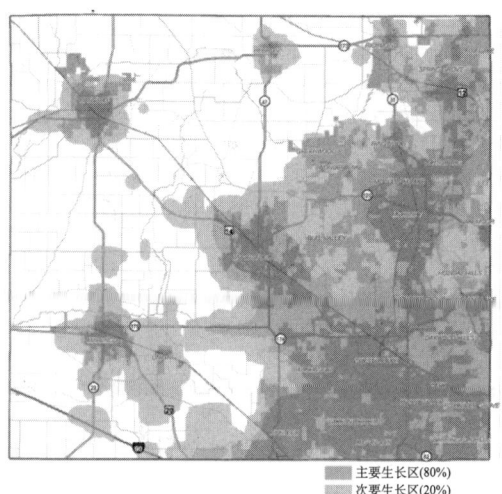

图 4-3　麦克亨利县 2030 年 CCG 场景预测（右）与参考情景的对比（左）

和生态敏感区（McHenry County Farm Bureau，2008）。有了这些信息，RPC 便可以在具体的区域设立生态/农业保护区，以防止关键区域受城市扩张"入侵"。这种落实到空间的政策是有价值的，因为它可以引导更具体的规划实施——当对未来有准确的时空预测时，政策行动的地点、时间、方式皆可确定。

LEAM 规划支持系统支持"持续规划"。一个为 2030 年综合规划而创建的空间和非空间数据库，已成为规划支持系统的一部分，并允许社区交互检查与规划相关的数据和模型。它可以成为一个有生命的综合规划，不断检测关键问题、更新和沟通关键议题的进展、确认或重新评估成败。虽然被规划支持系统产生的信息所支撑的传统的静态的土地利用规划仍然是县规划局所期望的，即使是某一时间的静态展现。该综合规划获得了 2010 APA 伊利诺伊丹尼尔·伯纳姆综合规划奖（APA Illinois Daniel Burnham Award for Comprehensive Plan）。

八、下一步：有感知的规划支持系统

我们在其他文章（Deal *et al.*，2015）指出，下一代规划支持系统需要从使用/用户驱动，转向感知驱动。该论点是基于当前以计算机学科为框架的感知路径上的。感知计算系统是对进化或环境变化作出反应的计算环境。该构想指出，计算环境通过与物理世界更直接的联系，可以变得更加敏感和高效。

基于此框架，感知规划系统可以被描述为：能够根据周边环境、相关的数据和模型实现自我更新，并能为用户提供及时有用信息的互动规划制作环境。我们发现，目前少有规划支持系统具备这些属性。现有的规划支持系统通常缺乏更新其基础数据的动态方式。其用户界面往往是静态的，且不能容纳用户的个体差异或多种背景信息。下面概述了一些挑战及潜在的解决方案，以便更好地处理动态数据、创建感知的用户界面、开发感知的规划支持系统。

（一）情境感知和适应性

一个有感知能力的规划支持系统应具备数据整合、自动更新的程序，使情景描述能持续透明地更新。通常情况下，原始数据在被有效利用前，必须先进行处理。数据自动化程序一定包含精密的自动操作过程。由于其分散性和数据标准的缺乏，地方数据源面临着更大的挑战。它呼吁政府组织对收集和分享数据的方式进行根本性转变。

对给定决策的背景和其潜在影响的深刻认识，将使规划和设计决策更能适应变化，并通过协调使其更具弹性。适应变化的能力是规划的重要属性。例如，规划的制定和使用者，可能并未完全涉猎有关气候仿真的信息，特别是那些关于环境脆弱性和适应性的信息。而这些信息通常以一种难于理解和翻译的方式出现。这限制了他们塑造和适应气候刺激与变化的能力。

（二）与用户的交互影响

体现规划支持系统生命力的一个关键要素是其向决策者呈现信息的方式（或如何使数据被理解）（Pallathucheril *et al.*，2012）。我们已经展示过如何通过创新的可视化方法，来提高规划支持系统的可操作性。即便如此，一般的规划支持系统在可视化方面只为用户提供非常有限的选择。虽然现有技术变化迅速，但为了实现感知，多种媒体的可达与快速传递，仍是一个需要提升的领域。在参与的对话和理解分析的潜在影响时，可访问的媒体是至关重要的。有效的可视化可引起对不同规划情景的讨论，也为讲述城市发展的系列故事提供了平台。此外，还需要有更多种类的用于传递内容的媒体。虽然大多数系统使用可视化表达，但也同时需要有更有效的整合视觉和口头表述的方法，特别是对于那些不擅长空间想象而更依赖口头陈述的人。

一个感知的规划支持系统必须了解用户并了解用户赖以寻求信息的背景。这意味着，规划支持系统必须知道是谁在搜索信息，及其搜索偏好。

（三）目前的进展和挑战

我们认为，一个有感知能力的规划支持系统应该对系统本身、数据及用户拥有基本的自我意识；能够自我学习；能够进行时空推理，理解规则、潜在的冲突和支持解决矛盾；能够可视化及进行互动。一个更有感知能力的规划支持系统可通过两个实质性的方法来完善当前的规划实践：1. 提供更方便和更民主的征求民意的方式；2. 扩大规划支持系统对规划实施的监测功能。

在 LEAM 的例子中，LEAM 规划支持系统旨在协调复杂的区域规划活动，协助以区域为基础的思考，支持决策和政策制定。它采用了一套内容管理系统来处理数据、管理模型的输出，并通过可视化界面向地方规划师和社区收集及传播信息。对于特定的区域（图 4-4），LEAM 规划支持系统通常包括：数据存储和数据操作库、利用图片和地

图 4-4　麦克亨利县的 LEAM 规划支持系统可视化案例

图进行的场景描述、每个场景的影响评估（包括交通拥堵的变化、自然或文化资源的危机、水的质与量的影响、绿色基础设施的影响等），以及现有规划的查询系统。

与上面的静态描述相异，一个有感知能力的规划支持系统需要基于新信息或用户的差异，来调整可视化界面的空间和内容配置。用户需要指出其可视化设备的偏好（如"把这些数据整理在表格中"或"让我看看这些数据的不同形式"）。许多互联网信息系统，皆赋予用户选择偏好的权利，因此规划支持系统也可学习、响应用户的个体差异。

一个能感知用户的、有感知能力的规划支持系统，将允许外行人更直接地与规划支持系统数据、结果进行交互。例如，如果市民认为某条政策应该对模型的结果产生更大的影响，他可以在其用户界面里快捷修改，并且将更新的结果报告给规划支持系统中心或在公众会议中提出。因此，在规划审议阶段，有感知能力的规划支持系统可以为收集不同的见解提供更便捷的通道。

一个有感知能力的规划支持系统有助于改进规划实施，进行规划后评估，同时促成持续规划的实践。为了评估规划进展与目标的差异，在规划区把过去和现在的数据进行比较是有价值的。鉴于所需时间和精力成本，目前的实践并不鼓励该种面向持续规划的比较方法。将来，一个有感知能力的规划支持系统将能通过自动更新数据来更新模型，将能实施规划后的数据监测，对模型结果与实际结果进行比较。

九、结论和讨论

本章介绍了一些方法，让规划支持系统在规划过程中更具可操作性，特别是对于参与式规划。我们认为，可操作的规划支持系统可从以下方面认识：1. 交流方式（使用规划支持系统模型来讨论或支撑客观分析）；2. 以持续规划的过程，将规划支持系统的模拟场景和分析直接梳理到正式的土地利用规划中；3. 面对未来，构建用户感知界面、建立感知数据采集和监测机制。

从 LEAM 规划支持系统操作中，我们得到了以下经验教训：

1. 构建可行的规划支持模型的过程比其模拟结果更重要。建立和校准一个地区的模型需要漫长的时间。数据的收集和重要因子的选择，需要量身定做、验证和测试。有时候，一个完全开发的规划支持系统模型可能来不及为规划过程提供有用的信息。LEAM 的经验证明，规划支持系统的结果在规划审议时的及时参与，比模型本身的彻底完善更为重要。事实上，初步的模型可有效促进对话和评论，促进地区关键问题的公众参与。

2. 信息的展示很重要。在运作 LEAM 时，我们重点关注如何实现数据的可视化，并确保参与者能明白可视化的逻辑。虽然我们只制作地图和图表，但我们构建了一系列展示时空数据的方式（Deal et al.，2007）。这大致秉承了 6 个"I"原则：信息（Information）、启发（Inspiration）、构思（Ideation）、包容（Inclusion）、集成（Integration）、独立（Independence）（Senbel et al.，2011）。然而，所有图形的展现必定是选择性地表达真相。

3. 用户感知可促进规划支持系统的发展。目前，最成功的规划支持系统模型大都以用户/使用为驱动。以用户为驱动的模型，用户可自定义发展的速率和总量。这些通常会被写入软件，具备一些基础知识的规划师或决策者即可运行。以使用为驱动的模型，如 LEAM，是与特定地区的规划师共同开发的模型。他们因具体项目而构建，在规划过程中，需要建模工程师和规划师辅助操作与解释模型。这两种模型并不是相互排斥的。有益的实践是，公众可以根据他们对当地的理解，直接在用户界面修改模型参数并生成他们的结果。建模工程师会根据不同的模型解释结果，并辅助公众讨论。用户感知的规划支持系统是结合两者优点的新一代规划支持系统模型。用户感知规划支持系统可以根据用户不同的操作喜好和能力（建模专家或外行用户）快速调整用户界面和输出方式。这可使将来的规划支持系统更具民主性和互动性。

4. 对规划支持系统来说，规划后的参与也很重要。目前，规划支持系统产生的信息主要用于在规划实施之前。虽然监测是规划实施的重要组成部分（有时可以决定一个规划的成败），由于时间的限制，对规划师来说，收集新数据、回头分析以往的规划并不可行。一个更有感知能力的规划支持系统应让这个步骤自动化，让"实际的"新开发被囊括在模型场景里和规划制定中。通过感知规划支持系统，可以节省监测规划实施的精力和时间。规划师和模型工程师便可与社区一起促进规划蓝图的实现。

在过去的 10 年中，伊利诺伊州大学的研究人员与政府规划官员及社区利益相关方直接合作，分析选择未来的发展情景，并通过公众参与、迭代的愿景制定、模型校正、场景模拟和多番讨论等方式，结合 LEAM 规划门户网站来完善规划过程。展望未来，我们认为，新一代的规划支持系统势在必行。这一代的规划支持系统应具备对其自身、数据和用户的基本自我意识。它能够自我学习，具有时空感知和规则理解的能力，可预见潜在的冲突并能有效支持解决矛盾。它易于操作、可视化程度高、互动性强。

下 篇
国内智慧治理、新型协作规划和公众参与

这一部分介绍国内的智慧治理、新型协作规划和公众参与。国内公众参与、城市规划和规划支持技术的关系演变包括四个阶段：缺失期、成型期、发展期和完善期。在最后一个阶段，由于国家相关政策的出台和信息通信技术的发展，自上而下与自下而上的公众参与都得到蓬勃发展。规划模式日益多样化，出现协作规划、社区规划和智慧城市规划等。同时，规划支持技术得到大力的发展，为公众参与和城市规划提供专业技术支撑。其中，互联网大数据技术发展和"互联网+"给公众参与和城市规划带来了新的机遇，如改变公众参与对时间和空间的依赖以及信息传播方式，从而改变政府、规划师和社会群体的互动方式，促进"自上而下"与"自下而上"公众参与相结合，有利于智慧城市规划和新型协作规划的形成。此外，新媒体改变了时间、空间和社区的概念，同时传播社会价值观，加速了中国社会转型，并且催生了新的协作规划模式。新媒体的信息传播特征使任何组织与个体皆能发起实时的参与过程，所以规划参与可突破时空界限。新媒体为政府和市民提供了新的信息沟通平台，也促使政府部门主动与市民、民间团体和专家们进行对话。但如何在虚拟世界中进行有效的空间思考，成为了新媒体时代的挑战之一。规划师也需要从传统技术专家转变为规划调停者和组织者，从而更好地组织新媒体主导的规划过程。

  智慧治理包括多个维度，如智慧城市建设中的治理、智慧社区治理和智慧街区治理等。首先，智慧城市建设中有多种治理模式。政府、市场和社会在智慧城市的四个层次（感知层、网络层、平台层和应用层）建设中存在着不同关系，形成了不同的资金和运营治理模式，如政府独立投资建设和政府运营商共同投资等模式。其次，智慧城市建设催生了智慧社区治理。但智慧社区治理不等于信息化治理。核心是机制和运作模式。技术只是工具。例如，上海智慧社区治理在原社区的基础上，利用信息技术整合社区资源，实现社区服务与管理的数字化、网络化、智能化、互动化和协同化。以张槎街道的"智慧城市管家"项目为例，介绍如何实现治理主体多元化、治理方式创新化、治理手段智能化的充分融合，形成高效智慧的社区治理模式。佛山张槎街道的"智慧城市管家"项目通过治理主体多元化、治理方式创新化和治理手段智能化的充分融合，形成了高效智慧的社区治理模式。再次，智慧治理为特定的城市议题提供了新的解决方案。例如，运用互联网实现历史信息数据的大众共享和双向互动，从而提高历史街区保护工作的公众关注度和参与度。新型网页规划支持系统可以结合社交媒体、互联网和智能手机等平台，促使外来人口参与到城市规划决策过程中。总而言之，智慧治理具有互动式、包容性、协作性和透明性，能够有效平衡政府、市场和社会的关系，有利于社会公平和可持续发展。

第五章 公众参与、城市规划和规划支持技术的共同演化

一、引言

城市规划中公众参与的出现源于20世纪60年代西方的城市运动：反高层建筑、反高速公路、反城市更新运动以及对理性规划可以解决社会问题的怀疑（Huxley，2013）。此后，城市规划界开始用日益成熟的理论和技术来研究公众为什么以及应该如何参与城市规划（Goodspeed，2008）。近些年来，中国也面临城市化带来的压力，如公众抗议住房拆迁、抗议土地征用、抗议修建磁悬浮等。对比西方国家，中国的快速城市化过程面临的挑战更为严峻。城市人口超过农村人口的过程在欧洲用了150年，在美国用了100年，而在中国只用了30年（Yeh *et al.*，2015）。随着此过程的延续，越来越多的中国公众将参与到城市规划实践中以保护他们的利益。

近期的规划实践和学术研究表明，公众参与处于规划领域的最前沿，是国际规划会议和规划书籍的热门话题（Alfasi，2003）。这一话题已在中国城市规划领域得到越来越多的关注。在国内，公众参与逐渐跟城市规划转型和规划支持技术的发展有着密切的关系。规划支持系统基于信息技术的工具，用来支持具体城市规划任务（Geertman *et al.*，2009）。本章回顾公众参与、城市规划和规划支持技术在中国的共同演化过程，分析了它们的相互关系。这将有助于规划师更好地指导规划实践，也有助于政策制定者理解公众参与意义。

二、国内外相关研究

（一）国外相关研究

公众参与城市规划的文献于20世纪60年代开始增多（Huxley，2013）。1965年发

表的"规划中的倡导和多元主义"一文使关于公众参与城市规划的讨论更加激烈（Checkoway，1994）。该文表明规划师应该主动考虑公众的意见（Davidoff，1965）。由于受到倡导式规划和公众参与意识的影响，美国和英国在20世纪60年代建立了社区设计中心。此中心旨在为穷人提供设计和规划服务，使他们能够界定和实现自己的规划目标（Sanoff，2008）。同一时期，"公民参与的阶梯"一文"鼓励更开明的对话"（Arnstein，1969）。文中的例子涉及旧城改造、反贫困和示范城市三个美国社会项目。这篇文章从公民参与为公民权力这个角度把参与分为八个梯级：操纵、治疗、通知、咨询、安抚、合作、授权和市民控制（图5-1）。最下面的两个梯级指权力拥有者试图"教育"或"治愈"公众，而不是让他们参与到项目的规划或实施。通知和咨询梯级是指参与者可以说出他们的观点，但是决策制定者可以不考虑这些观点。安抚梯级是指参与者的意见更加得到重视，但他们仍然没有决定权。因此，这三个梯级被称为"装门面阶段"。最上面的三个梯级是指参与者可以与传统的决策者协商，甚至可以做决定。尽管"公民参与的阶梯"一文被大量引用，该文作者承认这个分类还有待完善。例如，她没有分析实现真正参与的最大障碍，以及一些参与特征适合两个或者多个梯级。虽然这个公众参与阶梯对解释参与实践很重要，但是即使在美国的公众参与实践中，它也不应该被视为唯一有效的解释。这是因为不考虑公众参与态度不一致，而作出声称具有普适性的规范性断言是不合理的（Fagence，2014）。此后，有学者基于这个理论提出了一些新的公众参与阶梯。

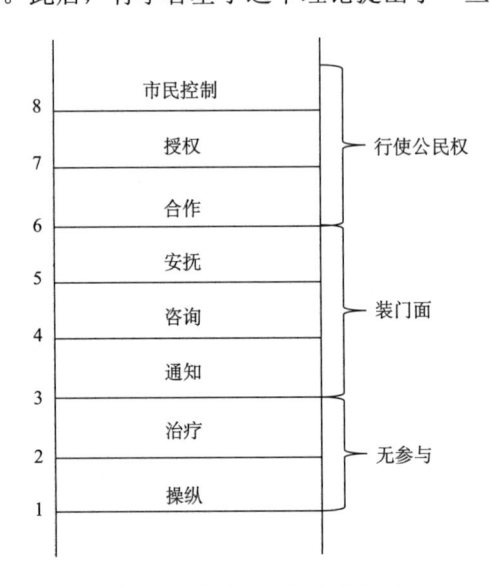

图 5-1　公民参与的八个梯级

资料来源：根据阿恩施泰因（Arnstein）"公民参与的阶梯"整理。

公民参与的八个梯级的理论得到广泛关注并不代表着规划理论家倡导公民具有决策权。规划应该是一种沟通行为，强调规划师在规划中的角色，因为规划师决定了公众是否可以接触到信息、公众对信息的理解与解释以及公众有效参与政治活动的可能（Forester，1980）。此后，沟通式或协作规划理论家开始专注利益相关者的沟通（Fischler，2000）。诸如"什么时候给谁多少信息"的问题对协作式规划实践很重要。在1993年出现了执行性规划（Transactive Planning），公众参与城市规划的重要意义被再次认可（Khirfan，2014）。规划师的专业知识和公众的生活经验应该结合在一起，从而解决前所未有的复杂规划问题（Friedmann，1993）。此后，公众参与城市规划在西方规划实践和学术研究中一直是热门话题。

城市规划师一直在寻找新的工具，以提高他们的分析、解决问题和决策制定能力（Mandelbaum，1996）。自从计算机发明以来，规划师尝试着应用到规划过程中，在不同历史阶段其主要应有所不同：60年代为电子数据处理；70年代为管理信息系统；80年代为决策支持系统（Harris，1968）。通过回顾规划和信息系统的演化，可以推导出下一个阶段规划师将采用规划支持系统来辅助他们进行协作规划（Klosterman，1997）。

（二）国内相关研究

中国城市规划界于20世纪80年代开始采用公众参与的理念。首篇涉及公众参与城市规划的文章为《从花园城市到社区发展——现代城市规划的趋势》。该文提到公众参与规划将会越来越重要。公众参与有助于中国城市规划的实施（郭彦弘，1981）。根据中国知网的统计（图5-2），关于城市规划和公众参与的文章在过去10年快速增多。这些研究可以被概括为两类。第一类主要是介绍西方的理论、立法和实践经验。例如梁鹤年（1999）介绍了公众参与规划在北美的经验和教训。孙施文等（2004）总结了公众参与规划在西方的理论演化，包括倡导性规划、多元和正义理论、协作式规划和后欧几里得规划。但是，几乎没有研究质疑西方理论在中国的适用性。第二类主要研究公众参与规划在中国的重要性和问题，并且讨论了相关立法。例如，张萍（2001）探讨了新时期公众参与规划的重要性以及相应的规划法规保障。戚冬瑾等（2005）通过对比发生在杭州和香港的两个城市规划公众参与案例，阐述了两地有关规划理念和公众参与规划立法的差异。郑卫（2013）以一个垃圾焚烧发电厂规划为例，介绍了我国邻避设施规划中公众参与的困境。这两类研究都尚未充分分析我国自上而下与自下而上的参与式规划发展的特征。

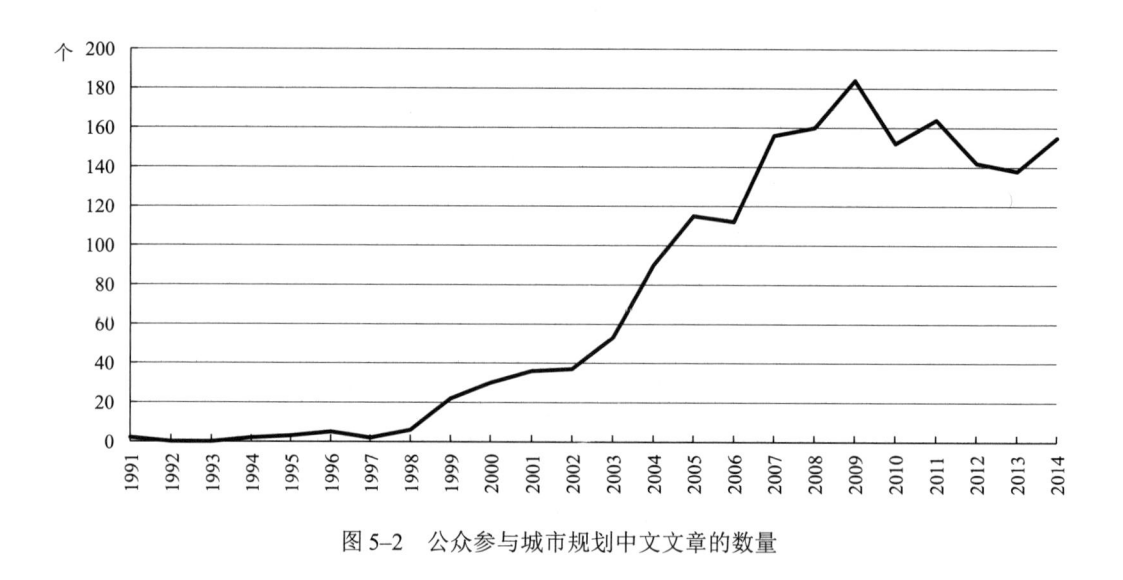

图 5-2 公众参与城市规划中文文章的数量

改革开放后，规划支持技术开始引入中国。规划支持技术在中国的发展历程可以概括为：20 世纪 80 年代开始研究和采用电子数据处理（Electronic Data Processing，EDP）和管理信息系统（Management Information System，MIS）；90 年代开始研究和采用计算机辅助设计（Computer-Aided Design，CAD）、地理信息系统（GIS）、决策支持系统（Decision Support System，DSS）和空间决策支持系统（Spatial Decision Support System，SDSS）；2000 年以后开始研究和采用规划支持系统（PSS）。刘锴于 2003 年首次将其概念引入中国。杜宁睿等于 2005 年首次将其应用于城市规划实践中。

三、公众参与、城市规划和规划支持技术在中国的共同演化

中国的城市规划方式主要是由相关政策决定的。影响公众参与城市规划的政策主要有 1990 年实施的《城市规划法》和 2008 年实施的《城乡规划法》。我们可以将 1949 年后公众参与城市规划的演化过程分为四个阶段：1949～1977 年，1978～1989 年，1990～2008 年，2008 年至今。

（一）公众参与和规划支持技术缺失期（1949～1977 年）

1949 年后，中国政府开始实施计划经济政策。根据苏联战后重建经验，中国政府在第一个五年计划期间（1953～1957）制定了以重工业为主的发展战略，包括建设 156 项

重点工程。第一个五年计划期间的城市规划主要为工业项目进行空间选址。1956年颁发的《城市规划编制暂行办法》为城市规划编制提供了政策指引。但是，这一阶段城市发展缓慢，城市规划几乎处于停滞状态。

城市规划制度在计划经济时期属于国家机密，所以此阶段的城市规划没有公众参与，也不需要征询公众的意见。此外，中国规划师难以接触信息技术。因此，他们在这一阶段几乎不采用规划支持技术。

（二）公众参与、城市规划和规划支持技术成型期（1978～1989年）

1978年召开的第三次全国城市工作会议制定了关于加强城市建设工作的意见，促进了城市建设的快速发展。此后，政府颁布了一系列法律法规来恢复城市规划工作。例如，1980年颁发的《城市规划编制审批暂行办法》和《城市规划定额指标暂行规定》为城市规划的编制和审批提供了法规与技术依据。1984年颁布的《城市规划条例》首次提出任何组织和个人在城市规划区内进行各项建设，需要向城市规划主管部门提出建设用地的申请。1985年，随着324个城市中的319个完成了第二轮城市总体规划的编制，城市规划实践得到发展。

改革开放以后，城市规划逐步由机密走向公开。1980年颁发的《城市规划编制审批暂行办法》和1984年颁布的《城市规划条例》都规定在编制城市规划过程中，应当广泛征求有关部门和人民群众的意见。在这些政策的指导下，公众可以为城市规划提意见，但是他们并没有决策权。公众参与城市规划的主要形式是被告知和咨询规划信息。公众参与城市规划的实践也逐步出现。例如，在20世纪80年代，为了建设常熟新城区中心，王建国（1990）在当地政府的帮助下向当地居民发放了800份问卷，其中有效回收的538份问卷被作为规划的重要依据。这是一个专家引导的自上而下的参与式规划。

公众主导的自下而上的参与式规划在这一阶段并未出现，但是此阶段颁布的一些政策为其在下一阶段的出现奠定了基础。这一阶段出现了地方政府和房地产开发商联盟。一方面，随着1988年《宪法》和1988年《土地管理法》的颁布，房地产开发商需要依靠地方政府来获取土地使用权。另一方面，财政和行政管理权力下放和基于GDP增长的官员考核机制，促使地方政府通过增加地方财政收入来追求任期内的政绩和经济利益。这些因素激励他们和房地产开发商合作。因此，当房地产开发商和公众之间有利益冲突时，地方政府倾向于保护房地产开发商而非公众的利益。这种现象激起了公众的不满。但是，由于政策颁布与其实施效果之间存在时滞，这种利益冲突通常到下一阶段才显现，并且激发了公众自发参与城市规划以保护他们的利益。

在这一阶段，城市规划方法由定性研究变为定性与定量相结合的研究。为了配合新的规划方法，城市规划师于 20 世纪 80 年代开始采用计算机技术（陈燕申，1995）。起初，规划师们主要采用电子数据处理（EDP）和管理信息系统（MIS）来辅助他们的日常工作，包括分析查询和存储数据、预测人口、处理复杂的数学模型、模拟规划结果等。例如，1981 年发起的《天津市居民出行调查综合研究》项目，采用了计算机技术来统计分析 76 000 份问卷。为了促进规划支持技术的应用，在 1987 年召开的"遥感、计算机技术在城市规划中的应用交流会"上成立了中国城市规划学术委员会遥感、计算机和新技术应用学组。这是中国首个关于规划支持技术的会议。

（三）公众参与、城市规划和规划支持技术发展期（1990～2008 年）

1990 年 4 月 1 日，第七届全国人大常委会第十一次会议表决通过的《城市规划法》正式施行。1984 年国务院颁布的《城市规划条例》同时废止。该法颁布的意义之一是授权城市规划行政主管部门通过核发选址意见书、建设用地规划许可证和建设工程规划许可证来管理土地利用。此法的颁布也是为了更好地指导政府和市场主导下的城市规划（Yeh et al.，1999）。在此法实施之前，所有与城市规划相关的规定和条例的颁布都只能看作是带有准立法性质的行政行为（谭纵波，2005）。此时，城市规划的主要功能由促进经济发展变成一项公共政策。1984 年实施的《城市规划条例》（第一条）规定："为了合理地、科学地制定和实施城市规划，把我国的城市建设成为现代化的、高度文明的社会主义城市，不断改善城市的生活条件和生产条件，促进城乡经济和社会发展"。然而，2006 年实施的《城市规划编制办法》（第三条）规定："城市规划是政府调控城市空间资源、指导城乡发展与建设、维护社会公平、保障公共安全和公众利益的重要公共政策之一"。

1990 年以后，中央和地方政府都在立法上强调了参与式规划。新的立法系统规定规划编制单位不仅应该通过组织听证会、座谈会等形式充分收集群众意见，而且应该充分考虑公众异议。但是规划方案并没有向公众展示，公众难以反馈意见，不能真正影响或者有效监督城市规划。因此，自上而下的参与式规划在这一阶段主要是向公众告知规划信息。

与此同时，一个自下而上的参与式规划开始出现。从改革开放以来中国经历着快速的城市化。城市化率由 1978 年的 17.9% 升至 2007 年的 44.9%（国家统计局人口与就业统计司，2009）。土地征用和土地开发引起的矛盾日益突出，而地方政府没能及时恰当地回应公众的诉求，导致公众反对一些规划方案的实施。在这一阶段，自下而上的参与式规划似乎更多的是在冲突中达成共识的过程，而不是寻求相互合作的过程。公众通过抗议在一定程度上对规划产生影响。自下而上的参与式规划实践主要体现在以下三方面。

1. 旧城改造和城中村拆迁

自 20 世纪 90 年代以来，受规划直接影响的居民可以选择货币补偿、就近安置或异地安置。但是跟改造后同地段房屋的市场价值以及房地产开发商得到的利益相比，他们得到的补偿不够合理（He et al., 2005），因此，当地居民为了获得更多利益，常常拒绝搬迁以及反对相关城市规划的实施。

2. 邻避设施

邻避设施是指当地居民以环保的名义反对特定的土地开发项目（Michaud et al., 2008）。随着中国人民环境意识的提高，他们越来越关注一些项目潜在的危害。例如，2006 年国家发展改革委核准厦门市政府申请的一个 PX 化工厂建设项目。此项目预计可能将为厦门市带来一定税收和就业机会。但是由于担忧项目潜在的环境风险，厦门市市民通过"集体散步"等比较平和的方式抗议此项目的落实，使政府最终取消了此项目。

3. 古建筑保护

一些传统建筑，包括建筑遗产，在城市化过程中大量消失。例如，北京旧城区内的四合院多建于 13 世纪到 19 世纪，是一批珍贵的建筑遗产。但是，这些建筑遗产至少有三分之一在 1990~2002 年间消失了（Goldman, 2003）。这些建筑遗产的消失引起了公众和学者们的不满。

随着计算机硬件价格的不断下降以及软件性能的不断改善，城市规划实践中开始广泛采用规划支持技术。规划支持技术由最初的辅助存储和统计数据，到管理、分析和预测数据，再到提供专业的系统，如计算机辅助设计（CAD）、地理信息系统（GIS）和决策支持系统（DSS）。截至 2007 年，全国已经有 200 多个城市建设了城市空间信息基础设施系统，主要承担城市规划设计、管理、监管等业务系统需要的各类数据。全国近千个取得资质的城市规划设计院利用 GIS、CAD、虚拟现实技术等手段来辅助日常工作（仇保兴，2007）。

（四）公众参与、城市规划和规划支持技术完善期（2008年至今）

为了适应城乡建设的新需要，我国于2008年开始实施《城乡规划法》。与同步废止的《城市规划法》相比，此法主要有以下变化。首先，规划法开始统筹城乡协调发展。此前，我国城市地区的规划由《城市规划法》指导，而乡村地区的规划由《村庄和集镇规划建设管理条例》指导。这种规划体系在一定程度上造成城乡二元结构。其次，《城乡规划法》新增加了"监督检查"章节，强化了对城乡规划的监督职能。该法规也合法化了参与式规划，首次为公众参与城乡规划提供了法律保障。

1. 自上而下的参与

自上而下的参与式规划实践自2008年以后开始增多。这一现象主要是由下面四个原因引起的：

（1）2008年以后城市规划师需要征询公众意见以保证规划的合法性。《城乡规划法》（第二十六条）规定："城乡规划报送审批前，组织编制机关应当依法将城乡规划草案予以公告，并采取论证会、听证会或者其他方式征求专家和公众的意见。公告的时间不得少于三十日。组织编制机关应当充分考虑专家和公众的意见，并在报送审批的材料中附具意见采纳情况及理由。"

（2）建设智慧城市需要公众参与（Anthopoulos et al., 2012）。2009年，IBM在中国12个城市举办了22场智慧城市的论坛，与200多位市长交流了建设智慧城市的理念，使此理念在中国得到广泛推广。截至2015年3月，中国的智慧城市试点达到386个。

（3）公众参与城市规划可以促进民主管理。2009年印发的《地方党政领导班子和领导干部综合考核评价办法（试行）》提出："综合运用民主推荐、民主测评、民意调查、个别谈话、实绩分析、综合评价等方法，全面客观准确地考核评价地方党政领导班子和领导干部"。此干部考核评价机制更加强调了民生、民主和民意（陈东辉，2010）。

（4）信息与通信技术（网络、社交媒体、云平台、智能手机等）和规划支持系统在中国的发展为城市规划师征询公众意见提供了便利。公众可以随时随地参与城市规划实践。根据2013年中国信息化发展指数（Ⅱ）研究报告可知（表5–1），中国信息化发展总指数由2007年的0.633上升至2012年的0.756。从分类指数的增速来看，2012年基础设施指数的增速最快。2012年五个分类指数的增速都比前一年放缓。截至2015年6月，中国互联网普及率为48.8%，网民规模达6.68亿。中国网民通过台式电脑、笔记本电脑、手机、平板电脑和网络电视接入互联网的比例分别为 68.4%、42.5%、88.9%、33.7%和 16.0%（CNNIC，2015）。网页规划支持系统在国内出现并且得到快速的发展。例如，武汉市环东湖绿道系统规划中，用"众规平台"来公布方案信息和收集公众意见。

表 5-1　2007~2012 年中国信息化发展指数（Ⅱ）与分类指数

	2007	2008	2009	2010	2011	2012
总指数	0.633	0.654	0.681	0.707	0.732	0.756
基础设施指数	0.354	0.359	0.389	0.417	0.450	0.479
产业技术指数	0.869	0.897	0.914	0.941	0.980	1.009
应用消费指数	0.505	0.551	0.598	0.644	0.677	0.707
知识支撑指数	0.777	0.792	0.803	0.822	0.831	0.840
发展效果指数	0.659	0.670	0.701	0.711	0.723	0.744

资料来源：国家统计局统计科学研究所信息化统计评价研究组，2014。

2. 自下而上的参与

自下而上的参与式规划实践自 2008 年以后也开始增多。这一现象可能是由以下两个原因引起的。

（1）为了应对 2008 年国际金融危机，中国实施"四万亿投资计划"。这项计划为房地产业注入大额资金，增加了建设用地需求。但是，2014 年国土资源部印发的《关于推进土地节约集约利用的指导意见》抑制了房地产开发商按照以往方式通过征用农用地来满足建设用地需求。为此，房地产开发商只能盘活现有建设用地。此过程涉及的大量房屋拆迁激发了公众自发参与城市规划来保护他们的财产权。

（2）新媒体和规划支持系统的发展促进了信息传播以及公众之间的交流。在过去，公众没有足够的途径理解和参与城市规划，他们的抗议也很容易被当地政府忽略。但是新媒体（特别是社交媒体）为他们提供了一个发出自己声音的平台，并且可以使更多的人参与活动以扩大其影响。在这种情况下，地方政府对公众意见不得不进行回应以维持社会稳定。

在这一阶段，自上而下和自下而上两种参与方式都逐渐增多，对城市规划产生了很大的影响。然而，也有不少参与活动并没有对规划结果产生实质的影响，这跟参与的制度不健全以及传统规划体系的影响等有关。随着公众的普遍参与，城市规划开始多样化。

除了总体规划和参与式规划，出现了协作规划、社区规划、智慧城市规划和云规划等。

随着城市规划方式由"为公众规划"转向"和公众一起规划"，中国规划师开始寻找新的工具来辅助他们的工作。获得公众意见最有效的方式是基于地图应用软件的规划师和公众之间的交流（Narooie，2014）。规划支持系统定义为基于地理信息技术的并且致力于辅助完成特定规划任务的工具，可以以非专业人士易懂的方式展示信息。通过展示相关场景来辅助交流以及帮助公众表达他们的观点（Geertman et al.，2013）。传统的规划支持系统由于比较复杂和难以操作，难以得到广泛的应用，但近期开发的网页规划支持系统容易操作，能够有效地支撑大规模的公众参与和多方互动。市民可以通过智能手机、社交媒体和网页等使用这些规划支持系统参与到规划实践中。随着公众参与体制的完善、技术的发展和社交媒体广泛使用，网页规划支持系统有望成为国内公众参与的有效工具。

四、本章小结

公众参与、城市规划和规划支持技术的共同演化过程可以被分为四个阶段（表5-2）。

表5-2 公众参与、城市规划和规划支持技术的共同演化过程

	自上而下公众参与	自下而上公众参与	城市规划	规划支持技术的演化
1949~1977年	无公众参与	无公众参与	城市规划主要用于工业项目的选址	规划支持技术停滞期
1978~1989年	城市规划师于20世纪80年代开始采用公众参与的理念	这一阶段实施的一些政策为下一阶段公众参与的发展奠定了基础	总体规划用来调控土地利用和促进经济发展，出现参与式规划	电子数据处理管理信息系统
1990~2008年	越来越多的规划实践邀请公众参与	自下而上参与式规划出现在三个方面：社区更新、邻避设施和建筑遗产保护	参与式规划得到大力的提倡	计算机辅助设计 地理信息系统 决策支持系统
2008年至今	在规划实践中提倡公众参与，提高规划的公正性和有效性	自下而上参与式规划实践持续增多	规划多样化，出现协作式规划、社区规划、智慧城市规划、云规划等	规划支持系统，特别是网页支持系统快速发展

新中国成立初期（1949~1977年），我国的城市规划不公开，因此，公众并未参与城市规划。同时，由于中国规划师难以接触信息技术，他们在这一阶段几乎不采用规划

支持技术。在一系列国家政策的影响下，一个正式的、自上而下的参与式规划在第二阶段（1978~1989年）开始出现。在此阶段，规划师主要采用电子数据处理和管理信息系统来辅助他们的日常工作。城市化进程和经济发展经常以牺牲部分公众的利益为代价（Wu，2001）。尤其是当地政府与房地产开发商之间的合作在一定程度上影响了公众的利益。所以，公众自发参与城市规划以保护自己的利益。在这种情况下，一个非正式的、自下而上的参与式规划在第三阶段（1990~2007年）开始出现。在此阶段，规划师主要采用计算机辅助设计、地理信息系统和决策支持系统来辅助他们的日常工作。在最后一个阶段，自上而下与自下而上的公众参与都得到蓬勃发展。相关政策和新媒体等的发展是主要原因。同时，规划开始多样化，出现协作规划、社区规划和智慧城市规划等。此外，规划支持技术得到大力的发展，开始真正为公众参与城市规划提供专业技术支撑。通过完善公众参与体制和正式的引导公众参与到规划过程中，将促进规划过程中的沟通以及建立共识，减少自下而上的公众参与和社会冲突，有利于维护社会稳定和可持续发展。在这个过程中，网页规划支持系统可以用来收集民意和促进政府与公众沟通和互动，有助于提高规划的公正性和建立共识。

第六章　基于城市规划云平台的公众参与和城市规划

一、项目背景

（一）新型城镇化

伴随着中国经济发展进入新常态，大多数城市的发展也在从快速生长期进入稳定成熟期。在新型城镇化的背景下，过去的宏大愿景式规划正在悄然改变。大量扩张型规划在向存量型规划转变。在旧城更新中倡导的微循环理念正在越来越多地付诸实践。设计师们也在从大尺度的规划设计转向微胡同、微杂院和微公园的实践探索。在 2015 年规划年会上，针对城乡治理与规划改革的主题，不少专家提出与以往的"大规划"相比，如今规划进入了转型与改革的"微时代"和"小时代"。

（二）互联网和大数据的技术进步

信息技术的发展促进了大数据、社交网络和自媒体的兴起，让每一个微小的个体变得不容忽视。微博和微信的迅速传播更让我们看到了更多草根的力量。从微博、微信到大数据、云计算的技术革命，带动着整个社会的变革。这种变革体现出以下三个特征。

第一是微小元素的资源集成效应。随着互联网、物联网和大数据技术的发展，来自公民个体的行为轨迹数据、消费数据、上网浏览数据、社交网络数据等为我们提供了社会感知的基础。而多种多样的物联网传感器则为我们提供了自然环境、设施运行的感知监测基础。这也是当前被称之为"大数据时代"的主要原因。此外，随着社会发展和互联网技术进步，来自于公民个体自下而上的自组织和社群也构成了当前社会运行中的一种重要力量来源。众筹、众包等新互联网思维下的新商业模式、行为模式大行其道。这也是微小元素的资源集成效应的体现。

第二是互动与共享的生产生活方式。社交网络、位置服务和移动互联的索罗门

（Social，Local and Mobile，SOLOMO）技术极大地改变了人们的交往、出行、交易等生活方式，也带来了全新的生产和商业模式。生产者和消费者、管理者和被管理者、媒体和自媒体、服务的提供者和使用者等身份与关系都在快速地发生着变化。众筹、团购、点评、电子商务、线上线下一体化（Online to Offline，O2O）、社交媒体等新的模式和新的应用使公众在上述角色中的位置不再固定为后者，而是在前者和后者之间来回变换，从而产生了互动与共享的生产生活方式。

第三是信息与技术的扁平化传播和易扩展性。技术发展使传播变得更加便捷。社交网络使每个用户都成为了一个媒体。媒体信息的传播途径也从自上而下为主的单向传播变成了多源裂变式传播。这使得信息以及信息所蕴含的技术、资源和模式都更容易流动和扩散，并带来了知识的分享、传播和重用，从而促进了各领域的创新。

（三）"互联网+"与众规的兴起

马化腾在 2013 年 11 月的一次演讲中提出："'互联网+一个传统行业'，意味着什么呢？其实是代表了一种能力，或者是一种外在资源和环境，对这个行业的一种提升。"

"互联网+"是依靠新技术去改造传统行业，用先进的互联网力量去加速传统中相对落后的制造业的效率、品质、创新、合作与营销能力的升级，在这些领域形成较大的投资机会。2015 年全国两会政府工作报告提出政府将制定"互联网+"行动，第一次将"互联网+"纳入国家经济的顶层设计。这意味着"互联网+"时代的正式到来。

当规划从单纯关注城市空间转向关注个人，公众参与得到了前所未有的重视。传统的公众参与形式大多受到时间、空间和组织成本制约，存在参与主体是否具有全面性、代表性、可靠性、科学性等问题。此外在环节上大多数项目的公众参与环节仅在规划编制完成后，难以对规划编制过程产生实质影响。所以，过往的公众参与既难以保证从公众那里获得内容的数量和质量，又缺少真正有效的获取渠道和参与方式，也没有机制保证公众参与的价值真正对规划发挥作用，更难以对公众形成即时和有效的反馈。

互联网的核心本质是将信息电子化，并且在这个基础上完成存储和传输，而人类活动所产生的人流、物流、信息流无不最终以信息流的高级形式展现。因此，"互联网+"可以改变公众参与的时空依赖，改变公众参与的信息传播方式，改变规划决策过程中的信息基础，改变社会力量、政府力量和规划师群体的组织、交互和博弈方式。利用互联网技术引导公众协作，聚众智编规划，也即众规，正在成为规划公众参与的新趋势。

二、规划云平台的提出

洞悉了以上时代背景,北京市城市规划设计研究院施卫良院长提出了"规划云平台"的概念(图 6–1)。他认为:"如果我们用'微时代'来表征这个时期的社会特性,那么应对'微时代'的规划应该是一种'云规划'。这种规划更趋向于一个云平台,提供集合的技术服务与交互式体验,提供互动与共享的多专业协同,提供规划师与政府、市场及社会的沟通协作平台。"

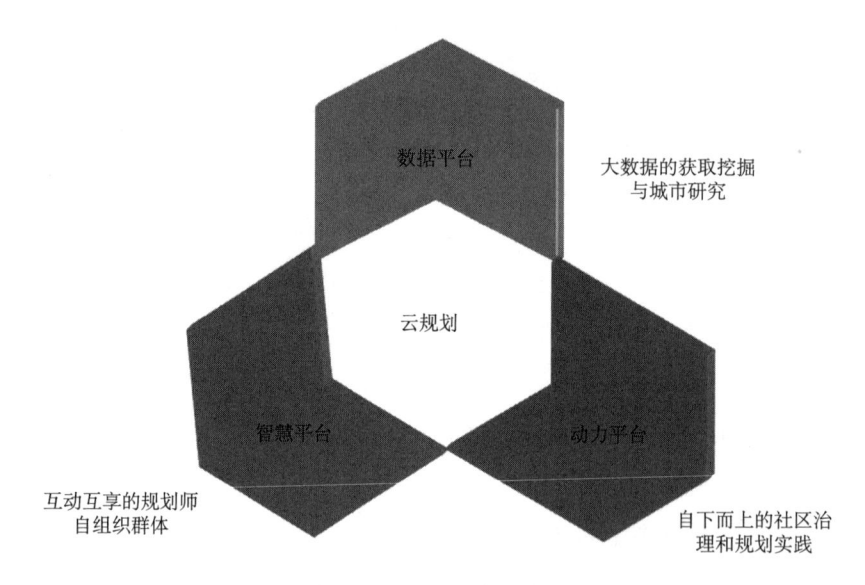

图 6–1 云规划的概念结构

参照规划公众参与的四个目的以及"互联网+"带来的四个变化,建设"互联网+"时代的规划公众参与平台——规划云平台,要具有汇集资源的模式、驱动资源的技术、承载服务的载体和传播服务的渠道。首先,汇集资源的模式既要实现"数字脚印"等大数据和新数据的汇集,又要通过公众意见、社会智慧和民间规划相关社群的智慧汇集,还要实现市场、政府和社会三者力量的动力汇集。其次,驱动资源的技术要充分利用大数据和规划支持模型技术对汇集的数据进行分析挖掘,利用互联网平台、语义分析工具对汇集的智慧进行汇总提炼,利用制度工具和政策设计对汇集的动力进行平衡协作,使其形成城市发展的合力。再次,承载服务的载体要将驱动的资源变成能为社会所用的服务,以恰当的载体——网站平台、移动 APP、新媒体平台以及线下的活动平台等方式向社会提供。最后，传播服务的渠道建立为规划公众参与服务的新媒体。通过新媒体的运作来建设自己的社群，并通过社群力量裂变式传播，将公众参与的入口、公众参与的结果反馈以及平台的服务推送到公众，实现"从公众中来"和"到公众中去"的公众参与全过程闭环。

二、规划云平台的建设框架

（一）平台框架

云平台的框架结构设计：资源层汇集数据资源、智慧资源和动力资源；由大数据、城市定量研究、公众参与、地理信息系统等技术来驱动它们形成服务；通过线上的网站、新媒体和移动 APP 以及线下的展览、竞赛和各种微实践来承载服务；最终通过政府界面、市民界面和规划师界面来向不同的人群传播与互动（图 6-2）。规划云平台被命名为

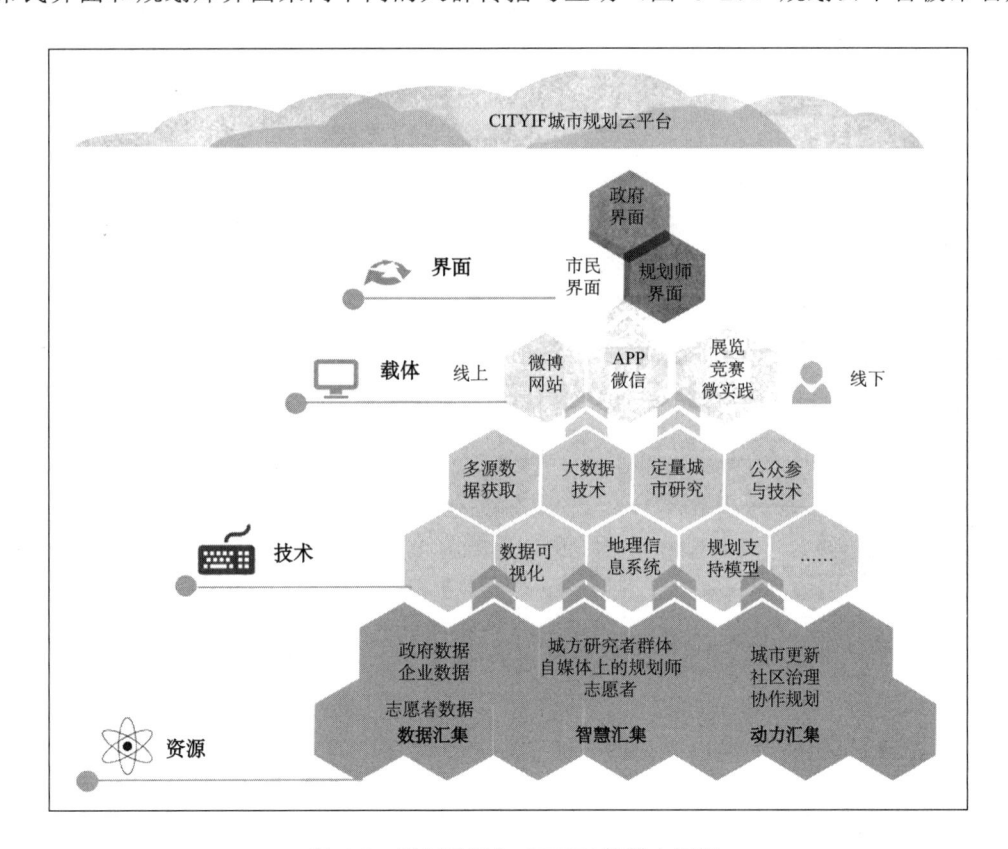

图 6-2　规划云平台 CITYIF 的基本框架

CITYIF，一方面代表着城市未来的不确定性，另一方面，IF 也是 INTERFACE（界面）的缩写，代表着这三个界面。云平台主要通过以下三类载体整合服务和资源。

1. CITYIF 网站

作为规划云平台的网页载体。网站包括首页、事件、界面、数据服务、系统服务和资源等栏目（图 6-3 和图 6-4）。首页介绍了当前进展的热点活动，面向社会提供的最新应用等；事件栏目是开展的展览、竞赛、城市复兴等微实践的线上部分；界面是云平台的核心，它提供在线应用服务。按照服务对象的不同，界面分为了政府界面、市民界面、规划师界面。截至 2014 年底界面总计提供了 13 项应用。此外网站还有数据服务、系统服务和资源下载等技术开放内容。

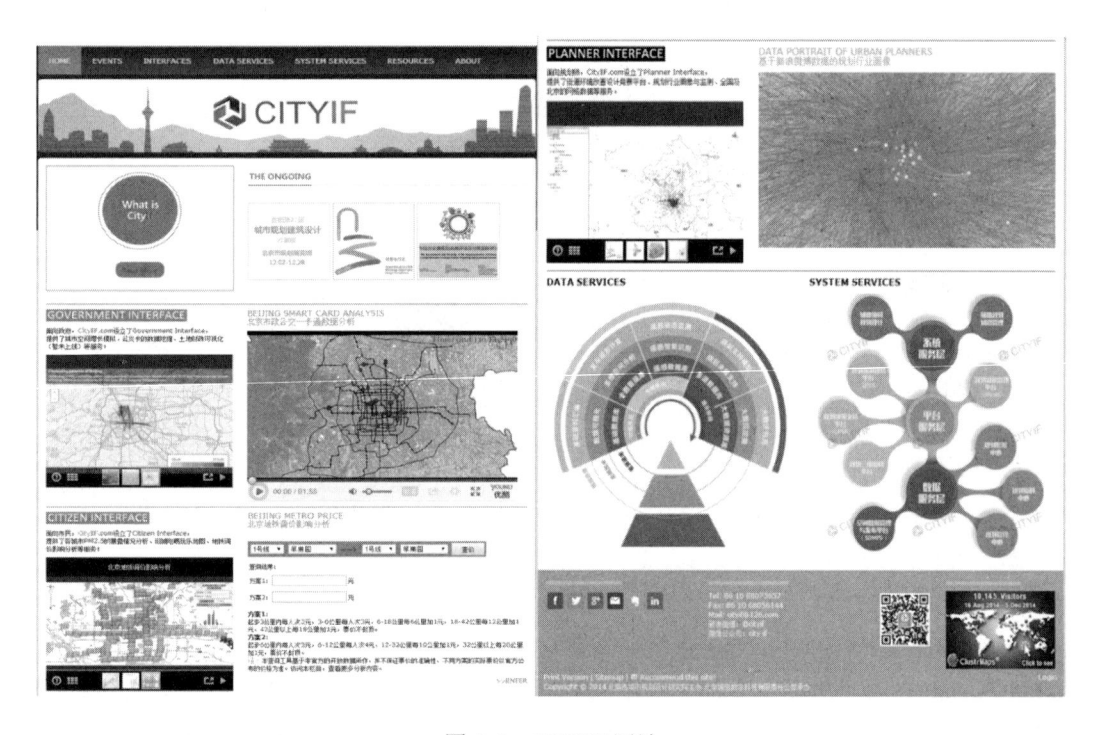

图 6-3　CITYIF 网站

2. CITYIF 新媒体

CITYIF 新媒体由 CITYIF 微信公众号和微博共同构成。二者均由北京规划院主办，北京城垣科技有限责任公司承办。

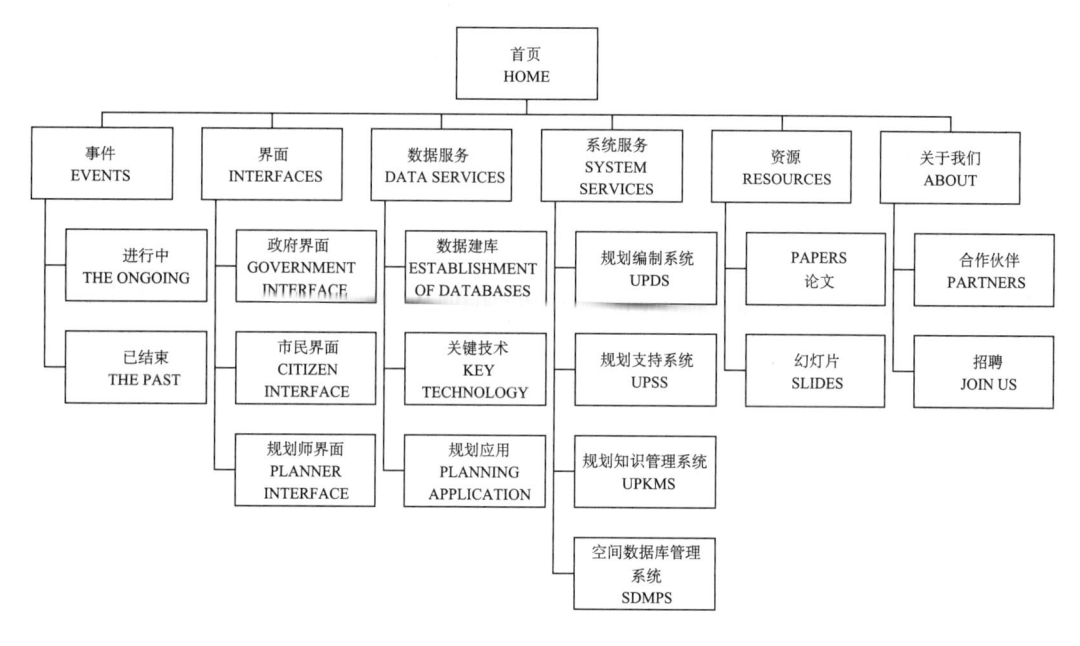

图 6-4　CITYIF 网站结构

CITYIF 并非一个孤立的新媒体，作为北京规划院的新媒体，CITYIF 与北京规划院的其他官方或者自媒体联合运营，同时还与外围的诸多新媒体平台处于联盟或者合作关系，形成了目前规划行业最大的新媒体联合体"城市微盟"（图 6-5）。

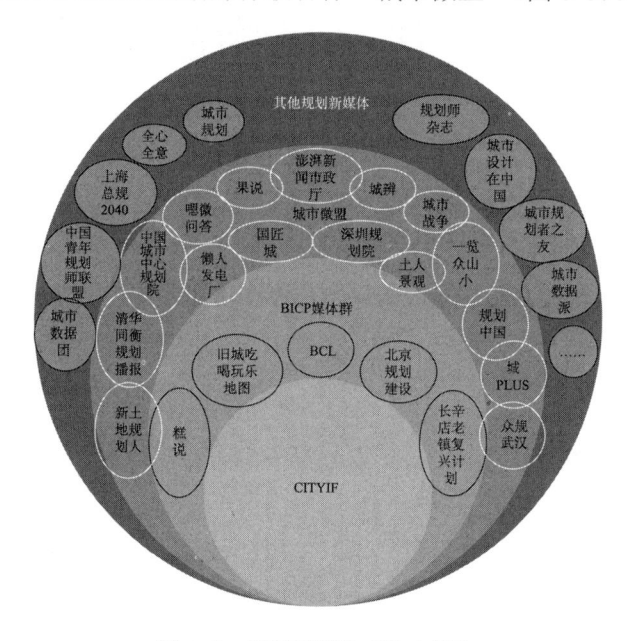

图 6-5　规划新媒体"生态圈"

3. CITYIF APP

项目开发了以 CITYIF 命名的若干手机和平板 APP，如地铁调价方案查询工具、现状移动调研系统、规划移动参与系统等（图 6–6 和图 6–7）。

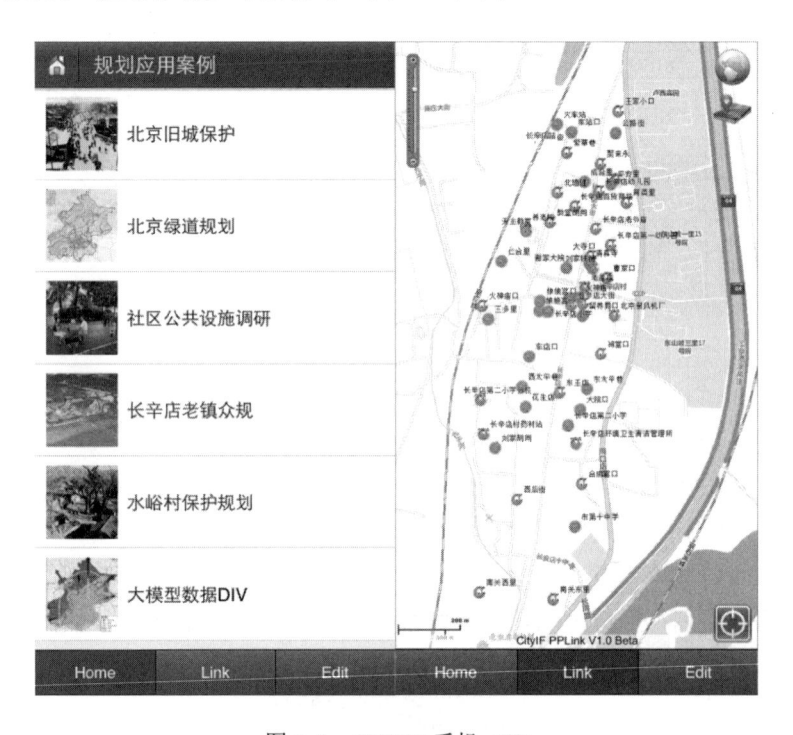

图 6–6　CITYIF 手机 APP

（二）技术服务架构

面向规划师和公众建立的规划公众参与信息服务平台不是一个独立的应用系统，而是一套技术框架体系和解决方案。如图 6–8 所示，通过依托 CITYIF 规划云平台的统一界面，在多类终端为公众分享规划信息资源和提供众规应用技术服务，同时基于大数据、语义分析、规划支持模型、城市定量分析等新技术支撑公众参与项目的开展，为公众提供更科学的数据和技术服务（图 6–8）。

面向一个公众参与项目需要进行项目策划运维、规划信息服务管理和众规应用技术开发等，需要依托线下的规划决策支持平台开展基础数据的整理和处理分析。个别项目还要融入大数据分析和语义分析技术等，融合多项技术为项目提供服务。

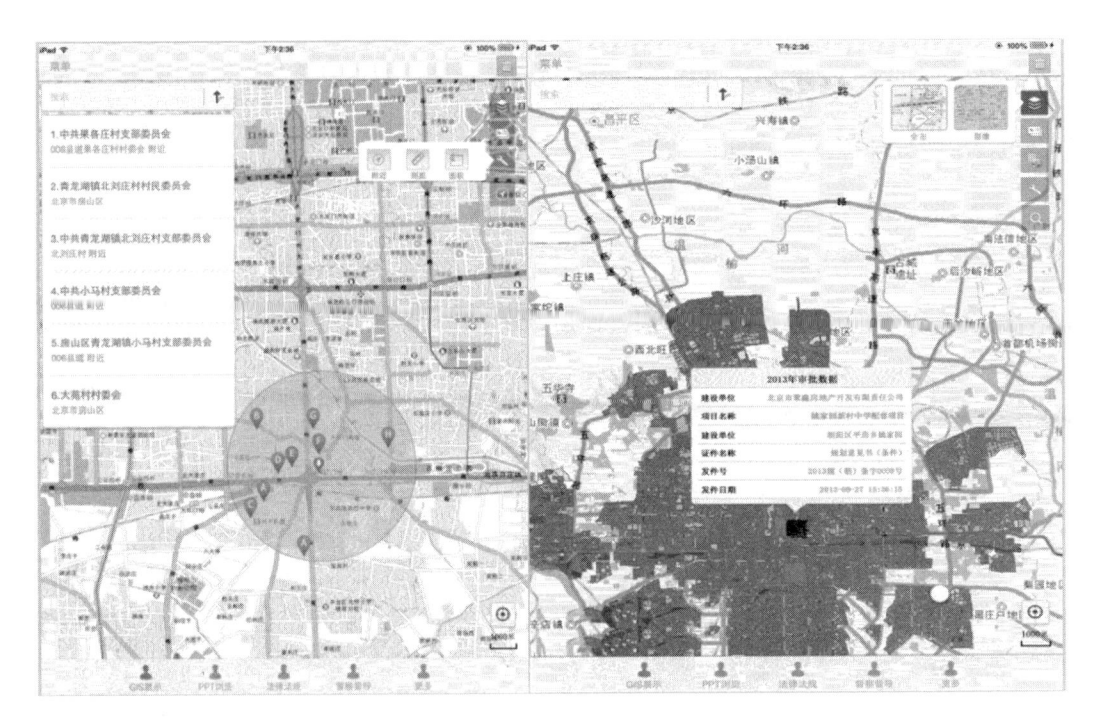

第六章 基于城市规划云平台的公众参与和城市规划 83

图 6–7 CITYIF 平板 APP

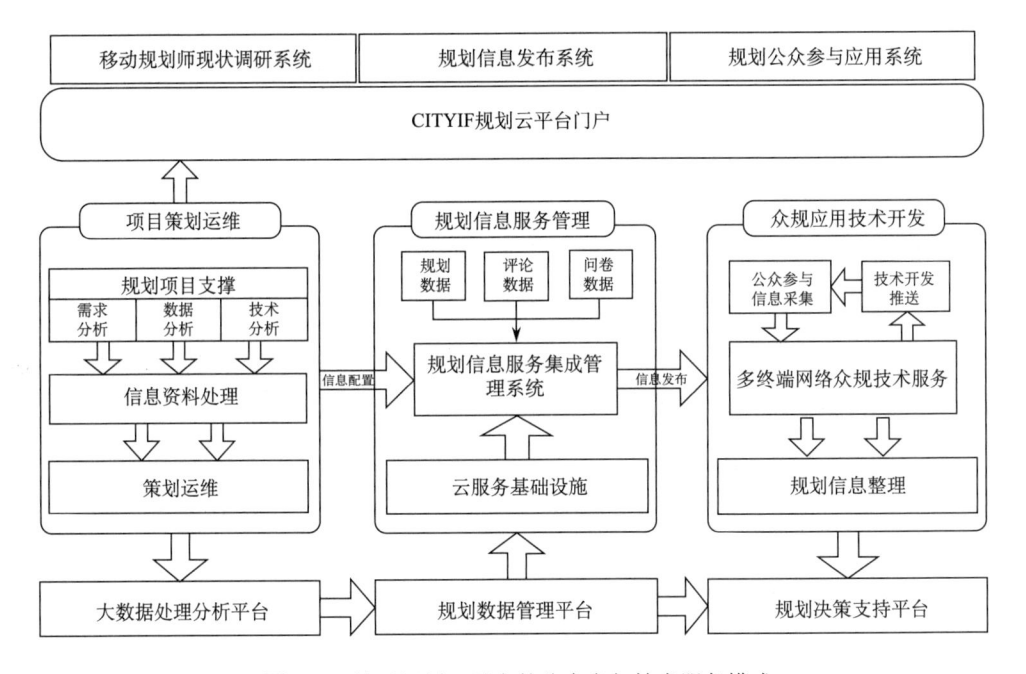

图 6–8 基于规划云平台的公众参与技术服务模式

通过技术实践,逐步形成了三大应用系统为全方位开展公众参与提供技术服务支撑。

1. 移动规划师现状调研系统

该系统是利用移动 APP 开发技术,基于 ESRI 移动 API 接口,面向 Android、iOS 移动设备开发的现状调研应用系统。平台需要依托问卷管理系统实现对问卷配置、发布和分析等。规划师首先制作调研方案,根据方案利用平板等移动设备在线配置空间数据内容和问卷模板,从而实现面向公众进行问卷信息的采集,在城市中可以方便的采集空间信息、属性信息和照片资料等,提高用户调研的质量和效率。

2. 规划信息发布系统

规划信息发布系统采用 ASP.NET、Flex、JavaScript 等基于 ESRI 网络插件的网页开发技术,进行二次开发实现。前端仅需要数据服务图层编码就可以在不同技术开发的规划信息发布系统中进行调用。基于这些技术可以构建相对专业的网页地理信息系统 (WebGIS),以支撑特殊的应用系统。规划信息发布系统可以灵活的嵌入到 CITYIF 门户界面中,也可以独立运行。基于 JavaScript 和 Asp.net 搭建的发布系统可以嵌入到微信平台中运行。

3. 规划公众参与应用系统

规划公众参与应用系统(Pablic Participation Link,PPLink)是在规划信息发布系统的基础上扩展的与公众进行互动的众规应用系统。它集成了地图数据服务、数据资料服务、问卷应用服务等,支撑公众在线进行规划信息和数据资料的采集和上传,实现空间数据和非空间数据资料的空间关联,在对外发布信息的同时,也实现规划信息采集的众筹应用模式。其他应用系统主要基于以上技术基础,面向复杂的应用搭建相对专业的应用系统,如诗意的行走公众参与系统、大模型在线服务平台、北京地铁出行成本在线查询系统等。

四、基于云平台应用与实践

基于 CITYIF 城市规划云平台,团队组织开展了多项规划公众参与实践活动,实现线上线下联动,互为支撑,如线下的展览、竞赛、讨论和启蒙教育等微实践组成了"规划行动"与"社会动员"。线上的"数据众筹"类应用则主要依托网站的界面栏目和微信公众号平台。

以下从规划行动、社会动员和数据众筹三个方面进行介绍这个平台。

（一）规划行动

1. 诗意地行走！街道环境改善设计竞赛

2014年秋，北京市规划委员会和北京市城市规划设计研究院联合发起了"诗意地行走！街道环境改善设计竞赛"。竞赛邀请在京高校学子组成设计团队，对四条大街展开调查与思考，并给出了街道环境改善的方案设计。

设计竞赛历时10个月，联合4个区8个部门，先后踏勘10多个地段，召集6所高校29个团队参与竞赛。同年的北京国际设计周展览期间，竞赛组织团队还在城市界面展现场设置了"添堵地图"线下公众参与环节。

CITYIF为本次设计竞赛开发了线上的公众参与网站（图6-9）。公众可以在线查看设计方案，进行点评投票，也可以通过在线导览平台，在虚拟空间参观展览。此外，CITYIF对"添堵地图"的公众反馈数据进行了后期精细化评估，形成了"扎针地图"。

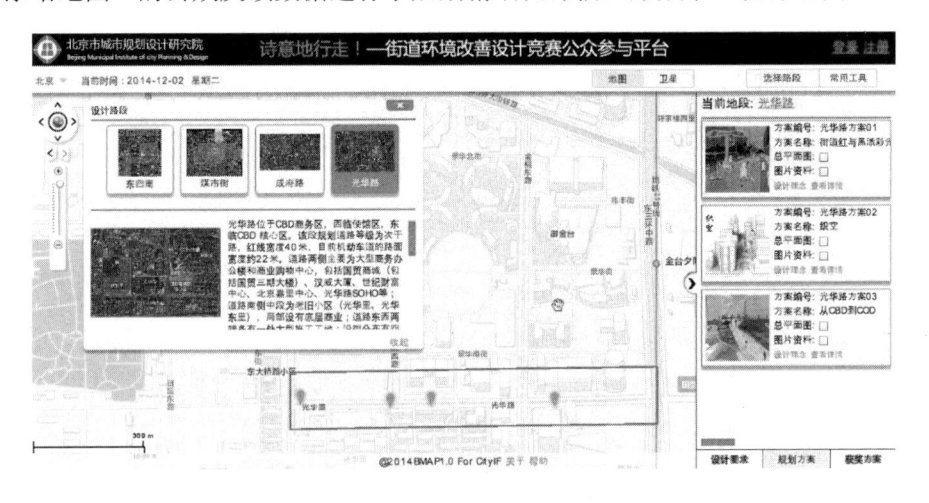

图6-9 线上公众参与平台界面

竞赛共形成了28组设计方案，先后举办了两次方案成果展览，并且在北京规划展览馆举办了论坛交流暨颁奖仪式。公众评审环节融合了专家、高校、区相关部门以及街道居民代表等多方力量，最终共收到了2935张市民选票（图6-10）。竞赛成果将与"诗意骑与行"展览以及北京市步行和自行车交通系统规划项目结合共同推进方案实施。

图 6–10　设计团队为公众和专家讲解方案

2. 长辛店老镇复兴计划

长辛店老镇是位于北京西南方向的一座千年古镇,但却面临着文化价值认知难统一、利益诉求难协调、内生动力难激发等问题。为了帮助长辛店走出困境,重新焕发生机,丰台区政府、北京市规划委员会和北京市城市规划设计研究院在 2013 年联合提出了"长辛店老镇复兴计划",旨在搭建平台,让居民、政府和专家参与老镇改造。通过共同谋划、共同营造和共同管理,推动老镇文化特色彰显、人居环境改善和产业可持续的改善提升。长辛店老镇复兴计划行动框架由"共愿、共建、共享"三阶段以及"协作、数据、宣传"三平台共同组成。

CITYIF 云平台作为老镇复兴计划的组成部分,参与组织了一系列线下实践。"聚焦老镇愿景、探索复兴之路"主题研讨会为专家、文创企业、设计单位和相关政府部门搭建了联系平台。此外,"Di 众设计"活动,以"众筹众包"方式招募九个设计团队进行公益性设计。

为了挖掘并展示老镇文化价值和激发社区凝聚力,项目团队发起了"声影乡愁——长辛店老镇微纪录片创作比赛"。借助新媒体传播力量,CITYIF 在微信平台首次发布了九部微电影作品,播放次数达 13.5 万次,唤起了社会大众对长辛店的关注。此外,云平台还为项目搭建了"长辛店老镇复兴计划"专题网站,利用新媒体平台联合为活动进行宣传报道,使用数据挖掘和语义分析等技术开发了"心情地图"。

（二）社会动员

1. 菜市场的留存

针对北京目前在功能疏解过程当中拆迁批发市场和农贸市场的状况，规划师们发现一些居民生活必需的菜市场也面临拆除的境地。北京规划院城市所规划师运营的微信公众账号"旧城吃喝玩乐地图"发表了两篇文章：《告别，钟楼菜市场》和《别对我轻言放弃——老北京菜市场的明日畅想曲》。这些文章发起了菜市场留存的话题讨论。CITYIF 在网站中开发了"菜市场的留存"留言板，并利用新媒体平台推广宣传，获得留言 30 余条。来自中规院、清规院等多个规划院的规划师通过市政厅、清华同衡等公众号，也相继参与到菜市场去留的讨论当中，形成了菜市场"拔刀相助"系列文章，给菜市场改造提供新思路。CITYIF、国匠城、澎湃新闻市政厅、腾讯网等媒体，对"拔刀相助"系列文章进行关注和转载。此外，《北京日报》和 BTV《晚间新闻报道》也对主创规划师进行了采访报道。2015 年 8 月 8 日，北京规划院联合 BTV《怎么看》栏目制作了"对菜市场去留怎么看"的专题节目。

2. 国内外展览

CITYIF 云平台也积极组织参加国内和国际相关展览，公开展示规划研究和项目成果（图 6–11）。

图 6–11　城市界面 2.0 现场展示

2014年北京国际设计周期间，城市界面展在北京前门西河沿胡同开展。内容包括"胡同千面""十城一日""诗意地行走调研成果展"三大主题。CITYIF 为此次展览开发了在线导览系统，使公众得以在虚拟空间同步游览。此外，借助网络爬虫、定量分析等技术对展览现场"添堵地图"公众参与环节进行精细化分析。

2015年北京国际设计周期间，在史家胡同和内务部街27号院举办城市界面2.0展览。CITYIF 云平台参与展览的创意设计、组织策划以及宣传播报等工作，并负责策划维护 CITYIF 同名主题展览空间，展出"积水地图""心情地图""规划师进校园"等栏目。展览结束后，云平台在微信公众号发布了《数说设计周》，使用数据挖掘分析方法对 2015 年北京国际设计周的社会效应以其品牌影响力进行了评估（图6-12）。

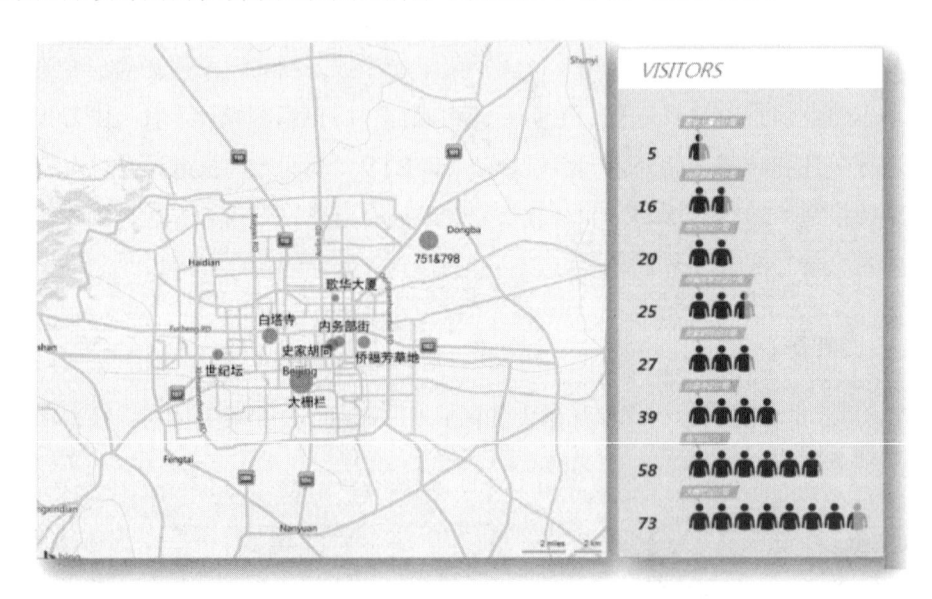

图 6-12　《数说设计周》分析图

2015 年 9 月 3 日，CITYIF 受邀参加奥地利电子艺术节"后城市时代——21 世纪人居展"，展出内容包括"地铁灰色人群研究"和"积水地图"两个项目。

3. 规划师进校园

自 2013 年起，北京规划院青年规划师和团委已陆续开展了多次"规划师进校园"活动讲座。首先，规划师赴西城区五路通小学、海淀区民族小学和西城区黄城根小学，从北京城"治病"以及历史保护等视角出发，为小学生们介绍美化建筑、缓解交通拥堵、处理污水垃圾和绿化城市的方法，以浅显易懂的方式带领孩子们认识北京和了解规划。其次，组织来自总体规划、城市设计和交通等部门的规划师两次赴陈经纶中学为学生们科普城市规划相关知识，并且邀请他们参观规划院，旁听项目研讨，激发孩子们对城市的思考。再次，用老照片串起北京城的千年发展历程，为北京小学为学生们讲述老北京的过去。最后，CITYIF 通过微信平台对"规划师进校园"系列活动进行播报，发布授课课件，已成为规划师、学校、家长、学生和热心市民多方面沟通和授课预约的接洽窗口。

（三）数据众筹

正如前文平台框架中介绍，CITYIF 云平台面向政府、市民和规划师分别提供服务界面，已公开发布共计 15 项应用服务（图 6–13）。这些应用作为数据众筹的载体，发挥着至关重要的作用。其中，自来水、自行车、扎针、积水和心情地图五个互动应用被嵌入 CITYIF 微信平台，方便公众使用手机随时参与规划互动和数据众筹。以下将对这五个互动应用进行逐一介绍。

图 6–13　网站提供的 15 项应用服务与微信平台内嵌的 5 项应用地图

1. 自来水地图

在传统的基础设施规划中，配置不同规模的供水设施主要依据各区域的普查人口数据。而现有基础数据无论从时效性还是精度上，都无法为规划师优化供水模型提供更精细的参考依据。

CITYIF 与规划市政部门合作，开发了基于 WebGIS 的自来水互动地图，内嵌用水需求调查问卷。通过五个简单的问题了解用户的家庭人口、每月用水量以及水质感受等方面的情况，以此获知不同地区的用水需求差异（图 6-14）。然而从公众的利益角度出发，如果不能获得即时信息反馈或其他形式的奖励，就没有足够的动力主动参与提供自家用水数据。因此，自来水地图的应用设置了自来水质量信息交换环节。通过参加调查，在互动地图上标记自家所处位置，后台数据库就会即时反馈出市民家庭所用自来水来源于哪个自来水厂，并根据该水厂水质的特点，推荐具有针对性的净水设备。"自来水地图"获得的反馈数据可用于优化供水设置配置模型。

图 6-14　自来水地图微信端应用界面

2. 自行车地图

为了对北京市自行车道进行精细化调查，改善骑行环境，2015 年 9 月，CITYIF 云平台与交通所合作开发了自行车地图，嵌入微信公众平台，邀请公众使用手机微信对身边的自行车道进行评价和拍照。

公众可以在地图中添加观察地点位置，上传实景照片，并回答若干简单的问题。调查问题考察自行车道在安全、连续性、宽度以及路面情况等若干维度上的用户体验，基于用户的反馈形成可供规划参考的数据结果。为了吸引公众参与调查，CITYIF 团队编写了自行车主题宣传文章，在微信中产生了广泛宣传效果，并收获了有效的用户参与反馈，所得精细化数据可在北京市步行和自行车交通系统规划中作为参考依据。

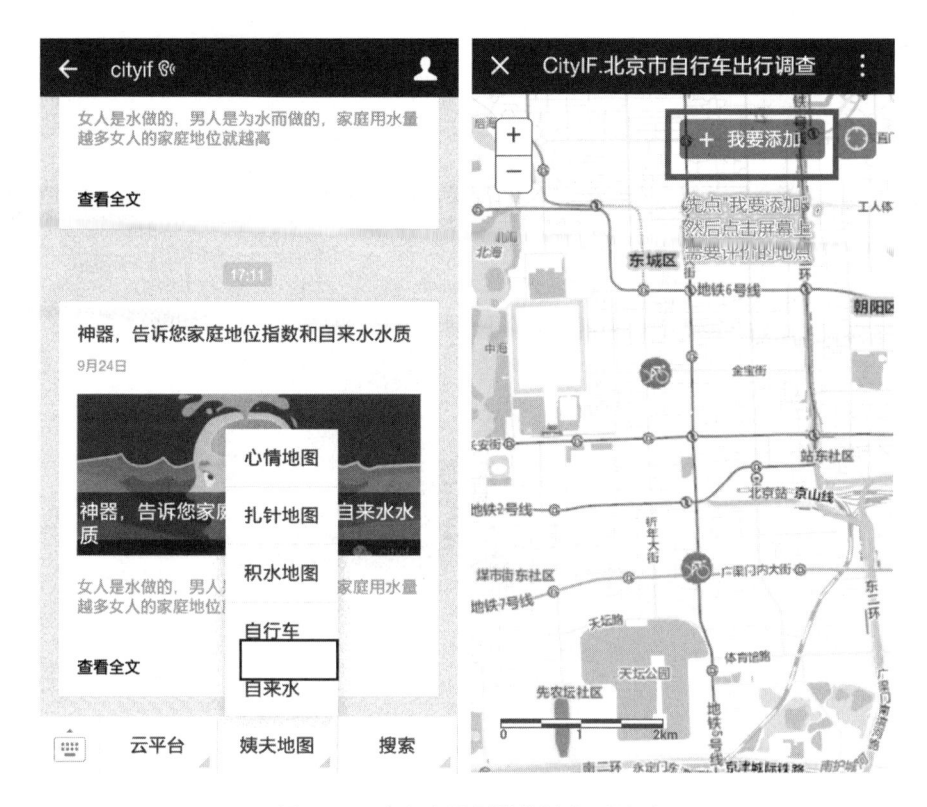

图 6-15　自行车地图微信端应用界面

图 6-16　自行车地图电脑端应用界面

3. 扎针地图

2014 年，云平台为《诗意地行走！——街道环境改善设计竞赛》开发了公众参与 WebGIS 系统，通过互动式地图为公众展示各方案，收集公众对方案的反馈。

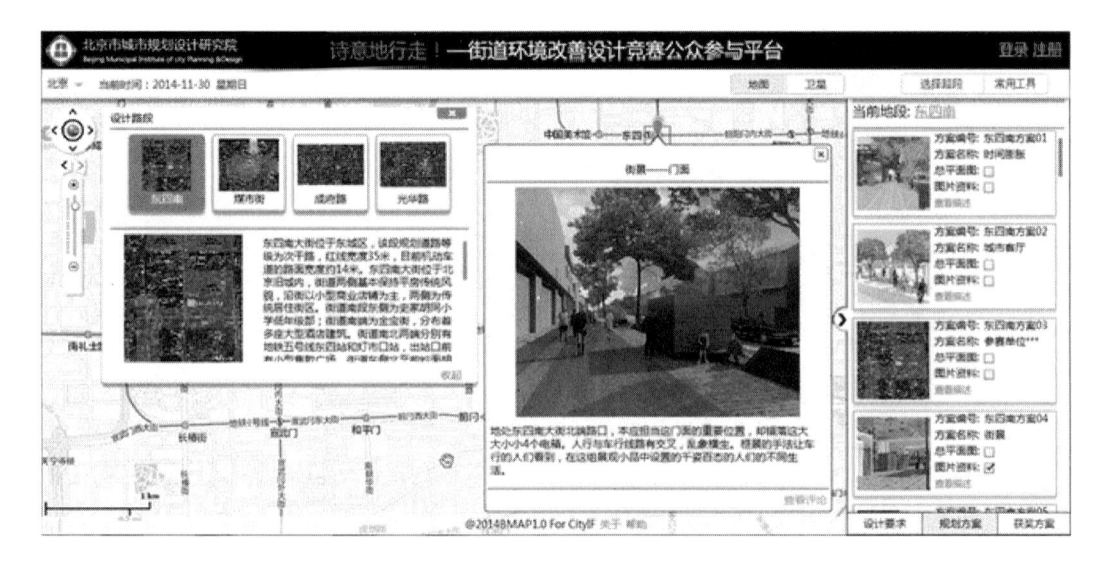

图 6-17 诗意地行走街道环境改善设计竞赛公众参与平台

2014 年北京国际设计周期间，北京规划院组织了名为城市界面展的展览。利用一整面墙体，布置了北京城市步行道环境评价的"添堵地图"，邀请参观市民用红色和蓝色图钉对道路步行环境进行评价，共收获了 1 560 个扎针点。然而仅仅具有正面和负面两个维度的反馈数据并不足以为规划提供"对症下药"的依据。CITYIF 试图通过这些扎针点，挖掘公众给出好评和差评的精细化原因，才能让公众参与的结果在规划工作中切实发挥作用。

CITYIF 团队对所有扎针点进行空间化，对每个点从八个方向抓取街景照片，共计获得近 1.5 万张街景照片。融合已有步行道研究案例和北京城市特点，设定"路面铺装、无障碍性、停车占道、设施占道、视线遮挡、步行尺度、可达性、魅力空间、绿化景观"九项指标，用肉眼对扎针点街景进行量化评估。评估结果发现，超过三分之二的扎针点的评估结果与公众评价一致，不到三分之一的点存在争议。总体来讲，此次线下公众参与数据反馈质量较高。团队将各扎针点九项指标的评分结果制成雷达图，结合各点街景照片，一起进行在线发布，形成了"扎针地图"（图 6-18）。

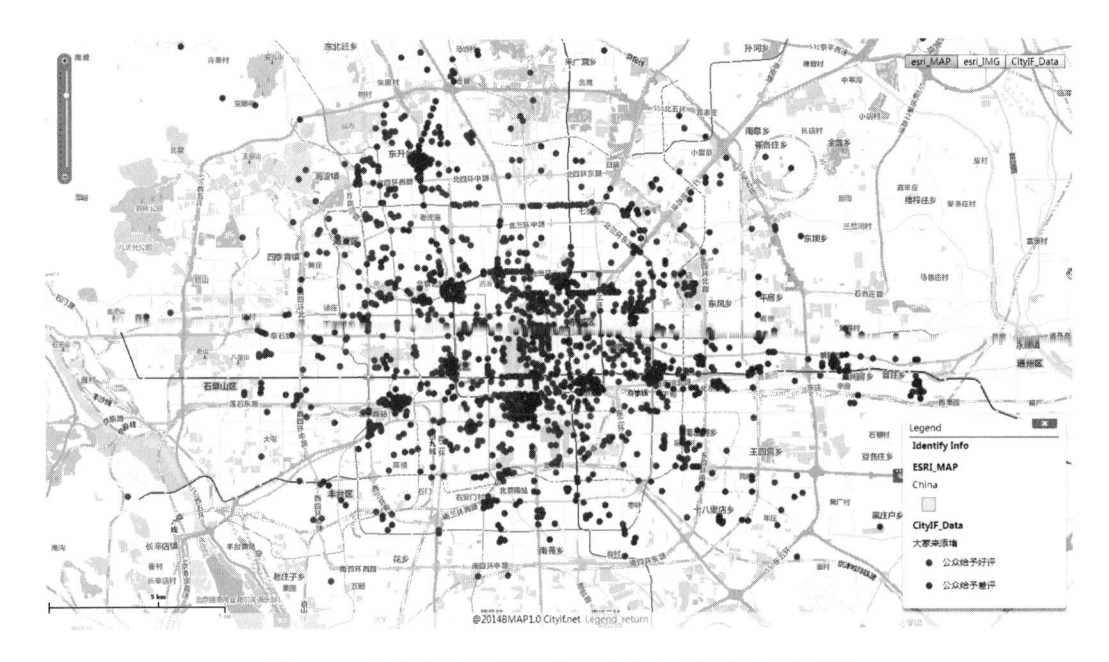

图 6-18　北京城市步行道环境评价公众"扎针"结果示意

为了方便操作，扎针地图也被嵌入 CITYIF 微信菜单，结合评估研究成果一同发布。用户可以通过手机微信，继续对扎针地图添加新的扎针点，上传街景照片，并为该处的步行环境进行打分评价。用户的反馈与 NGO 合作方的持续完善，共同形成了扎针点数据库的动态更新。

在以上三项公众参与应用中，云平台是公众参与活动的入口、活动的核心载体、活动的传播平台、活动数据的收集平台和活动数据的分析平台，并且通过分析工作使活动的结果对规划进行了有效支撑。从入口到反馈的全过程中，规划师获得了高质量的评价数据和公众对设计方案的意见反馈，而公众则从众包的评价地图创作中收获了"发泄"的快感和众创的成就感。

公众参与的调查问卷设计需要对"问题精度"和"反馈数量"进行权衡。例如，当步行或骑行环境调查仅仅询问市民感观评价是正面还是负面时，从市民角度来看参与调查的成本很低，因此收获的反馈数量也会较高，但所获数据精度不高。反过来，如果为了获取较高精度的数据，需要市民从多个方面给出评估，那么市民的参与成本就会大大增加，因此所得反馈数量也会大大降低，从而减小了调查样本量。

传统公众参与中，所获数据精度与样本容量看似不可兼得，但云平台却在一定程度上完善了不足。例如，北京步行环境评估利用爬虫技术获取地图街景。挖掘市民反馈正面和负面评价背后的原因,将原本只有两个维度的"粗数据"细分为拥有九个维度的"精数据",将粗略的正负面主观评价转化为多角度客观评分,在优先保证公众反馈数量的前提下后续优化了数据精度。

4. 积水地图

2012 年,北京 7·21 特大暴雨让城市重点地区出现严重内涝积水,致使 77 人遇难。这场灾难暴露了城市防洪排涝设施的潜在问题。规划部门利用雨洪模型,模拟计算出北京城内 211 个可能造成内涝的积水点,但是如何判断模拟积水点在现实中的内涝程度以及防洪排涝设施升级改造后的效果还需要进一步检验(图 6–19)。

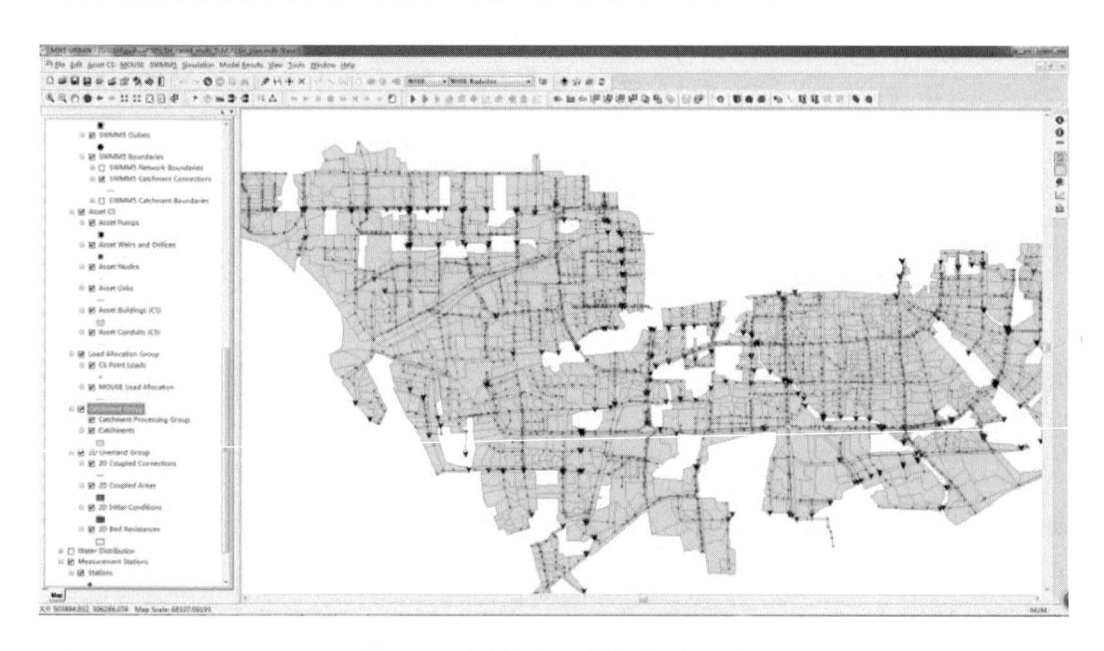

图 6–19　规划部门雨洪模型示意界面

CITYIF 云平台利用 WebGIS 技术,开发了积水地图,号召公众进行实时积水"数据众筹"。将 211 个积水点进行空间化发布,形成积水地图,并邀请市民在雨季对身边的积水地点位置进行添加,对积水深度描述,并上传实景照片。至今,北京积水地图已经收到了超过 100 个公众反馈,所得数据可在防洪排涝设施规划中作为参考依据。

对于一些社会的突发事件,公众参与和意见表达往往是滞后的。而滞后的信息反馈往往又无法做到详尽具体。受北京 7·21 特大暴雨事件的持续影响,在后续每年夏天的雨季，城市内涝问题都成为市民关注的焦点。传统的方法只能允许规划师在雨后通过实地踏勘或在线新闻的方式获知发生内涝积水的地点及积水深度，无法对积水情况进行实时的动态更新。

云平台的积水地图搭建了公众实时参与平台。通过鼓励公众在下雨时对身边内涝积水地点进行播报，将传统发生在"事件后"的后参与过程转为"过程中"的同参与，并借助事件发生的即时热点效应，在短时间内发动更多的人协同参与和众筹数据，大大提升了公众参与的时效性和效率。

5. 心情地图

作为"长辛店老镇复兴计划"的公众参与平台，CITYIF 云平台利用社会感知技术、语义分析技术和 WebGIS 云平台推出了"长辛店心情地图"，帮助规划师捕捉老镇居民的情感（图 6–20 和图 6–21）。

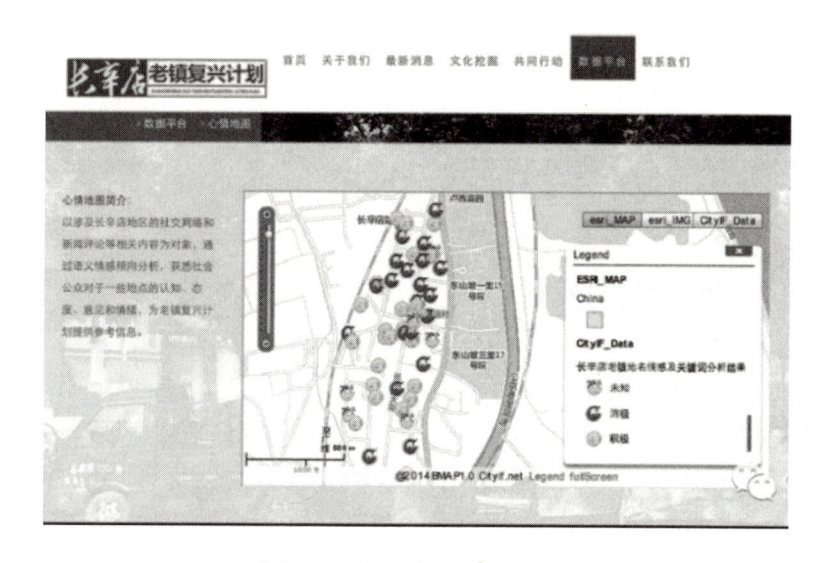

图 6–20　长辛店老镇心情地图

"长辛店老镇心情地图"以涉及长辛店的微博、贴吧、网络社区等网络平台内容作为分析对象，通过语义分析获悉社会公众对于该地区各个地点的认知、态度、意见和情绪。数据共收集了微博 8 221 条、论坛 3 220 条、网站 600 条信息，总计 300 余万字（图 6–22）。根据关键词出现的频率，可以分析得出居民对老镇的整体印象以及他们最关心的话题，如：伤心店、拆迁与安置、基础设施等。基于这些关键词，利用情感分析工具，团队得以判断出老镇上各个地点的情绪是否积极。比如，与长辛店小学相关的关键词有"和平小黄鸭""儿童代表"等，情绪表现为积极；而与西后街相关的关键词有"拆迁标准""补偿款"等，情绪表现为消极（图6–23）。

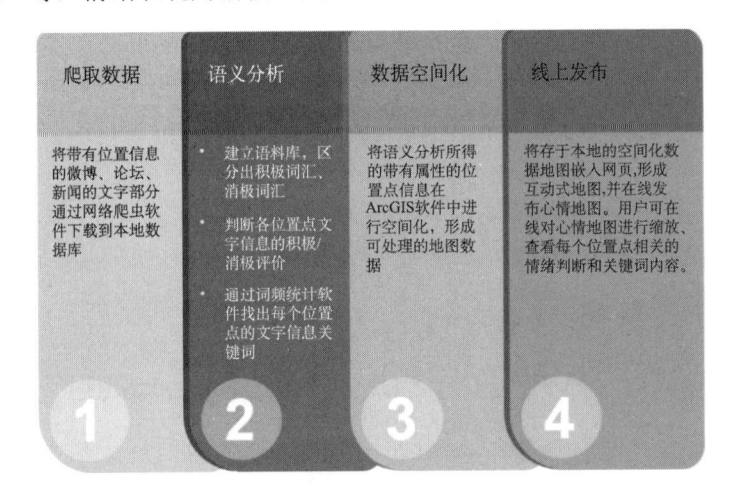

图6–21　心情地图简要开发流程

图6–22　长辛店老镇关键词云统计

此后，CITYIF团队还对北京市东城区、西城区和顺义区带有位置信息的微博进行提取，开发了"东西城心情地图"和"顺义心情地图"，与"长辛店心情地图"一同组成"心情地图"，嵌入微信公众平台。得益于此，公众参与的途径除了调查问卷和实地访谈，还加入了基于公众线上言论的语义分析及可视化工具。让规划师不仅可以了解某个地点的景观、形态、建筑质量等外在情况，还可以感知居民在某个地点的情绪或者对某个地点的评价。当然，这样的研究方法也还有一定局限性，比如，现阶段还仅仅是对大众情绪做积极消极的判断，尚未精确到更细致的情绪分类。另外，我们目前也难以判断人们究竟是"对这个地方"产生了情绪，还是对"在这个地方上发生的事情"产生了情绪，如何将情绪产生的原因和情绪种类进行细化还需完善。

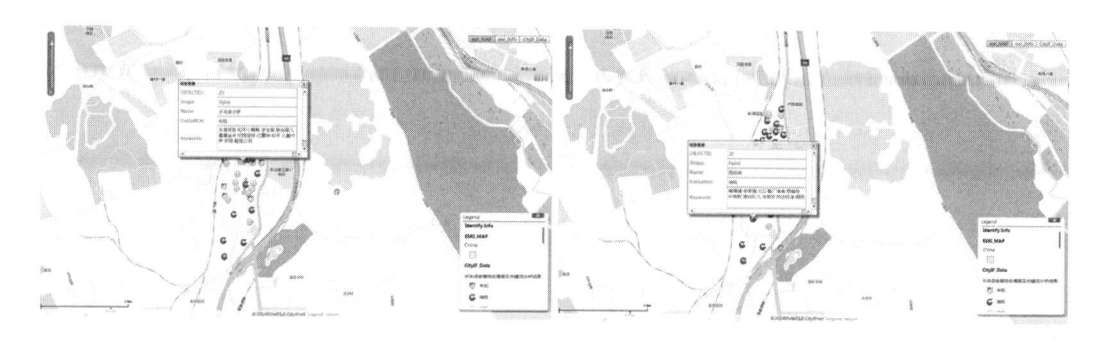

图 6–23　代表性兴趣点心情示意（左：长辛店小学；右：西后街）

传统的规划参与形式主要以组织线下活动和邀请到场市民参与为主，市民处于被动受邀的角色，需要亲临现场。若规划师没有组织参与活动和未能提供交流沟通平台，那么市民大多找不到有效途径反馈信息，也就无法主动参与规划。

现在除了亲自到场参与的形式，公众在生活中随时随地都在进行"公众参与"。他们可以在论坛、网站、微信和微博中自由表达对城市生活的热爱或不满之处。互联网时代的技术手段让公众的"来参与"不再必需，而是赋予规划师远程主动感知公众"自参与"的能力，也就是"社会感知"的能力。

6. 成效与不足

自以上五个互动地图发布后，微信宣传图文阅读量及地图公众访问量统计如下表。

表 6–1　微信内嵌互动地图使用数据统计

应用名称	微信图文及阅读量	应用访问量	访问量转化率
自行车地图	《我的爱情，落在了他的自行车后座上》：9 293 次	1 115 次	12.1%
心情地图	《京城哪里玩？跟着心情走》：1 824 次	1 313 次	72.1%
扎针地图	《你以为扎完就算完么？》：5 282 次	1 655 次	31.3%
积水地图	《大禹治水新编》：1 915 次	1 733 次	90.5%
自来水地图	《神器，告诉您家庭地位指数和自来水水质》：1 853 次	1 738 次	93.8%

访问量转化率计算了应用将微信宣传阅读量转化为后台访问量的概率。其中，自来水地图高达 93.8%的转化率说明市民更愿意参加能获取即时反馈结果的调查，信息交换策略效果显著。对于转化率最低的自行车地图和扎针地图，其后台访问量并非远低于其他应用，只是由于微信图文阅读量较高，才使得转化率数据较低。这一方面说明一篇有新意的宣传文章可以扩大应用的传播范围，另一方面也说明单纯的宣传图文阅读量对最终的使用转化率并不起决定性作用。

云平台所有互动应用收到的市民反馈，包括问卷填写和实景照片上传共有近 400 次，与图文阅读量和应用后台点击量相比显得微不足道。造成这种不足的原因主要有三方面。首先，应用地图页面缺乏设计，操作界面不够简洁不是很方便用户使用。其次，外部环境限制是原因之一。尽管所有应用已经嵌入微信，为公众提供最大化的便捷，但当用户开车或骑车发现需要反馈的问题时，会因安全问题无法停下进行现场拍照。例如，很多人反映，发现城市内涝积水点的时候经常在开车，无法使用手机拍照，错失使用良机。最后，应用涉及的话题领域较为专业，受众范围较窄，很多人只是出于好奇试验，并未形成使用习惯。

（四）问题思考

如何探索转型后的商业模式？在规划从传统注重物质空间转向注重人和微小更新的转型过程中，公众参与的重要性毋庸置疑。城市规划云平台在整合零散资源、提升公众参与质量的同时，也面临着可持续性发展的问题：单纯依靠公益志愿性的团队投入无法满足日益增加的服务需求，亟待寻找一套可行的云平台商业模式，与服务需求机构有效对接，让投入产生收益，从而实现云平台的可持续发展。

如何走出自娱自乐，提高社会参与度？当今社会对市民的规划启蒙尚未到位。公众对城市的认知程度有限，导致公众主动参与规划的意愿较低。这样的现实条件使 CITYIF 云平台的线上和线下项目表现出了一种"自娱自乐"的特征。如何进一步唤起社会关注，为市民启蒙城市公民意识，提高社会参与度，也将是 CITYIF 城市规划云平台在今后需要解决的问题。

五、本章小结

面对新型城镇化、互联网大数据技术发展以及"互联网+"带来的规划转型，"众规式"公众参与已经开始成为行业共识。CITYIF 城市规划云平台是一个必然的结果。云平台在空间、时间、形式、成本、入口、传播和力量等方面使传统规划公众参与发生了转变。首先,它突破传统线下参与方法在时间空间上的局限,降低了参与成本。其次,社交移动端的参与入口使得公众参与的传播渠道开始摆脱对传统媒体的依赖和对公告栏等实体展示空间的依赖,可以通过互联网进行扁平式和裂变式传播。再次,基于城市大数据的感知手段在一定程度上替代了以往以资料收集为目的的调查类公众参与方式。随着众包、众筹和众创等小规模自组织形式的活动大量涌现,公众从缺少组织的个体参与向有目的、有行动力、有专业知识和相似亚文化背景的社群参与转变。社群的力量使规划实施由自上而下的模式向自下而上的模式转变。最后,在公众参与启蒙薄弱的现实条件下,基于云平台及其连动媒体平台,为规划行业谋求外部的环境,取得社会共识,为规划工作创造一个有利的环境,得到社会的支持,获得更多的资源。CITYIF 规划云平台的建设虽还不完善,但已经开始对北京的规划工作产生影响力。更多的规划公众参与实践正在基于 CITYIF 规划云平台陆续开展。随着新型城镇化发展和规划转型的深入,规划行业的变革将远不止于目前的研究和实践深度,规划公众参与也将仅仅是这场变革的一小部分。

第七章 智慧城市规划与公众参与

一、引言

汉代司马相如《谏猎书》云："明者远见于未萌，而智者避危于未形"。中国著名城市规划专家吴良镛先生曾手书并题词"此汉司马相如语，规划前瞻性之要义可从中领悟。"可见，城市规划的智慧很大程度体现在其前瞻性。智慧城市概念虽然出现不过数年，但其实本来就是城市规划一直追求的目标。

城市及其规划的智慧，一方面需要规划从业者丰富的实践经验，一方面也需要跨学科的科学方法支撑。随着规模多样的计算设备的大量推广，以及附加在其上的信息，智慧城市正逐步成为现实。信息与通信技术的汇集，将创造一种从未有过的城市环境。城市不仅在人性化服务、住宅和交通等方面体现其自动化，在监控、理解、分析和规划等方面也大有可为，为居民提供高效、便捷和高品质的生活。相对于之前多种时间尺度的未来规划、扩张规划，我们获得了一种非常适合稳态规划，或者说"细规划"的技术手段，可以利用短期内持续性的改善达到"智慧城市"这一长远目标。

此外，智慧城市中蕴涵的大数据采集与分析、信息通信技术作为城市硬件的组成部分等理念，为智慧城市下的公众参与提供了创新的技术支撑手段。不同于传统的带着精英规划色彩的城市规划，智慧城市规划植根于以人为核心，促进政府与公众的有效合作，让"自上而下"与"自下而上"相结合。从规划前、到规划中直至规划后，智慧城市规划全过程都紧密围绕公众参与，促进规划信息的流通与交流的充分。在以人为本的城镇化进程中，让公众更多地参与到城市规划编制的过程中来。

二、智慧城市规划中的公众参与

（一）理解智慧城市

智慧城市的概念是十年前产生的，并将通信和信息科技运用到改善城市功能、提升城市效率、增强竞争力，还提供给我们新的解决城市公平、贫困、社会崩溃、环境污染等问题的城市发展概念（Harrison et al.，2010）。智慧城市经常被描述为将真实城市的形态和运行数字化模拟。各种基础设施与电子设备组合，并通过网络相联系，提供实时城市动向状况。通过数据整合、分析、反馈，以提高效率、平等、安全和生活品质。在未来信息通信技术以及城市研究中，必然将更加关注如何将这些设施服务于城市、市民和各种社会组织，而城市规划作为城市运行的总体筹划，必将与智慧城市发生越来越紧密的联系。

城市规划需要关注智慧城市的具体细节，发明更多高效模拟系统解决城市的问题，创造一种新环境，使得更多市民能够参与到未来城市与社区设计工作中，感受到智慧城市的科学性。这可以使城市规划一直倡导的"公众参与平台"得以实现，也将是开启未来信息科技时代的关键。总而言之，智慧城市将推动新型政策分析，指导信息时代的城市规划。信息与通信技术是未来城市的主流倾向（Batty et al.，2012）。表 7–1 中是国际商业机器（International Business Machines，IBM）公司定义的智慧城市的服务的范围。

表 7–1　城市如何通过智慧城市解决的城市问题

问题	目标	案例
城市服务 服务交付系统单一	为大众提供个性定制服务	利用技术统计各个服务交付机构，确保大众获得更为满意的服务
市民 无法顺利使用所需信息；在医疗保障、教育、住房需求等方面获取的信息十分有限	通过分析数据，有效降低犯罪率，保障城市公共安全；完善的联网，先进的分析技术，集合大量数据，改善市民健康状况	芝加哥设立了一个公共安全系统，保证实时监控，提高对紧急事件的反应速度；哥本哈根已建立医生快捷查档系统，跟进患者健康记录，在世界范围内获得了最高的满意度和最低的错误率
交通 交通十分拥堵，浪费时间、能源	无拥堵，制定新的税收政策，各种交通方式结合，节约经济成本	汽车进入斯德哥尔摩时，使用动态收费策略，将中心城区交通量从 25% 降至 14%，中心城区零售业收入增加 6%，带来了税收新浪潮

续表

问题	目标	案例
通信 很多城市的通信连通性不佳；上网速度慢，设备移动性差	使用高速互联网，建立商业—市民—付费系统网络	韩国松岛建立"城市无处不在"应用程序，合并医疗、商业、居住和政府管理等在线服务系统
水资源 过半水资源被浪费，水质较差	分析整个水源生态系统，包括河流、贮水池、水泵和管道；个人及企业需要随时观察其用水情况，提高节水意识，定位水源低效利用地区，减少不必要的开销	爱尔兰戈尔韦利用先进的传感系统和实时数据分析，监控、管理、预报水源方面的问题，给所有与之相关的行业，从科学研究到渔业，提供实时更新的水源信息
商业 有些地区必须解决不必要的行政负担，同时存在监管滞后的问题	制定商业活动的最高标准，提高商业运作效率	为提高国有经济生产力，迪拜使用一种软件简化商业过程，可以整合约100种公共服务设备的交付及生产过程
能源 能源存在危险性和不稳定性	让用户提出价格信号—能源给予—市场回归，顺畅消费，降低用量	西雅图正在进行一个实验：让住房者知晓实时能源价格，按需索取，平均降低了15%的节点压力和10%的能源消费

资料来源：IBM。

（二）智慧城市的基础

智慧城市的建设离不开城市基础配套设施的建设和普及。首先，移动网络、移动设备、社交网络、互联网以及物联网等服务的普及让更多人加入到由数字和信息集合而成的网络中来，于是在城市内形成巨大的信息流，而这些信息流正是我们智慧城市可以运用并加以处理的材料。其次，遥感技术和网络数据抓取技术等一系列科技的发展提供了我们收集和捕捉城市中流动的大量信息数据的能力。再者，智慧城市对这些收集到的数据的再处理再挖掘，给数据增加了附加价值；换句话说，数据的挖掘让我们有机会了解社会各个层面的深层规律。现在流行的大数据技术基本就是基于这样的原理。

数据平台的建立和互联对智慧城市的加速发展也至关重要。城市规划是一个跨领域跨平台的战略制定过程，在这个过程中规划师需要连接不同功能，各种群体，多方利益。"智慧城市的概念的必要条件就是整合现有的分散开发的各种技术"（Sassen，2014）。简而言之，智慧城市应发挥连接的功能在城市的规划管理过程中整合各方面资源，做到全面理解城市。无论是私人的还是公共的数据平台在智慧城市中都是数据挖掘的对象。

平台数据的互联性能增强智慧城市的研究范围，扩展智慧城市的研究领域。通过政府和企业对于这些基础的建设，智慧城市的运用和发展会日益广泛。在将来，政府能精确地在公共安全、保障房分配、突发事件应急、公众参与等领域通过智慧城市平台高效地解决城市问题。

（三）智慧城市规划影响下的公众参与

传统的城市规划公众参与方式包括：咨询中心（Drop-in Centers），社区会议（Neighborhood Meetings），听证会（Public Hearings），市民建议委员会（Citizen Advisory Committees），市民审查小组（Citizen Review Boards），市民问卷调查（Citizen Survey），专家研讨会（Charrettes or Workshops）等（Glass，1979）。随着信息通信技术的发展和移动终端的普及，城市规划中的公众参与得到了变革性的发展。例如规划网页、手机应用程序 APP 等基于网络的参与手段，大大提升了公众参与的深度和广度，真正实现了公众参与由单向的信息传达到双向的沟通交流，由"精英主义"主导向"多元价值"融合转变的过程。随着城市规划中知识领域的拓展、多元价值的介入，规划实践逐渐体现出更多的政治协商的特征。一个以交流、合作为特征的规划新范式正逐渐形成（周恺等，2012）。

同时，众多城市在智慧城市建设方面最不可或缺、最重要的着力点即公共信息平台，包括公共参与平台的构建。在公共信息平台的规划信息模块中，通过卫星遥感、互联网、物联网等互联途径，收集相关城市信息流（包括数据流、图像流和视频流等），在后台加工处理采集到的信息，并运用例如大数据分析、云计算等方法解析城市状态，辅助规划决策，最后再通过公共参与平台向利益相关方发布政策、新闻和信息，采用数据分级公开实现开放政府、众筹众创，让市民在互动参与中针对城市规划提出建议和完成监督。在以互联网、物联网、各类移动终端等为代表的后信息时代，智慧城市规划下的公众参与新范式具有以下优势。

第一，公众参与不受时间空间所限制，具有即时性随处性。有了无处不在的移动网络和高普及率的移动设备，市民可随时随地参与城市规划的进程。相比于对时间和空间都有要求的讨论会、咨询中心等传统手段，全天候全方位的网络参与让公众参与变得更加灵活和便捷。

第二，公众参与城市规划的门槛降低，提高市民积极性。有了多样化的基于网络的城市规划技术，例如网络地理信息系统（WebGIS）作图工具、在线公开地图、数据可视化等工具,市民可以更加高效快速地理解城市模型,并且在短时间内学会城市规划所需的表达方式。新一代的技术为市民的参与降低了门槛,提高了积极性,节约了时间。最终,使得公众参与过程更加高效,结果更加优质。

第三,公众参与更加注重互动性,而非单向的信息传达。不管是网页版的规划信息平台还是手机等移动终端的应用程序(Application,APP),这些不仅让市民能够方便查阅有关信息,更注重设置市民反馈意见的途径,例如从简单的点赞、签到、评论,到上传城市负面情况的照片,再到使用作图工具提出自己的想法,都是让市民能更深层次地参与规划,提出需求和反馈意见。

第四,公众参与趋于向有效引导转变,增加源头的可控性。新媒体技术例如微博、微信等自媒体让个体都有表达空间,然而不加引导的舆论首先容易被极端言论煽动而失去理性,其次在网络上不加甄别和筛选的海量混杂信息不利于民意收集和分析。更多专业的规划信息平台和公众参与平台的出现,让市民能在合适的渠道反映合适的问题,在专业人员的引导和教育下,在全面理解参与内容的前提下,提供具有建设性、针对性的意见,提高参与的质量和效率。

第五,公众参与转向全过程贯彻,重实质而非形式。相比于以往自上而下、"精英"主导、静态的城市规划,公众参与彼时更多的是为了程序性的参与,缺乏实质性的参与和真正的民主精神。而基于ICT,"自上而下"与"自下而上"相结合的智慧城市规划,公众参与是其有机组成部分,是动态规划、"细规划"的根本。市民能从头至尾全过程参与规划,共同营造美好的城市生活。

三、智慧城市规划与公众参与案例

(一)面向具体城市问题的公众参与

智慧城市的发展与建设的目的是更好地解决现有的城市问题,即从城市问题出发。而公众参与在解决现有城市问题中有着无出其右的作用,首当其冲的要务即"准确地发现问题"。

让广大的市民参与到发现问题的过程中来,是通过"众包"的手段更好地发现城市中看得见的问题。ICT 的发展对人类社会最重要的贡献之一就是让沟通变得前所未有地畅通。如果之前政府要与基层民众沟通,除了制度上的因素外技术上也存在障碍的话,现在这一障碍被大大减小了。基层城市问题准确及时地向政府反馈成为了现实。而众包无疑是反映、发现城市问题的一个高效可行的方式。

西方多个国家已出现了多种基于 ICT 众包城市问题反馈的应用。例如美国康涅狄格州纽黑文的本·伯科威茨（Ben Berkowitz）创建 SeeClickFix 网站（看见、点击、修理）。它是一个基于网络地图的 APP 和网站，可利用移动设备的定位和拍照功能供居民报告非紧急的公共服务设施的问题（比如某条街上的窨井盖丢失），以告知政府对其进行修复。

清华同衡设计院在深圳市也开始了类似的公众参与探索。他们与深圳市城市设计促进中心合作制作了一款名叫"城市负面清单"的 APP。市民发现了城市中的问题后，可以通过负面清单 APP 拍照上传的方式向相关政府部门反映问题，而工作人员审核问题申请后，会通知相关负责单位进行问题处理。

如截图所示，假如一位市民发现城市问题"天桥有摆摊卖饭的"，他可以在现场拍下照片，然后上传至该 APP。应用程序会根据手机的自动定位标注发现问题的地理位置。如果有其他市民发现了类似的问题，可以在上一位信息发布者的问题下点击"我同意"来表示支持和赞同。相关部门收到该问题举报后，即可在最短时间内到位处理该问题，并在发布消息下标注"已解决"或者"没必要"，作为对市民发现问题的处理和回复。

深圳负面清单代表的城市问题发现和解决公众参与平台体现了"以人为核心"的原则，实现了城市治理的优化。首先，是让用户积极参与到城市治理的过程中，发现问题能通过该平台报告。这样提供了一个良好地发现城市问题的机制；其次，在平台上，政府和用户的地位平等化了。政府是以一个"人化"的用户对报告问题的用户进行的回复，这样让人更愿意为政府提供相关信息，促进城市治理的优化。而更深层次上，这样的设置能增进政府与公众之间沟通的顺畅与信任，为更广泛的城市治理上的沟通与合作创造了有利的条件；再次，通过在网上公开报修信息，会给予政府一定的压力去及时应对问题，在图中，会显示问题发布的时间，以及政府处理回复的时间，其中的时间差反映了政府的办公效率。

（二）面向城市和乡村历史文化保护的公众参与

随着我国城镇化进程的推进，城市和乡村的历史文化保护成了热点和难点。在城市面貌日新月异的建设浪潮中，如何保留地方特色、文化底蕴和历史积淀，而非落入千城一面的窠臼是城市规划师及众多相关利益者需要深思熟虑的课题。公众参与在文化保护中不仅能起到关键的作用，而且是向大众宣传和教育相关知识的重要途径。其中最具代表性的模式为"新媒体介入下城市规划的 SOLOMO 模式"（隗佳等，2015）。SOLOMO 模式即利用社交网络（Social Network Service）、基于位置的服务（Location Based Service）和移动终端（Mobile）应用的技术融入公共参与。

北京文化遗产 APP 是由北京市西城区和清华同衡设计院合作发起的"北京西城—清华同衡城市数据联合实验室"推出的一款关于文化遗产方面的 APP。首先，在地图上标示除了北京所有文化遗产的地点，按照国家级、市级和区级对文物进行分类显示。其次，该 APP 能根据用户的定位显示附近的建筑文物。位置服务还应用于微信的定位，且与手机的拍照功能结合可进行图片上传。再次，每座文化遗产都有相应的主页进行图片和北京介绍，便于文物保护理念的教育和传播，用户还可进行互动性的评论。最后，加入了微博和微信平台共享，可对该 APP 进行自我推广以及文物保护理念在更大渠道的传播，是公众参与文化遗产保护的重要手段。微博、微信和 WebGIS 三者之间的关系如图 7-1 所示。

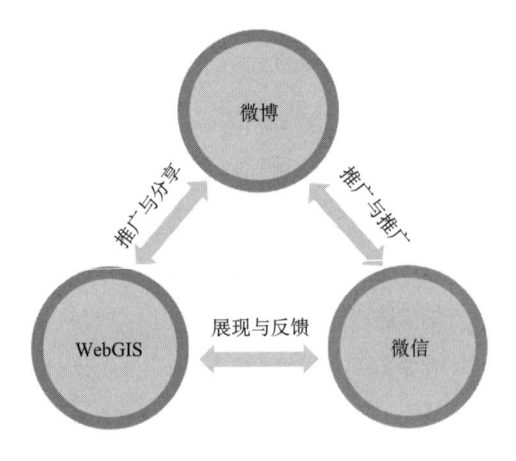

图 7-1　平台互动关系示意图

秉承相同的精神，武汉记忆地图作为"众规武汉"的常设分支项目，是属于原武汉市国土资源和规划局主创的大众规划工作平台。武汉记忆地图 APP（微信轻应用）为挖掘武汉市历史文化资源和场所，宣传、保护、传承城市文脉，同时推进规划工作的公众参与和互动而设立。应用截图如图 7-2 所示。

图 7-2　武汉记忆地图 APP 截图

在乡村的文化保护方面，我们也有了类似的案例进行了实践探索。例如，由住建部与清华同衡合作设计的传统村落 APP，把全国的传统村落都登记在案。各省市部署了专门的工作人员进行资料的更新和维护。界面和功能与北京文化遗产 APP 类似。

传统的历史文化遗产保护工作主要依靠政府的力量，采用一对多的方式，常常容易陷入资源有限，多方利益冲突，信息不对称等僵局中。而依靠 SOLOMO 模式的新型公众参与方式，开创多对多的机制，让更多的利益相关方参与其中，调动更加广泛的社会资源，让信息的传播更加广泛和迅速，在多方协同作业中共同完成历史文化保护的工作。这类项目将产生十分积极的意义和深远的影响。

（三）面向规划全过程的公众参与

智慧城市规划下的公众参与是一项最重要的转变之一，即参与从事后参与变成全过程参与，由走程序的参与走向注重内容的参与。由于信息通信技术大大降低了市民参与规划的门槛，同时，大数据分析和云计算等技术让海量的数据处理成为规划的重要辅助手段，城市规划从静态的、滞后的、自上而下的"精英"神坛上走下来。智慧城市规划让公众参与变得多元化、即时化、互动化、主动化、全程化。此外，公众参与中所产生的数据和信息，是智慧城市"数据生态系统"的重要内容，是三大数据库（人、地和法人）中关于人的信息采集的重要来源。从静态规划走向动态规划的进程中，公众参与如何贯穿始终，实现市民心中有认同感的城市规划是从业者需要认真探索的主题。

乌镇智慧小镇就是这样一个探索的试验示范区。在乌镇的新版城市规划中，最终中标的清华同衡设计院以"互联网时代的共生城市"为根本理念，对乌镇进行了人与自然、人与人、线上与线下以及古今中外四个方面的融合共生规划。在"互联网+"概念下打造的智慧乌镇蓝图中，最重要的两个载体是城乡城市信息模型平台和公众参与平台，分别代表"城市大数据"与"人的智慧"两个最关键的因素。

1. 城市信息模型平台

我们尝试在乌镇构建一套以共享信息为前提的城乡城市信息模型（City Information Modeling，CIM）平台。城乡 CIM 平台的建立包括由下向上的数据收集、数据挖掘分析以及智慧模块。融合从城市地理空间尺度的 GIS 数据到建筑尺度的 BIM 数据和城市人口数据，收集整合各维度各尺度的城市数据，从而构成 CIM 平台共享数据库。共享数据库的建立可以打破信息壁垒，实现不同行业部门间的信息贯通以及城乡间的信息统筹。基于数据可视化技术，乌镇的政府人员、企业和居民都可以从城乡 CIM 平台上快速直观地了解到乌镇城市数据的方方面面。然而数据共享不止于此。乌镇将通过交通和旅游等数据的开放，引入大量依靠数据进行产品研发的中小创新企业，培育创新和创业的生态，使游客的乌镇也变成创业者的天堂。在互联网的时代，物理时空距离在渐渐模糊。互联网使用者不出门就可以购买全球商品，学习一流大学的优质课程。生活的便捷和高效渐渐不被物理空间所局限。高中低城市级别金字塔在逐渐被打破。对于创业者而言，乌镇与北上广的吸引力差别变得并没有那么大。与此同时乌镇开放城市数据，引导孵化中小创新企业，将极大地促进乌镇的互联网优势，实现创新产业发展的"弯道超车"。城乡 CIM 平台将逐渐成为乌镇智慧城市的运营管理平台和最核心的智慧中枢。乌镇城乡 CIM 平台概念示意如图 7-3 所示。

2. 乌镇规划公众参与平台

在乌镇的智慧小镇规划中，团队融合之前设计公众参与平台的经验和技术，制作了"乌镇规划公众参与平台"。在关注"乌镇发布"的微信公众号后，即可在菜单栏中找到"乌镇规划公众参与"轻应用的子栏目。其中包括清华同衡设计院编制的整个乌镇概

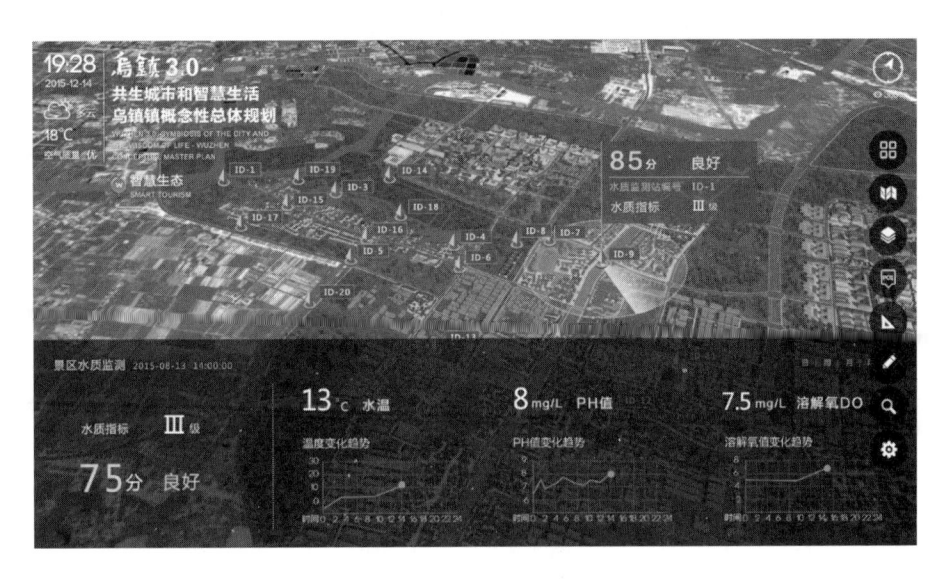

图 7-3 乌镇城乡 CIM 平台

念性总体规划内容，包括图纸和说明。每个人都可以在任何图文内容上发表自己的评论。规划团队和政府将随时获取所有意见，并对规划进行相应的检讨和调整。界面如图 7-4 所示。

图 7-4 乌镇规划公众参与平台截图

自从 2015 年 12 月初公众参与平台试用版发布截至同年 12 月底，包括期间在乌镇世界互联网大会上亮相，平台共有将近 700 次的用户访问。通过后台数据分析，得出访问用户的来源地分布和精彩用户的评论摘要（如表 7-2）。

表 7–2 截至 2015 年底"乌镇规划公众参与平台"部分评论

地标	评论
城南居住片区	希望能够保留原来的生活氛围。
城市综合服务片区	市民的主要场所,所以也要好好建造。
创新创业片区	离杭州很远,在政策上能有优惠么?
砥柱危洲	这个修复好了也是一大地标呢。
电子商务办公区	可以作为乡镇级电商基地之一。
佛寺钟声	规划做得很好。
古镇片区	商业化气息很浓厚,让我想到了苗寨。
古镇片区	古镇片区的规划希望尊重现有状况,以疏代堵,最大化保留原有肌理格局。
互联网博物馆	能够展示最新的互联网技术吗?
互联网大会会议会展片区	互联网大会带来了很多机遇呢。
会展分会 2	我喜欢这个建筑的外立面。
会展中心	效果图看着很大气。
健康养生片区	养老是乌镇智慧小镇先行产业之一,希望越来越好。
九曲延澜	让我想起了张晓风女士的《六桥》。在这篇文章的诵读中,可以加深对苏轼、对六桥、对江南的理解。我们虔诚地用两腿走过风景,用两眼膜拜,用一颗打开的心来领受自然、历史、人文对我们的丰厚赐予。
酒店	最好能够结合当地文化和特色进行建筑设计。
立苑书声	希望在最大程度上对原有生态环境进行保护。
南郊夜色	南栅是我曾经生活的地方,希望他能恢复我小时候的样子。
企业城市办公区	最重要的是招商。也可以分期开发,这样能避免空置。
企业孵化基地	良好的办公环境和自然环境还是能够吸引很多企业过来的。
企业孵化展示中心（互联网创新工坊）	希望能为本地人提供更多的工作机会。
企业孵化展示中心（互联网创新工坊）	希望乌镇除了游客,也能吸引些互联网创业者。
谭家湾遗址公园	这个公园有待修复,修复过后应该很不错。
文化场馆群	能作为老年人和青少年的活动中心吗。
乌镇大剧院	使用上应该与周边社区有更多互动。
乌镇大剧院	建筑很有特色。
乌镇大剧院	控制尺度,尤其是为步行者提供感受良好的交通尺度。
娱乐休闲设施	乌镇现在还真缺乏这样的地方,居民没有地方健身、娱乐等等。只能沿着马路跑步。
综合剧院	喜欢这个剧院的设计,希望今后能更多地服务公众吧。

乌镇城乡 CIM 平台和规划公共参与平台是智慧小镇走向智慧化、民生化、民主化的重要体现。我们通过探索大数据如何帮助政府和社会进行创新创造，探索 ICT 如何改变公众参与的方式和手段，来探讨 ICT 如何改变我们的生活，探讨智慧城市的未来。

四、本章小结

综上所述，越来越多的信息技术为更加"科学"和"民主"的城市规划转型提供了理想的公众参与平台和科研分析基础。社交网络、基于位置服务和移动终端已经在公共教育、舆论参与和信息分享方面形成了基本的应用模式，而基于其生成的大数据的科学分析研究，则是规划行业下一个阶段研究重点。

当然，在城市高速建设阶段，真正尊重利益相关者意见的公众参与的实现还很难。案例中我们的探索更多的也是在技术的储备和市民的教育方面。而且，技术本身只是为城市规划的转型提供了工具和手段，真正的公众参与和科学规划还需要城市规划从业者的不懈努力，并以开放的态度和科学的精神去探索和钻研。社会的价值导向、社会组织体制和机制不断完善，需要真正发挥信息通信技术、大数据分析和云计算等信息科技的优势，推动行业的转型。

第八章　新媒体语境下协作规划的机遇与挑战

一、引言

相对于电视、无线电广播和报纸刊物等传统媒体，当下的新媒体以移动互联网为特征。新媒体的广泛应用，改变了信息传播的路径，拓展了市民的话语空间，也为公有部门打开了联系基层的窗口。同时，我国的社会转型伴随着经济结构的调整。社会基层的产权意识、自我意识在增强，也促使自上而下的规划决策迈向多元决策。在纷繁复杂的社会变革中，协作规划理论可帮助理解我国正在兴起的社区层面规划事务。在新媒体的助推下，正在萌芽的协作规划既有机遇，也面临挑战。本章首先简述了协作规划的三大要素，理清新媒体的社会功能、对规划实践的影响，再从具体的实证案例中，分析新媒体在协作规划中的作用。最后提出，我国规划体系应主动利用新媒体的优势，同时克服它的弱点，迈向更成熟的协作规划实践。

二、协作规划的关键要素

上世纪 70 年代开始，随着民众的自我意识觉醒、社会多元思潮的涌现，西方国家开始探讨协作规划的实践。它起源于当时的两个趋势：1. 全球化时代，市民与地方性的交互关系愈趋明显（Healey，1997），改变了传统规划对物质空间单一关注的思维；2. 互联网增强了人际网络的力量（Booher et al.，2002），扩大了基层参与公共决策的能力。成功的协作规划需以利害关系人的互动，聚焦于地方的公共治理为基础（Healey，1997）。其中，利害关系人包括市场、民间团体、政府组织等主体。理想的协作规划是代表不同利益的主体在充分讨论后，集体提出解决共性问题的策略（Innes et al.，2005）。根据相关文献，协作规划有三个关键要素：参与主体的多样化程度、信息沟通的方式、规划师的角色。下文简述了该三要素。而新媒体对这三个要素的影响，将以实证案例为基础进行更深入的讨论。

（一）参与主体的多样化程度

协作规划依赖于多元主体的积极参与（Booher et al., 2002），保证代表各种利益、各种立场的信息实现共享。这既维护了相关主体的话语空间，保障了理解规划事务的多维视角，并能在规划过程中提供形式多样的帮助与支持。规划决策则需在参与者达成共识的前提下进行（Innes et al., 2005）。在这些条件下，协作规划才能为众人提供共同的愿景、解决问题的创新方案，并为相关的集体行动提供原始动力（Innes, 2004）。

（二）信息沟通的方式

信息沟通的方式是协作规划的核心支持。在这里，信息对话应是包容的（参与者有收发信息的权利）、互动的（参与者间是可对话的）（Cheng, 2013）。这是一种自组织的、双向的、交互式的交流，是建立共同利益、启动集体行动的有效保障（Innes et al., 1999）。这对拥有不同话语权的主体来说同等重要。同时，对话的信息应是精确的和可信的，使得参与者的独立性、多样性的优势能充分发挥。沟通的过程同时应是开放的、共享的（Fainstein, 2000），并在充分讨论后作为规划决策的关键依据。

（三）规划师的角色

协作规划离不开规划师的技术支持与过程组织。但对于城市规划来说，抽象的空间概念是难以在公众参与过程中吸引公众的（Rinner, 2008）。特别是当讨论到具体的城市形态时，设计专业人员与普通民众的价值分歧也变得更大（Carmona, 2010）。更有甚者，当讨论的主题是未尝建设的空间环境时，大家对空间概念的理解更是千差万别。所以，除了把利害关系人和利益相关者纳入参与外，帮助公众理解空间概念应是重要任务。在此，作为空间设计的专家，规划师要在专家与普通市民之间担当技术桥梁的作用，同时培育创新的想法（邓昭华，2014）。基于对规划决策的权力结构理解，规划师同时可帮助建立工作日程，组织协作过程（Fainstein, 2000）。

三、新媒体的机遇和挑战

（一）新媒体的社会功能

上世纪 70 年代发展起来的信息通讯技术（ICT），促成了网络社区的兴起，也从多方面改变了世界（Castells，2011）。新型社交网站（如 Facebook、Google+、LinkedIn、Twitter、微博等）作为新媒体，提供了新的信息分享与广播的平台。这些平台营造了公共或半公共的舆论空间，使用户以廉价和简单的方式建立与世界的联系，同时创造和维系自己的关系网络（Ellison，2007; Mandarano et al.，2010）。在新媒体的环境下，信息不再单一地自上而下地传递。实时和相对公平的信息传播，正在打破原来的社会边界，形成多中心的网络体系。市民成为了信息网络的中心，加速了社会重塑的进程，使社会变得更开放。

社交网站的社会功能，在于其调动大规模的人际网络，同时发起集体行动的能力（Gordon et al.，2011）。在信息产生和传播的过程中，社交网站建立起无形的社会资本，在社会网络中形成新的信用体系。该体系促使个体倾向实现集体目标，同时促成集体行动（Putnam，1995）。市民可通过自我社交网络的建立，来实现特定的社会交往目标，从而建立强大的市民社会（Civil Society），促成更有效的公众参与（Hillier，2002; Tayebi，2013）。相对于传统媒体，新媒体提供了更多信息交流的机会。因此，社交网站同时可促成更透明、更有责任感的公共决策过程（Ho，2002; Chadwick et al.，2003）。

（二）新媒体助推协作规划

新媒体强大的社会功能，推动了协作规划的发展。诸如 Twitter、Facebook、博客、微博、众包等社交应用，为用户提供了实时、多方、公开的讨论平台（Fong et al.，2011）。使用者在平台上发布或传递照片、视频、语音、文字等内容，提供了鲜活互动的现代信息交流功能，同时也满足了讨论、会议、即时信息传递等需求。这为市民参与公共决策提供了无比强大的工具。新媒体的经常使用者比起一般市民，拥有更高的社会信任和更活跃的社会生活（Shah et al.，2001），这对协作规划非常有意义。规划师也在新媒体的帮助下，积极地倡导价值观，动员地方市民并为他们赋能，实现他们几乎被边缘化了的"城市权利"（Tayebi et al.，2013）。

近年来，政务微博、微信公众号等在我国被广泛使用，成为政府与市民进行信息交流、对话的平台（Zhou et al.，2014）。如公有部门在网上社区中发布规划信息，成为与市民沟通的直接渠道。同时，起源于众筹解决方案的网络众包模式，也被用于众筹市民智慧，成为规划部门收集公众意见的新方式（Brabham，2009）。如清华同衡开发的全国文化遗产地图、武汉国土规划部门开发的"众规武汉"轻应用等。

（三）新媒体的规划挑战

但新媒体在城市规划的实践中，也面临一定的挑战。首先，数字鸿沟不可避免地存在于新媒体时代（Castells，1989）。不同的社会群体，根据其对信息通信技术的获得、使用程度，而产生了话语空间的不公平。对于城市规划，新媒体为大部分市民、组织提供了参与规划决策的渠道，但同时也把不掌握新媒体使用技巧的人排除在外。其次，如何在虚拟空间中有效地讨论空间设计，对非专业人员来说，并非容易。新媒体时代，虽然信息传递不再有空间边界，但作为从空间中寻求社会结果的城市规划来说，基于空间的讨论依然是重要的内容（Fainstein，2000）。

四、新媒体承载的规划争议

近年来发展起来新媒体，已成为不少规划事件的争论平台，也成为我国走向协作规划的新起点，如南京梧桐树事件（曹阳等，2011）、厦门PX项目事件（孙玮，2007）等。其中，最为典型的是广州大佛寺的扩建争议。该事件是典型的以新媒体为载体、规划师发动、民众积极参与，并影响公共决策的典型规划案例（孙施文等，2013）。其争论的核心在于宗教文化载体扩建与传统骑楼空间保存的矛盾（图8-1）。该工程的行政手续完备，并于2011年11月开工。但知名规划师在施工现场提出了对工程方案的质疑，并以个人的名义发布了反对拆骑楼扩寺庙的微博信息。该信息被转发、评论超过900人次。参与者包括各地的专家学者、本地的社会媒体。至2011年12月，由于本地传统媒体的关注，迫使政府相关部门重新回到公众视野，承诺暂停拆除工程，研究骑楼风貌的恢复。热议就此告一段落，但拆建工程仍按原方案进行。

为了更真实地还原该事件的本质，本文通过信息追踪和问卷两种方式进行调查。首先，对微博信息传输的时间节点进行追踪、记录；其次，对所有参与该网络争论的微博用户、场地周边的群众进行问卷调查；最终，收集到163份有效网络问卷回复和120份现场问卷回复。从参与主体的多样化程度、信息沟通的方式、规划师的角色等三方面，调查新媒体对协作规划的影响。

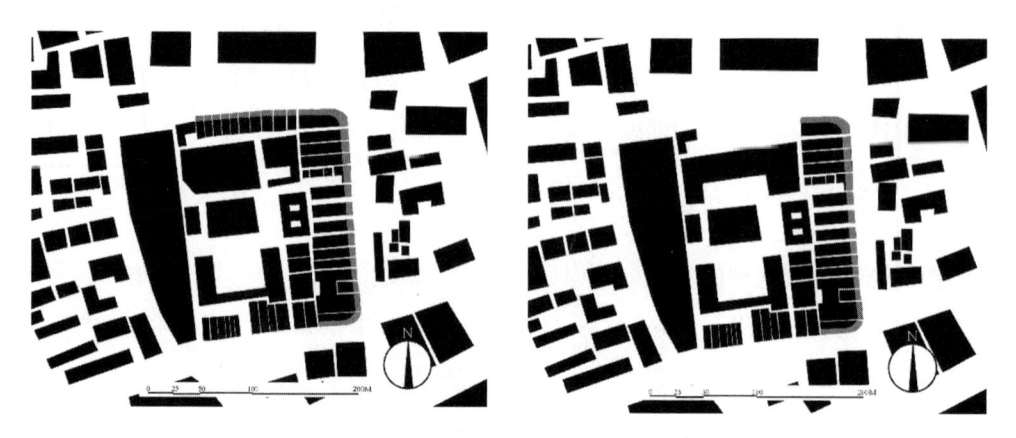

图 8–1　大佛寺扩建前后示意图（灰色部分为骑楼空间）

注：左图为扩建前的状态，大佛寺北面被骑楼街围合；右图为扩建后状态，大佛寺图书馆扩建，北面骑楼街被拆除，留出寺庙入口广场。

资料来源：Deng et al., 2015。

（一）参与主体的多样化程度

调查发现，网络受访者年龄集中在 25～55 岁之间，并多有高等教育背景（表 8–1）。这些受访者拥有多样化的社会经济背景，包括专家（规划师、建筑师等）、社会团体的代表、独立的市民个体（工人、学生、公司管理人员等）。根据微博用户的注册地，大概有 62.7% 的网络受访者来自广州本地，其余大部分来自其他沿海大城市（如北京、上海），甚至海外。

大概 60% 的现场受访者并不知晓这场网上争论。这主要因为他们在社交媒体中并不活跃，或并没关注到该事件的讨论。现场受访者比网络受访者在社交媒体中更不活跃。只有 27.5% 左右的现场受访者每天或经常使用社交媒体，而网络受访者的数据则有 77.9%。与网络受访者的活跃状态形成鲜明对比的是，有 58.3% 的现场受访者并不知晓这场网上争论。

开发主体、政府部门、业主等关键利害人并没参加这场网上讨论。这是由于开发主体早就取得合法的规划许可，符合自身的利益。这场虚拟世界的规划讨论，并非法定的程序，对关键利害人并无实质意义，政府部门也缺乏参与的积极性。原业主获得了相关的补偿，同时并不知晓这场虚拟世界的讨论。

表 8–1　受访者的基本情况与网络活动习惯

		网络受访者 163 人	现场受访者 120 人
年龄	<25	36.2%	39.2%
	25～55	63.2%	46.7%
	>55	0.6%	14.2%
	总数	100.0%	100.0%
教育背景	小学及以下	0.6%	21.7%
	中学	3.1%	28.3%
	大专	9.8%	24.2%
	本科及以上	86.5%	25.8%
	总数	100.0%	100.0%
使用社交网站的频率	从不使用	0.0%	26.7%
	有时候使用	22.1%	45.8%
	经常使用	28.8%	20.0%
	每天使用	49.1%	7.5%
	总数	100.0%	100.0%

大佛寺的案例表明，新媒体在吸引专家、市民、民间团体等参与规划方面是强大和有效的工具。它拓展了参与主体的多样化程度，促进了行业专家、普通市民、传统媒体等主体的积极参与。但在新媒体的环境下，政府机构、开发主体等传统的参与者可能退回到被动的角色。该案例中大部分的参与者，并未与该项目有直接利益关系。在主要利害关系人缺失的情况下，大部分参与者对该事件只有片面的认知，甚至造成对话的不完整。因此，新媒体的挑战，在于如何在数字鸿沟的现实中，同时使网上社区人群和主要利害关系人有更好的对话空间。

（二）信息沟通的方式

新媒体为多样化的参与主体提供了快速信息交互的开放平台。社交网站的兴起，使参与者能突破时空边界进行更灵活的参与。相比传统规划的官方的、延迟性的播报，新媒体的实时、自发性播报能使更多的信息传递给大众（Mandarano *et al.*, 2010）。除了政府组织、主要利害关系人外，任何主体皆可发起规划事务的讨论，吸引公众对具体案例的关注。

具体来说，与传统的自上而下规划过程相异，新媒体让规划师的声音向外传播，传统媒体接力传递信息。大佛寺事件的对话起源于自发的微博信息，而后基本是自我传递。由知名规划师在网络空间发帖开始，信息即被他的同行（规划师、建筑师等）、知名学者、机构、市民转发。广州新浪房地产的官方微博在两天后，也发布出相类似的消息。通过转发、评论等手段，该反对的声音已触及普罗大众，并得到传统媒体的呼应，包括电视、报纸等。地方规划主管部门受到传统媒体的舆论压力，被迫做出平复舆论的声明。

分析各种媒体的网络关系可知，知名规划师的微博联系了超过 2 万个用户。一半以上的用户注册地在广州以外。规划师的微博信息向这些用户传递了自己的价值观。同时，广州新浪房地产的官方微博消息中，75%的响应者为广州当地居民。地方公众微博关联了为数不少的当地市民，也让这些当地人群参与讨论。新媒体对事件的热议，引起了传统媒体的关注（如电视新闻、新闻报纸等），也迫使地方规划行政部门走到前台回应公众。

微博信息传播体现了其爆发性的属性。在整个信息传播过程，出现了两次"昙花一现"的高峰，皆在 2～3 天内恢复平静（图 8–2）。新媒体能在短时间内聚集足够的人气，并以开放的姿态收纳各方的声音。但也表明，新媒体时代，信息传递的波浪性，一个信息的关注容易被另外的信息所吸引，除非该信息传播网络中的重要参与者再次提起该条信息。

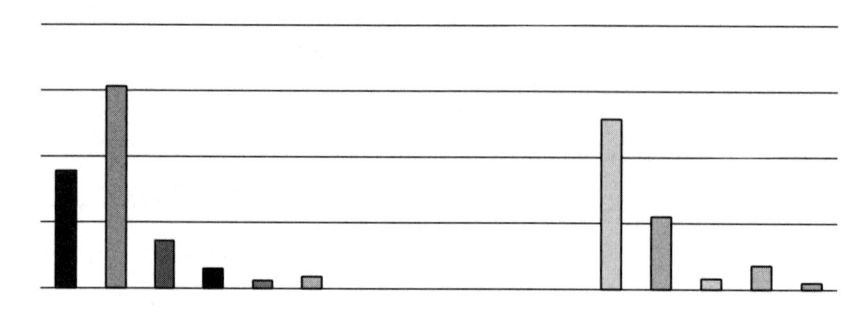

图 8–2　原始微博信息的传输时间特征

然而，该案例中的对话并不完整。网络和现场受访者表现出截然不同的结果（表 8–2）。网络受访者大部分反对大佛寺的扩建方案。他们几乎没到过现场，其中 93.8%的网络受访者每个月到当地的次数少于 1 次；57.7%的网络受访者并不在乎寺庙是否有足够的空间。与此相反的是，过半的现场受访者每个月到当地超过 2 次；大概 1/3 的现场受访者表示寺庙的空间不足，而在当地建设入口广场很有必要。

表 8–2　网络和现场受访者对大佛寺的态度对比

		网络受访者 163 人	现场受访者 120 人
到访大佛寺的频率（每月）	≥4 次	0.0%	28.3%
	2–3 次	2.5%	20.0%
	1 次	3.7%	13.3%
	少于 1 次	65.6%	33.3%
	从没去过	28.2%	5.0%
	总数	100.0%	100.0%
对大佛寺的空间感知	空间充足	29.5%	31.7%
	空间不足	12.9%	36.7%
	无所谓	57.7%	31.7%
	总数	100.0%	100.0%

大佛寺案例的对话也并非完美地包容。主要利害关系人、场地周边利益相关者皆缺席对话。大部分参与者与规划决策间缺乏直接利害关系。迫于大众媒体的压力，规划行政部门在缺乏全面信息的基础上，较为草率地进行了公开回复。因此，该案例的对话是片面的，并非完整的"建立共识"的规划过程，并未实现"真实的对话（Authentic Dialogue）"（Innes，2004）。因此，除了社交媒体中可能出现的信息偏差外（Wilhelm，2000），数字鸿沟也存在于是否掌握新媒体技术的两类主体（Castells，1989）。

（三）规划师的角色

规划师在这场争论中，担当至关重要的角色。调查发现，规划师很大程度上影响了普通微博使用者的价值观。规划师对扩建方案提出了明确的反对意见：寺庙扩建必须与骑楼保护共存；寺庙扩建的设计很差；该扩建方案毁坏了广州的骑楼文化。由于现场受访者并没有太多关注虚拟空间的讨论，两种受访者的观点差异，正好反映了规划师成功的价值观传递（表 8–3）。大部分网络和现场受访者，皆赞同寺庙扩建和骑楼保护应协调。与网络受访者相反，更多的现场受访者认为寺庙比骑楼街更重要。关于设计方案，超过半数的网络受访者认为该设计方案不好，而超过半数的现场受访者认为该方案是可接受的。关于对骑楼街的破坏，超过 3/4 的网络受访者认为该方案破坏了骑楼街，而几乎一半的现场受访者觉得这个破坏程度可以被接受。

表 8–3　对大佛寺扩建方案的不同观点

		网络受访者 163 人	现场受访者 120 人
骑楼和寺庙的重要性	骑楼更重要	28.8%	19.8%
	寺庙更重要	4.3%	24.8%
	他们应该共存	66.9%	55.4%
	总数	100.0%	100.0%
对扩建方案的外观评价	好	6.7%	38.3%
	一般	31.3%	53.3%
	不好	62.0%	8.3%
	总数	100.0%	100.0%
对扩建方案对骑楼损坏的看法	严重损坏	75.5%	45.0%
	有些损坏	21.5%	49.2%
	没有损坏	3.1%	5.8%
	总数	100.0%	100.0%

　　大佛寺的案例透露出规划师除了作为专家、倡导者、调解员等传统角色外，规划师还可成为规划事务的活跃分子。社交网站的自我发布功能，使规划师较为容易地发起公众讨论，帮助市民获得"城市的权利"（Tayebi，2013）。在自组织的过程中，规划师有能力把参与者组织起来，使信息能流通起来，建立互信互惠、代表各方利益的氛围，同时可组织集体行动（Booher et al.，2002）。

　　新的技术赋予了规划师新的权力，也赋予了规划师更多的责任。在规划师有能力快速影响公共价值的同时，规划师需要花时间来理解规划案例中的各种利益冲突。这暗示着，规划师在线上的言论需要谨慎，而且评论需要基于准确的信息基础之上。同时，该案例体现了信息误差和对新事件的过程管理的缺失。规划师在该案例中，并未通过建立有效的过程管理来引入更多的有效参与者。因此，新的制度设计应该建立起来，以厘清各参与者的角色，特别是规划师和政府的角色。

五、讨论与前瞻

　　新媒体改变了时间、空间和社区的概念，同时传播社会价值观。这些新形式的信息传播途径，加速了中国的社会转型，同时催生了新形式的协作规划，拥有协作、参与、互动的特性。其优势与不足在广州大佛寺案例中得到充分的体现（表 8-4，参考 Margerum，2002；Dragićević *et al.*，2004）。

表 8-4 协作规划的传统形式与新媒体模式的对比

		传统协作规划	新媒体语境下的协作规划
参与主体的多样化程度	政府机构	主动	主动或被动
	主要利害关系人	主动	主动或被动
	其他利益相关者	定向团体或本地团体	掌握新媒体技术的团体
信息沟通的方式	发起人	政府或利害关系人	任何组织或个人
	时间与空间关系	本地定时定点	跨越时空限制
	过程管理	结构化	非结构化
	信息传递	官方播报、延时	自行发布、实时、易产生偏见
	空间考量方式	工作坊、访谈、问卷	工具多样化、在线调查
	获得共识	确定	不确定
规划师的角色	技术专家、引导者、调解人	是	是/否
	发起者、组织者	否	是/否

首先，与传统协作规划相比较，新方式成功扩大了参与者的范围。政府机构和主要的利害关系人是传统的积极参与者，而定向的或本地市民团体，则只能被动地有限地参与。新媒体的广泛应用使得市民团体、普通市民能参与规划的决策过程，但同时面临着激活利害相关者和非社交网站用户的挑战。其次，新媒体的信息传播特征，使任何组织与个体皆能发起实时的参与过程。规划事件的参与可突破时空界限。新媒体为政府、市民提供了新的信息沟通平台，也促使政府部门主动与市民、市民团体、专家们进行对话。但如何进行结构化的参与过程管理、如何在虚拟世界中进行有效的空间思考，成为了新媒体时代的挑战。最后，规划师可作为社会活动家发起规划议题。但规划师需要积极补充新知识，以更好组织规划过程。

新媒体时代协作规划的成功，关键在于利用其优势，同时克服它的弱点。在传统的空间讨论（如工作坊、面对面讨论、问卷调查等）基础上，在线调查、讨论等新媒体手段已经被使用。但如何通过简短的文字、小型图像等，使虚拟社区的参与者能清晰地理解、表达案例的空间条件，依然是新媒体下协作规划的挑战。在传统的现场社区参与中，规划师可进行详细、手把手的技术辅助，围绕城市形态进行富有意义的讨论。但如何在在线社区实现该种效果,这需要恰当的过程管理和技术支持。如在线规划支持系统的应用等(Lin *et al.*,2013,2015a;Poplin *et al.*,2013)。最后,面对数字鸿沟,现实世界的参与应与规划支持系统进行互补。现实世界的会议、工作坊和在线讨论等的结合,能有效导向对规划案例的完整理解,同时在参与者中建立对规划愿景的共识、达成有效的集体行动。

第九章 网络社会中城市事件的公众参与特征分析

一、引言

随着互联网的普及以及网络技术的日新月异,为公众的广泛参与提供了开放平等的环境、新的路径和手段。公众在网络社会中积极参与政治、经济、文化等领域的谈论(图9–1)。其中城市规划领域的公众参与也是网络社会中的热点和重点(图9–2)。

图 9–1 互联网时代公众参与广泛
资料来源:百度网页。

图 9–2 中国首个规划互动公众参与平台:众规武汉
资料来源:百度网页。

自现代城市规划诞生以来,建筑师的英雄主义在规划设计领域曾长期占据着主导地位,并在 20 世纪 30 年代达到顶峰。随着 20 世纪 70 年代计算机在专业领域中的深入运用,理性主义的决策系统又成为规划的主要工具。通过政府调节和管理避免市场非理性是制定规划政策的重要基点。自 20 世纪 80 年代新自由主义兴起之后,国家和地方政府的社会干预作用相对下降。日益活跃的社会群体和公民成为影响公共决策的重要因素(Voets *et al.*, 2007)。政府对规划项目的传统管理模式正面临着日益突出的困难(Albrechts *et al.*, 2005)。城市项目开发的重点应从规划产品转向规划过程(Healey, 1997)。沟通和参与成为城市规划中必不可少的重要因素(Innes *et al.*, 2010)。这一背景下,规划的制定与实施不得不重视多元主体之间的合作。如何重新认识、组织自下而上的城市规划成为了重要的管理议题。

如果说20世纪70年代以前工程技术作为理性工具确立了少数精英人士在社会中的决策地位，那么随着互联网从军方、科研机构进入普通社会之后，信息技术的普及迅速引起了全球范围内的社会经济大变革。传统的层级制权威逐渐消解。为此，卡斯特勒于1996年提出了网络社会崛起的观点，并将其引入到城市区域发展和产业空间组织等社会科学范畴（Castells，1996）。国内外城市社会学、城市地理学等领域对网络社会下的流动空间进行了大量的研究。其中，城市空间被作为主要研究的对象，但从网络社会这一学术概念所涵盖的内容来看，包括城市规划在内的社会组织方式也是其中重要的内容，因此，探讨互联网情境中的规划设计亦应成为网络社会中的重要研究议题（Verma，2006）。

在社交网站发展的促进下，网络社会在中国也逐步显现。另一方面，基于互联网的社交网站在交互平台方面具有多种共同特征，包括公共、半公共论坛以及信息共享等（Boyd et al.，2007）。这些平台在社会性方面其重要的功能在于大规模的网络可以用于执行强大的集体行动（Gordon et al.，2011）。

20世纪90年代中期以来，西方城市政府试图通过新媒介及通信技术在地方城市中的应用来推动规划领域的信息实践，并因此而受到了规划师、城市发展机构、通信机构和媒体机构等多方的支持（Graham et al.，1999）。但这一系列措施的关注重点仍然是规划产品（Healey，1997），即在信息化影响下，城市和区域仅仅作为空间对象而被关注，并将互联网和通信技术视作规划辅助工具，忽视了信息化背景下城市规划制定过程的复杂性。因此，应对互联网技术的发展趋势，探讨网络社会中的规划参与过程有着重要的研究意义。这也是本文的主要出发点。

二、网络社会中的城市规划理论

1996年，卡斯特勒指出，网络社会的特征表现为经济行为的全球化、组织形式的网络化、工作方式的灵活化、职业结构的两极化（Healey，1997）。信息技术下的城市规划涉及城市议题和规划议题两个层面（Kaneyasu，1997；Shiode，1999）。首先，在城市议题层面，作为规划产品的城市空间在网络社会的影响又可以归纳为两点：一是网络语境下的城市空间，即互联网媒介所表达和影响的城市与空间；二是实体空间中的网络设施，即城市与区域中互联网基础设施的泛在性。其次，在规划议题层面则可归纳为三点：一是信息技术直接作为规划辅助决策系统，典型的如 GIS 在规划设计中运用；二是网络社会中的规划参与过程，三是虚拟网络中的城市空间规划。

本文选取上海 55 路公交车（图 9–3）线路调整事件，根据这一具体案例，从两方面来解析事件的全过程。一是在城市议题方面，主要体现为新浪微博所表达和影响的上海 55 路公交车这一空间事物；二是在规划议题方面，主要体现为上海 55 路公交车线路调整事件最终得以解决的整个网络参与过程。若是非要用一句话来总结这一被选事件，可以概括为：互联网微博中公众强大的反对声音，引起了上海市政府相关部门的关注与重视，最终改变了停运撤销这一公交车线路的调整方案。鉴于中国城市规划过程，尤其是互联网管制条件下规划参与过程仅有零星的实证性研究，本章先从网络社会中规划参与的过程特征、网络社会中城市空间的社会性两方面进行文献的相关回顾，通过文献的梳理为实证研究提供理论支撑。

图 9–3　上海 55 路公交车

（一）网络社会的规划参与

网络社会的首要特征即在于社会结构的开放性与去中心化（Shiode, 1999）。在这一过程中层级与行政的色彩得以最大限度地降低，由此参与式的民主得以大幅提升。网络社会的活动呈现出越来越明显的自下而上的组织形式。ICT 的发展使得面对面接触的交流需求大幅降低，导致了空间约束门槛的降低。网络社会的过程与交流也就更少受到行政边界和行政单元的制约。同时城市的社会空间形态与物理结构更多地取决于具有自身时间——空间维度特征的多重网络关系（Albrechts et al., 2005）。但另一方面，网络社会的决策过程并不一定是平等的参与过程。相反，网络结构的另一面也有着负面的影响，即这种参与的结果完全有可能依赖于"拥有麦克风"的意见领袖，而非取决于真正意义上的普罗大众（Berry, 2004）。按照卡斯特勒的观点，互联网形成的社会格局中形塑了不同的网络权力。网络社会存在流动空间的社会精英现象（Castells, 2011）。这一特征在公共参与的分析中往往为人忽视，因为这涉及到利益攸关方的界定。进一步地，以社区为基础的非政府组织的缺失，使得规划师代表公众并介入社会与基层所担忧之事更为艰难（Leaf et al., 2006）。不仅如此，数字鸿沟也是新媒体时代的重要挑战之一。不同社会群体在访问、应用信息通信时存在不对等现象（Castells, 1989）。

在规划领域，就在卡斯特勒1996年提出网络社会这一学术概念的同年，西方学者提出了规划过程"沟通转向"（Communicative Turn）的论断。三类利益相关者（经济、公民社会和国家）的参与互动以及地区治理是协作规划成功的重要保证（Healey, 1997）。基于哈贝马斯理论的规划沟通理论与网络社会理论有着某种程度上的内在一致性（Verm et al., 2006）。近些年来，互联网对协作式规划有着重要影响。它赋予了基层参与者新的沟通途径，正在深刻影响着规划实践（Cheng, 2013）。总而言之，参与者的多元化以及他们的相互依存是规划过程中重要的力量（Booher et al., 2002; Innes et al., 2010）。

在互联网的世界中，由于媒介的相对开放性，每一个参与的个体可以观察到其他人的意见，并结合自己的初始想法作出最终的意见表达。这一点也是传播学中重要的一种特征，即参与者的意见不但与其初始想法有关，还与其紧密联系的舆论环境有关（传播的复杂理论）。一定程度上，这种具有相互关系的众多行动者构成了一个决策网络。

城市规划决策的转变与公众参与规划是相辅相成的。一方面这些转变本身要求有广泛的公众参与；另一方面公众的积极参与亦促进转变的发生。随着互联网的深入发展，新媒体的传播促进了规划过程中自下而上的公众参与。社交网络不仅使用户保持廉价和便捷的联系，还创建了大型和混合的网络关系（Mandarano et al., 2010）。微博和城市论坛已经广泛应用在我国的公众参与中，这为公司、组织机构以及政府部门提供了新的机会和渠道（McKinsey, 2012）。中国各级政府在多功能微博平台上不同程度地开设了自己的官方微博。政府微博已经成为连接公共部门和公众的通信和对话平台（Zhou et al., 2014）。同样地，互联网和微博也促进了专家和民间组织的规划参与（Lin et al., 2014）。

这意味着，在网络社会下的规划参与过程中，利益相关的社会群体不但直接关注规划事件的进展，而且由于社会群体之间具有紧密的互动联系，部分群体的主张和倾向会受到其他人的影响，而不同群体的利益攸关程度、网络中的实际影响力都涉及互动参与的真实效果。

目前国内对城市规划的公众参与以及网络社会均有不同程度的实证性研究，如南京市民通过微博和城市论坛强烈反对为了新的地铁项目而移动树木，最终使得方案进行修改，树木得以保护的事件（严涵，2014）；北京旧城保护中由于规划者与公众群体之间缺乏沟通，导致在网络上引发对政府及规划者的指责与谩骂事件（赵幸，2012）。

（二）网络社会的城市空间

互联网的深入发展也促使物理空间的交互逐渐被多媒体、金融市场等非物理的虚拟空间所取代，远距离的空间交互大幅增加（Shen，2010），但米切尔则认为虚拟空间仍需要真实物理要素的支撑。21世纪的人类不仅居住在钢筋混凝土构筑的"现实"城市中，而且还同时栖身于数字通信网络组建的"软"城市中。但网络社会的信息传播速度改变了传统社会中进行高效信息交换所受到的时空限制。这种限制的解除使社区的空间边界变得模糊。信息传播不再是一个绝对的自上而下的模型与单一来源和方向。在社交网站的基础上形成了实时信息交换和相对更平等的网络结构，打破了传统的社会界限（Li，2009）。

在信息网络建构的社会活动体系中，传统的社会秩序和物质空间关系受到了颠覆性的冲击。物质世界的虚拟化使得城市公共空间也开始面临新的挑战和机遇（Castells，2006）。对于信息化过程中的城市而言，城市及建筑的空间审美观念已经突破了传统的实体空间界限，形成了实体空间与虚拟空间、现实存在与虚拟建构之间的交互联系共同存在。

三、研究基础与事件的网络参与过程解析

（一）研究目的

目前国内外对城市规划的公众参与以及网络社会均有不同程度的研究，而对网络规划参与的研究较少。首先是研究范围不广，在 GIS 等具有互动性、可视性等特点的平台方面的研究较多，而对如微博、网帖这一类以纯文字为主，辅以少量图片的交流平台则几乎没有研究；其次，研究方向单一，大多数研究仅对技术部分和政府互动部分进行研

究，而忽略了参与者基于网络进行规划参与时自身的特征。

本研究在上述背景下，通过对城市规划公众参与理论与网络社会特征的研究，以"上海市 55 路公交车线路撤销事件"的微博参与为根据，并在对不同参与方式比较研究的基础上，探索网络规划参与的特征，通过分析行动者之间的关联程度来揭示规划参与过程。

（二）事件的调研信息及网络参与过程

本调查作业的案例主体 55 路公交车虽然位于上海，但本文研究方向主要集中于事件的网络公众参与。信息数据的样本与采集主要来自于互联网上的公众社区与政府部门的信息发布平台，不会受到实体地域的限制影响。

1. 调研对象

案例主体为"上海 55 路公交车线路撤销事件"，选取的主要研究对象为"上海 X 报"（一家位于上海市静安区提供上海文化资讯信息的传播公司）在 2012 年 3 月 16 日于新浪微博平台发布的一条微博信息，引起的评论与转发的参与者和与之相关的转发微博。从 3 月 16 日 16 时"上海 X 报"发布信息起，至 3 月 30 日最后一条转发微博为止，共有 945 名参与者和共计 964 条微博（图 9-4）。

图 9-4　上海 55 路公交车线路撤销事件微博的评论与转发示意

2. 事件概况

从 2011 年 11 月 4 日上海交港局发布公交车线路调整信息起，至 2012 年 5 月 26 日 910 路正式更名为 55 路为止，发生的相关事件始末如下：

随着轨道交通的发展，地铁线路以及地铁站点的增多，上海公交行业每年都要调整百余条公交线路。在这个过程中，有很多承载着城市历史和故事的老公交线路面临消失，其中就包括 55 路。55 路诞生于 1952 年 6 月 12 日，其走向最初是自五角场至外滩，后来先后延伸至新江湾城、十六铺（图 9-5）。55 路已经运营五六十年，在数十年的运营中，为几代老上海人留下宝贵的回忆。但是交港局的一次调整计划，几乎要抹掉几代人的回忆。

2012 年 3 月 16 日 14 时，"上海发布"发表图文微博，宣布将撤销具有几十年历史的 55 路公交车。当日 16 时，"上海轨道交通俱乐部"发布"撤销 55 路公交车"的微博并引发大量转发，并被沪上媒体"上海 X 报"的微博转发。同时其他相关认证微博也转发或直接发布该信息微博。仅数天时间便在微博中遭遇一片反对。互联网转发的各种感言勾起了不少民众的回忆，甚至引起了远在千里之外的有识之士的关注。17 日，"Y 先生"通过深圳"Z 先生"转自"上海 X 报"的微博中直接参与，并呼吁相关人士积极讨论，同时将部分结果直接反映到交港局。18 日，"Y 先生"于"上海 X 报"的微博中发布了交港局"保留 55 路"的意见。20 日，交港局正式向外界公布"910 路将更名为 55 路"的信息，同时各认证微博发布该

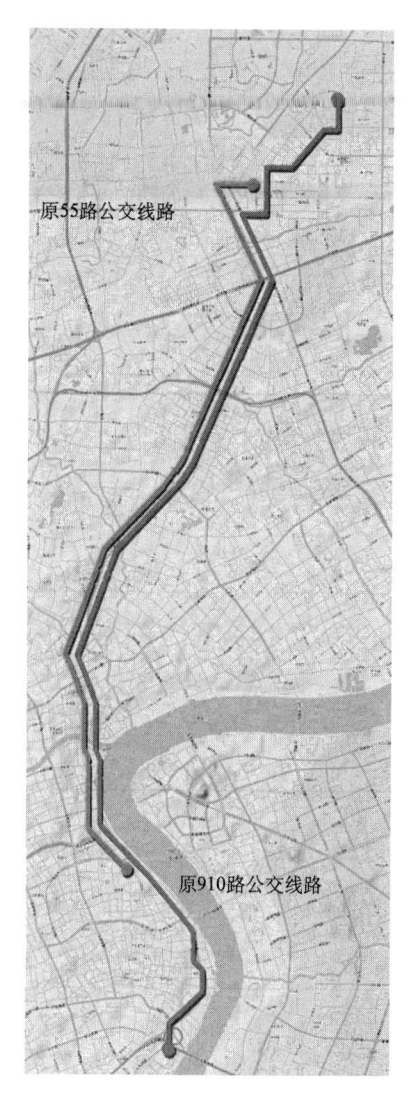

图 9-5 上海 55 路公交车的线路调整

信息并引起新一轮讨论。至此本次微博参与事件告一段落，而整个过程活跃部分只持续 3 天，随后只有零星的用户参与。

回顾该条新浪微博铺天盖地的转发过程可以发现，"上海 55 路"这一不起眼的公交

车俨然成为城市特定地段的一种集体记忆。在信息媒介快速传递的社会中，虚拟世界和现实世界重叠、交互催生了特定社会群体城市意象的重新建构。

3. 微博观点分析

所有的样本微博大致可分为五类观点（图9–6）。

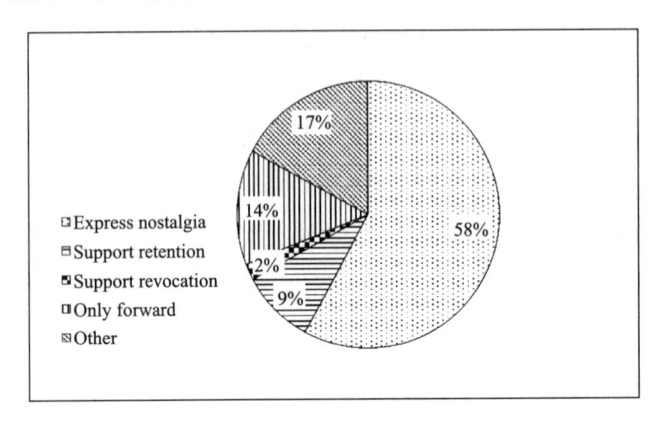

图9–6　微博观点分类比重图

一是表达怀念，回忆55路带给他们的感受。由于初始转发微博中，标题为"上海55路公交车撤销了，你曾经坐过吗？"，强烈的标题导向性致使了大部分转发微博中的主要情感为怀念55路公交车带给他们生活上的便利和曾经55路公交车带给他们的沿途风景。

二是支持55路公交车保留建议。"Y先生"提出建议保留55路公交车的观点后，样本微博中建议保留的有96条（图9–7）。其中，与规划专业相关人士几乎选择了支持，业内影响力有所体现。

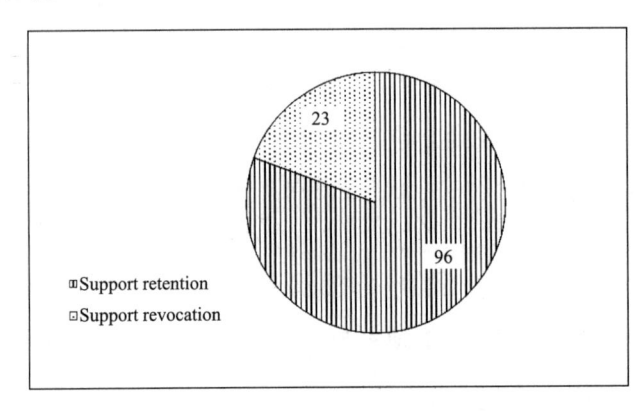

图9–7　保留55路支持与否

三是不支持 55 路公交车保留建议。不支持保留 55 路公交车的样本微博有 23 条（图 9–7），观点一致认为将 910 路更名为 55 路是对 910 路的不公平。但是呼声相对支持的样本微博弱很多，并没有什么业内人士的支持。

四是仅转发未表明观点。转发未表明观点的样本微博的数量不少，有 143 条（图 9–8）。转发用户中，他们也许有自己的观点，也许是支持转发的微博的观点，但都没有明确表态，只是起到了传递信息的作用。

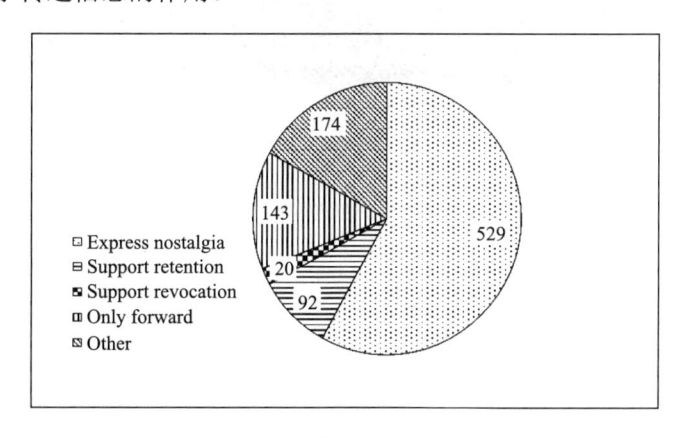

图 9–8　微博观点分类数量图

五是其他。有语气词微博，如"啊～～～""哟""嘻嘻"或者单纯的符号和表情如"！"；有对话式微博；有疑问式微博，如"真的假的？"；或者是有着自己观点的微博。这些微博样本数有 174 条（图 9–8）。作为样本中的散户表明微博中讨论事件有着他们自己独特的视角和见解，是丰富微博内容的有机组成部分，也正是网络社会的去中心化表现。

4. 参与模式分析

调研对象所包括的近千条微博为研究提供了大量的样本数据。从整体传播情况看，"Y 先生"作为一个重要节点非常显著。在案例中，事件信息并非通过源头"上海 X 报"直接传递至"Y 先生"。从传递关键节点的个人属性中可以看到，这些参与者的背景多为"上海""规划行业""同济"。其中"Y 先生"获取"55 路公交车事件"信息的直接来源是深圳"Z 先生"常住城市为深圳。他是唯一不在上海的参与者，但恰恰是这一非本地化的节点承担了向事件关键人物"Y 先生"传递新闻信息的核心功能。图 9–9 反映了调研对象中 964 条微博的传播结构情况。从图中我们可以很明显地看出"Y 先生"在这一案例中发挥的重要影响。

■ WOW Mag
■ Mr.Y

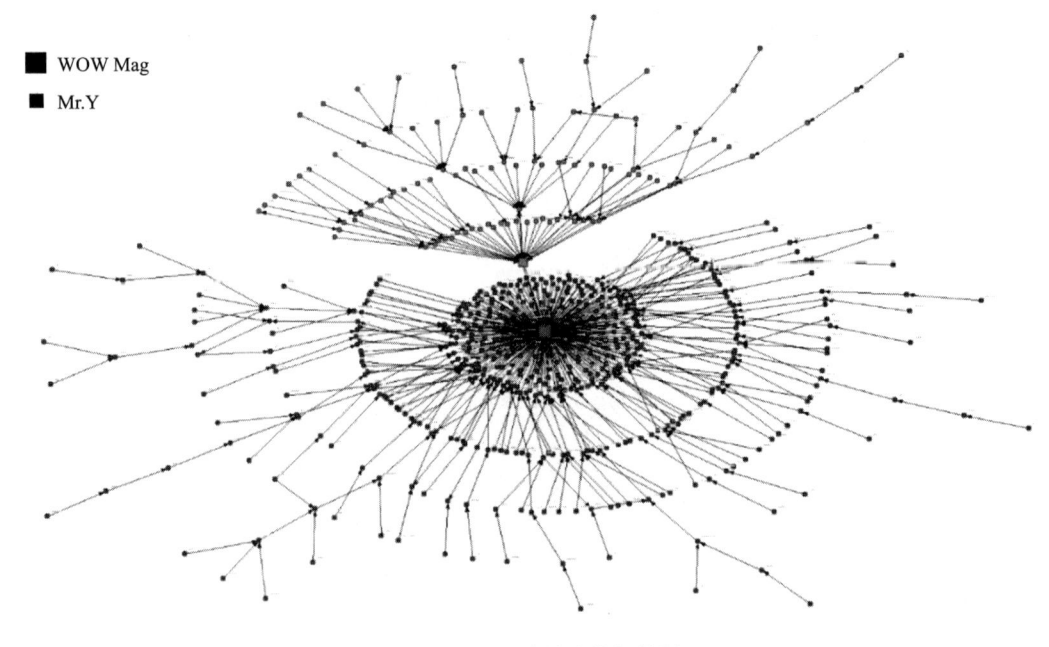

图 9-9　微博传播结构拓扑图

为了进一步说明微博转发网络中的角色地位差异，研究对每个角色按照主动发布微博次数、被他人转发微博次数进行计量。按照网络传播的基本理论，定义 P_k 为网络中点度排序为 k 位的点度，按照幂律分布特征，一般有下述公式：

$$P_k = \sum_{k'=k}^{\infty} p'_k \times k^{-\alpha}$$

研究分别以发布微博次数、被转发微博次数为点度，按照上述公式进行回归分析并作图（图 9-10）。可以发现，发布微博次数的点度分布并不符合幂律特征（回归方程的决定系数 R^2 仅为 0.327），而被转发次数的点度则有很好的幂律拟合效果（回归方程的决定系数 R^2 为 0.925）。通过比较发布微博数、被转发微博数可以发现，在 55 路公交车事件的网络参与过程中，尽管参与的个体有着相近的发言机会，但是不同的个体其影响力有着非常显著的差异。这意味着，在虚拟的世界中，仅仅有参与是不够的，其自身在网络中的潜在地位直接决定了规划参与的效果。

通过对该微博每日转发量和转发的时空特征（图 9-11）可以看出，该传播具有时间快、距离远以及影响周期短的特点。

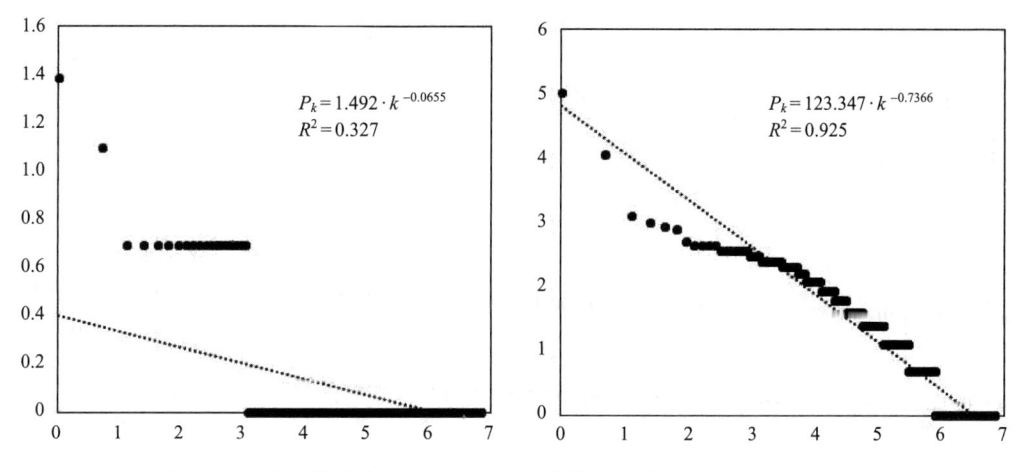

图 9–10　发布微博次数（左）与被转发微博次数（右）回归分析对比

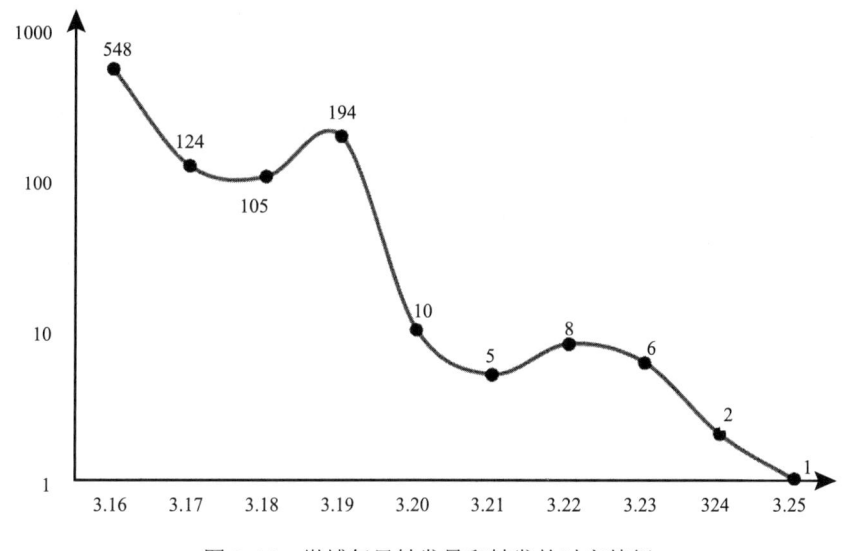

图 9–11　微博每日转发量和转发的时空特征

由此可以看出，网络社会的信息传播速度改变了传统社会中进行高效信息交换所受到的时空限制。这种限制的解除使社区的空间边界变得模糊。在不同空间区域中的人也能通过虚拟的网络参与到某一区域中的现实社会生活当中，使得社会的组成结构变得更为复杂。同时，由于信息传播速度的改变，人们可以在短时间内获得大量的信息量，使得人们对事件关注所停留的时间也越来越短。与卡斯特勒的网络社会理论进行对照，这一案例通过几个方面体现出了网络社会特征。

从转发信息所体现出来的内容可以归纳出几个特点：

第一个特点为微博数量与相关的参与人数数量相近。除最多的"Y 先生"共计发布了 4 条微博以外，其它绝大部分参与者只进行过 1 次转发。从中可以看出，基于微博所发出的信息并不存在一个核心的话语控制者。信息并非通过某一固定渠道，而是在众多重叠交织的网络体系中进行传递的（图 9-9）。从传播学的角度来看，理性的意见领袖在作出抉择时一般会从两个方面来进行衡量：一是自己本身的偏好；二是舆论环境的约束。在这一事件中，毋庸过多解释的一点是，个人修养的专业背景、舆论环境的民意可用促使了"Y 先生"的抉择。正是由于微博中众多惋惜、不满 55 路公交车被撤销的网络舆论，促使了具有规划专业知识背景的"Y 先生"提出通过政府网站反映意见的建议。

第二个特点为微博参与的空间弱化。在 945 个参与者当中，83.2%来自上海市，其余 16.8%来自外地，其中又以北京市和美国居多（表 9-1）。这点从侧面反映出以网络为基础的信息传播具有跨越时空距离的高效性。从政治表达和行政管理来看，城市规划在空间上必须以有边界的行政单元为基础。这一点与去空间化的网络社会存在明显的冲突，即与所谓的现实场所（Present Place）相冲突（Myers，2006）。因为在规划的基本语境中，空间的直接关联性是首要因素，但是将近 20%的外地微博数量说明了"55 路公交车事件"涌现了更加丰富的社区含义。即在网络世界中，发挥沟通、协作功能的"55 路公交车事件"社会共同体在某种意义上已经脱离了空间的束缚。当然，从交通出行的角度来看，

表 9-1　参与者所在地点统计

地点	用户人数	百分比（%）	地点	用户人数	百分比（%）
上海	793	83.30	河南	3	0.32
北京	28	2.94	福建	3	0.32
广东	20	2.10	加拿大	3	0.32
美国	16	1.68	海南	1	0.11
澳大利亚	8	0.84	湖南	1	0.11
香港	5	0.53	广西	1	0.11
英国	5	0.53	山东	1	0.11
德国	5	0.53	法国	1	0.11
日本	5	0.53	瑞典	1	0.11
重庆	4	0.42	瑞士	1	0.11
江苏	4	0.42	其他	43	4.52

这一群体已经绝少乘坐 55 路公交车了。这也进一步说明，虚拟的网络社区明显地不同于传统的邻里社区。后者应是依赖于 55 路公交车这一物质设施的实际使用者，前者则更多地将 55 路公交车作为一种集体记忆形式的城市意象。

第三个特点为信息传播的集群化。以"Y 先生"为节点进行分析（图 9–9），可以明显看到以"规划专业"和"同济"为属性的几个参与者群体。网络社会的特征之一就是由虚拟化产生的相同属性的团体聚集。这样的团体聚集建构出集体的认同。建构认同的形式分为三种：合法性认同建构、抗拒式认同建构和规划性认同建构。其中，规划性认同建构是指当社会行动者基于任何方式获取的信息而构建的一种新的、重新界定其社会地位并因此寻求全面社会转型的认同。"上海 55 路公交车"事件中以"规划专业"和"同济"为属性的参与者的集群化即是规划性认同建构的体现。此外，由图 9–9 可看出，以"上海 X 报"为源头的转发与以"Y 先生"为源头的转发拓扑之间，由于缺失专业群体的转发联系，无形中出现了明显的"分离鸿沟"，同时也表现出网络信息传播中具有同一背景属性群体的集聚化。"上海 55 路公交车线路撤销"事件中具有规划专业知识的群体，通过其专业素养和业界影响力，推动了规划事件的公众参与及最终解决。

第四个特点为微博上的信息主要以原信息传递为主。通过对 964 条微博的内容进行整理后得出，虽然 88% 的微博并未做出观点的传达，仅 12% 的微博对是否应该保留 55 路做出了观点的表达，但由于微博基数较大，因此数量依然较为可观。从参与者微博发布数量上看，人均一条微博的状态难以形成较有效的讨论，信息主要以原信息传递为主可能是源于微博自身形式的限制。

其次，从参与者的行为模式可以归纳出以下几个特征：

第一个特征为参与者自发地向某一或某些节点集聚。从图 9–9 中可以看到，"Y 先生"作为信息传播的关键节点带来了接近总数 1/5 的微博转发。而从数据统计来看，"Y 先生"所发布的 4 条微博引发了 151 条直接或间接的转发。从某一信息传播的过程来看，网络信息传递的结构显示出特定的中心性（如图 9–9 中的"Y 先生"），但在不同的事件中，这种中心将发生转移。网络社会中无中心性的群体意见无法起到影响作用，需要有能力的领导者将意见进行汇集，需要精英阶层组成的团体作为桥梁将群众与决策者联系起来。

第二个特征为跨地区的参与行为。作为对一条服务于地区的公交线路的讨论，超过 1/6 的参与者来自外地，这种现象在传统社会中通常不会出现。在传统社会模式中，事务受到空间边界的局限，通常集中在社区所限定的区域内部讨论。网络社会打破了社区的边界，使现实世界的功能边界发生了改变。生活的区域经由网络发生了极大的拓展。跨区域的公众参与成为网络社会背景下的生活模式的必然。

四、反思与讨论

网络规划参与与传统的规划参与不同之处在于网络社会与现实社会的差异，因此我们从四个方面对其进行反思与探讨：

（一）较高的公众参与程度

网络社会的信息传播方式使人与人的交流脱离了时空的限制。参与者身份的虚拟性减弱了现实社会面对面交流中可能对性别、年龄、贫富、种族等所产生的歧视。通过电子邮件进行交流也减少了个人信息曝光与在公众场合发生争吵这些可能发生在面对面接触中的问题的风险。虽然这算是网络参与优势中较次要的部分，却可能使那些通常回避参与公众交流的人群开始加入到对城市问题的讨论中来，从而扩大社会的公共参与程度。

（二）狭隘的团体性思维

网络社会隐含着一部分的负面因素。网络社会有着团体性思维（指群体基于大众的压力而对不寻常的、少数人的或不受欢迎的观点得不出客观的评价）的集中、对有能力的领导者和有效的合作方式的依靠等问题（Berry et al., 2004）。由于网络社会的虚拟性和高效性，使得人们可以随心所欲地寻找自身所感兴趣的内容，而不会受到现实社会中各种方面因素的影响，如社会中的传统观念的阻碍。但也使得在网络社会中更容易形成一种"以相同类型区分的"群体。在这种群体当中，人们同时有着作为成员的进行一致行为的愉快感和可能被排除出群体的恐惧感。在两种方面的共同作用下，最终形成了一种狭隘的团体性思维。

从上海55路公交车事件的参与群体来看，"同济""规划"形塑了虚拟社区的基本边界。虽然事件的最终解决是网络参与的一次胜利，但是要自问的一点是，如果将公交沿线轨道交通10号线与55路公交车的政府财政支出一并公布,公众民意是否会发生变化？被改为55路的910路公交车使用者群体对公交线路改名又作何感想？从自我批判的角度来看，难道因为55路公交车涉及部分专业精英人士关注的线路就享有优先权吗？显然，如果网络社会的民意真实反映了绝大部分的民意，"Y先生"、"Z先生"的建议很可能会有所不同。

（三）微妙的现实与虚拟关系

虽然部分乌托邦主义者预言说网络社会的发展将逐渐取代现实社会中的空间，但 ICT 的使用实际却是微妙地与现实社会相融合，而不是进行了代替。格雷厄姆（Graham）指出，网络社会中人们对城市的感知依然是以自身在不同城市空间（房间、建筑、街道、交通网络、住区、城市）中的停留和移动为基础的（Graham，2005）。从城市遗产的角度来看，55 路公交车的保留确实迎合了一部分群体的社会想象。这种精神层面的思维活动或者情绪表达并不以现实的空间体验需求为目标。在互联网的技术支撑下，55 路这一番号作为虚拟的空间物事，成为了特定群体符号消费的客观载体。

（四）网络参与中的社会资本

一般地，社会资本包括了关系、信任、规范三大要素（Mandarano et al.，2010）。它代表了人所在的社会结构中的位置所提供的资源。由此可见，社会资本存在于社会结构之中，是无形的。它通过人与人之间的合作进而提高社会的效率和整合度。在网络参与中，社会资本的三大要素也同样有所体现。一是关系——由于社会资本是蕴含于社会团体、社会网络之中，个人不能直接占有和运用它，只有通过成为该网络的成员或建立起网络连带，才能接近与使用该资本。网络参与中的关系亦是要通过互联网建立起以某种议题为核心的探讨关系，才能发挥出社会资本的整体效用。二是信任——从人类互动关系的立场来看，其可简单定义为信任个人，即意味着相信对方在出现损人利己的机会时，并不会去实现它。信任与社会关系密不可分，前者是后者的一个重要维度，是与社会结构和文化紧密相关的社会现象。信任在关系中既可能加强，也可能削弱甚至消失。什么样的社会关系产生什么样的信任。信任既可能是关系的结果，又可能是关系的源泉（杨中芳等，1999）。网络参与中的信任建立在共同的热议话题形成的探讨关系之上。关系结构中的群体对作为结构基础话题有着强烈的探讨欲望，自然形成相信他人对此秉持认真负责的态度，为群体呼声的壮大提供了强大的意识后盾。三是约定俗成的规范是一种强有力的，同时又是脆弱的社会资本。它可以促进特定的行动，但是也限制了他人的行动。它对一个集体来说是非常重要的。它促成个人表现出利于集体的行为，限制个人谋取私利的行为，所以在网络参与中同样需要规范的存在。建立有效可行的规范才可以保证网络参与的公平公正及科学有效。

五、网络社会中的规划参与展望

随着信息技术的不断进步,互联网生活模式深入公众的日常生活,同时公众也日益关注与自身息息相关的城市规划与管理决策。在此背景环境下,网络社会中的规划参与现象越来越突显。政府应当支持各种形式的网络规划参与,并且要尽快建立健全科学合理的网络规划参与平台,制定切实可行的监管规范。同时,面对所谓的"精英决策",政府部门也要敢于顶住压力,在广泛听取民意的基础之上,多方实地调研考察,慎重作出符合实际情况、满足大多数公众利益、可持续发展的决策。除此之外,公众积极参与网络模式的规划讨论是必要的。理性客观地发表相应观点是合理空间规划的重要手段。作为具有专业知识并且在业界具有声望的人士更应当以专业的眼光来看待公众热议的话题,审视公众的观点,作出客观公正的评论及决策引导。

第十章 智慧城市建设的治理模式

一、引言

随着城市化进程的加速,大量人口涌入城市,城市发展与环境资源的矛盾不断突出,交通拥堵、环境污染、能源短缺和公共服务过度拥挤等问题日益严重(续合元等,2011)。由于传统技术和管理方式难以解决这些难题,世界各国开始探索如何创新性地使用新一代信息技术来评估和处理城市性质、功能和结构的调整等相关问题(张永民,2011)。

虽然2008年国际金融危机被认为是20世纪30年代大萧条以来最严重的金融危机,却刺激了新技术的创新和发展。在应对金融危机的过程中,IBM将其业务从硬件转化为软件和咨询服务以实现更高的利润率,并在2008年提出了"智慧地球"的发展策略。2009年,IBM在中国看到了商机,召开了22场智慧城市论坛,与超过200名市长以及近2 000名城市政府官员进行了相关交流(张永民等,2011)。此后,智慧城市的理念得到了广泛的认同。南京、沈阳、成都和昆山等城市与IBM进行了战略合作(张永民等,2011)。2012年,住房和城乡建设部正式发布《国家智慧城市试点暂行管理办法》和《国家智慧城市(区、镇)试点指标体系(试行)》,并批准了90个智慧城市试点项目,加上2013年对外公布的103个城市(区、县、镇)和2015年公布的84个新增试点以及13个扩大范围试点,目前国家智慧城市试点已达290个。据2014年发布的《关于促进智慧城市健康发展的指导意见》,智慧城市已经被视为加快工业化、信息化、城镇化和农业现代化的重大战略,促进现代科学技术,如物联网、云计算、大数据和空间地理信息等在城市规划、建设、管理和操作上的利用,以整合各种信息资源,改善城市管理和服务水平以及促进产业转型为目标。

尽管文献中对智慧城市的定义有所不同,但大致可以分为两个层次。一方面,智慧城市指智慧的和可持续的城市发展,其起源可以追溯到精明增长(Harrison *et al.*, 2011)。应对气候变化和诸多社会问题,世界各地政府和规划研究者越来越意识到"精明增长"

的重要性（Lee et al., 2013）。信息通信技术的发展为城市可持续发展提供了新的解决途径（Neirotti et al., 2014）。巴塞罗那市政厅和阿姆斯特丹市政厅等机构将智慧城市定义为，利用创新技术来创建一个可持续发展的绿色城市（Bakici et al., 2013; All et al., 2011）。另一方面，智慧城市指城市环境中无处不在的数字检测设备（Kitchen, 2013）。在这个层面上，智慧城市可分为四个层次，包括感知层、网络层、平台层和应用层（徐春燕，2012）。信息通信技术基础设施的可用性和质量被认为是智慧城市的基本元素，而技术被视为核心要素。然而，信息通信技术在城市基础设施的嵌入并不足以让一个城市更智慧，因为知识经济和治理等方面也在智慧城市的范畴（Hollands, 2008）。欧洲学者把智慧城市分为六个维度：智慧的生活（Smart Living），智慧的管理（Smart Governance），智慧的经济（Smart Economy），智慧的环境（Smart Environment），智慧的公民（Smart People）和智慧的移动（Smart Mobility）（Giffinger et al., 2007）。

在中国，智慧城市更加关注信息通信技术层面。许多研究人员认为智慧城市是数字城市的升级版本。比如，智慧城市是数字城市和各种技术的结合。这类技术包括物联网和云计算等。这些技术加强了事物和事物、人和事物以及人与人的联系，从而实现更智慧的城市管理（Li et al., 2012）。在实践中，智慧城市建设主要侧重以上提到的四个层次的建设。到目前为止，大多数研究主要围绕着智慧城市的定义和相关特点，而很少关注智慧城市建设中的建设行为主体的关系。理解建设行为主体的动机和作用，将有助于分析智慧城市建设中存在的问题和潜在的风险，并有助于找出新的解决方案。

二、智慧城市的建设内容、行为主体以及运营模式

在智慧城市的四个层面上，每一层都有主要的利益相关者，由于他们之间的关系不同，因此在智慧城市建设过程中也呈现出不同的融资和操作模式（图10–1）。

（一）四个层次：感知层、网络层、平台层和应用层

中华人民共和国国家发展和改革委员会将智慧城市定义为"运用物联网、云计算、大数据和空间地理信息集成等新一代信息技术，促进城市规划、建设、管理和服务智慧化的新理念和新模式"。从这个定义可以推测，政府在智慧城市的发展中更加关注技术问题。智慧城市的建设可以理解为感知层、网络层、平台层和应用层的建设（图10–2）。传感技术、网络和信息处理平台的结合使对象间的交流成为可能（Chen, 2013）。

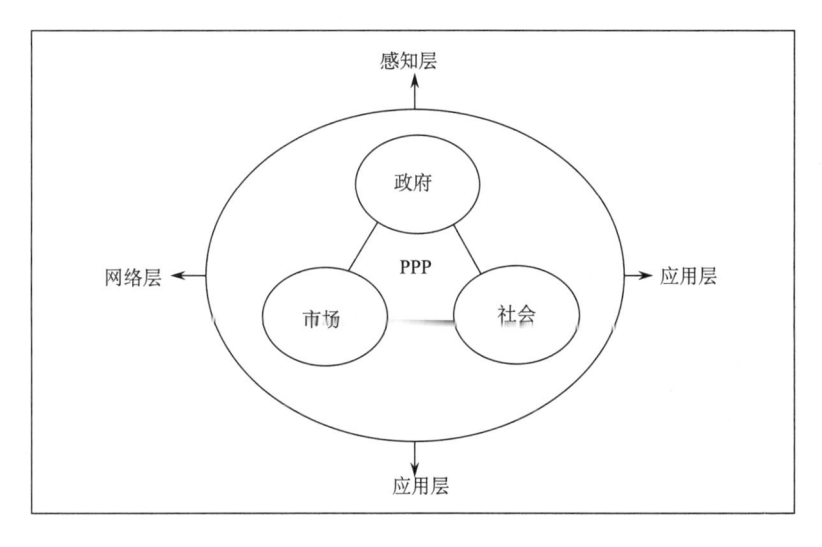

图 10–1　智慧城市四个层面、行为主体和运营模式关系

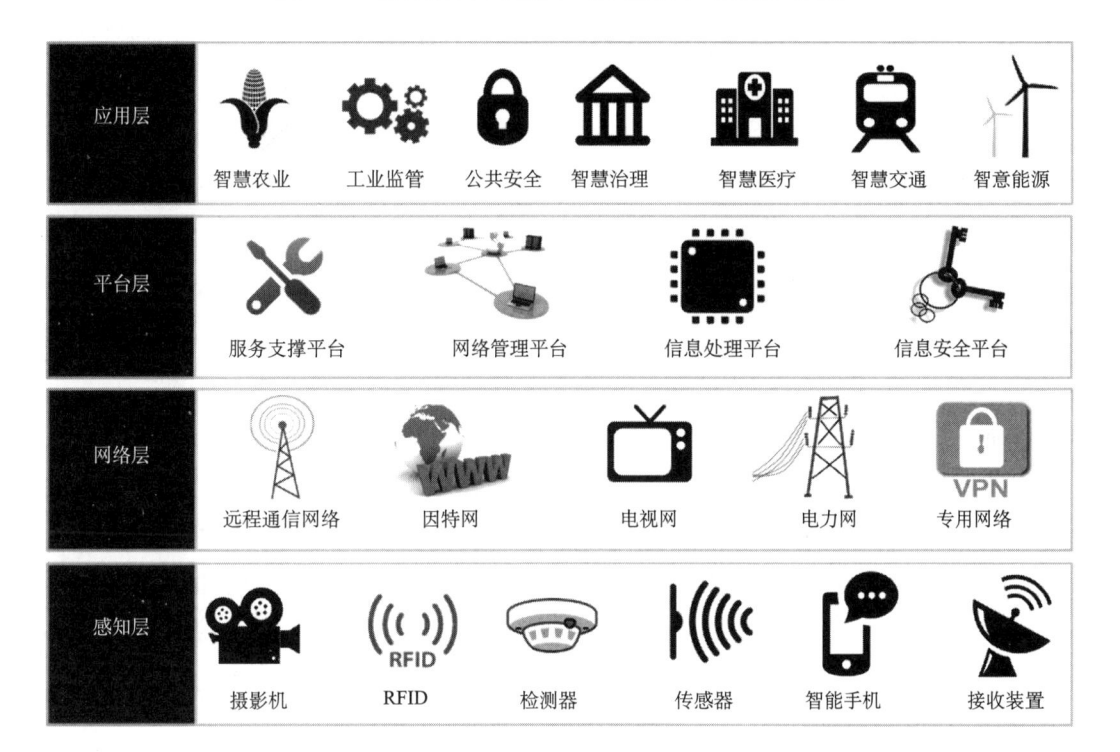

图 10–2　智慧城市的四个层次

启用智慧服务的第一步是利用对象传感技术层和信息采集层收集信息（Chen，2013）。它们可以实时地监控公共基础设施上的活动，收集数据并利用网络层将数据发送

到中央信息系统，在此基础上进行决策（Chen，2013；Hancke et al.，2013）。感知层由无线传感器节点组成，包括射频识别系统（Radio Frequency Identification System，RFID）标签、RFID 阅读器、相机、全球定位系统、二维码标签和阅读器，通常设置在无线传感器网络中。

网络层是信息交换和传输的路径，包括接入网络和传送网络（徐春燕，2012）。传送网络由公共和私人网络组成，包括电信网络（固定电话和手机）、电视网络、互联网、宽带网络、电力通信网络和私有网络。接入网络包括光纤接入、无线接入、以太网接入、卫星接入和其他类型的接入，以访问 RFID 网络和底部的传感器网络。

虽然信息的处理可在智能终端（如智能手机）处理，但复杂的基于大数据的任务可以通过云计算平台来完成（Chen，2013）。平台层具有不同的功能，如协调、管理、计算、存储、分析和挖掘等。它由多个平台构成，如业务支持平台、网络管理平台、信息处理平台、信息安全平台和服务支持平台。这些平台能够为不同行业和用户提供服务（Chen，2013）。

应用层结合物联网技术与行业专业技术，实现广泛智慧应用服务（Chen，2013）。应用层使智慧城市实现信息技术和产业技术的集成，对国民经济和社会发展影响深刻。基于实时产生的数据，可以创造新的服务，改善基础设施（如能源和交通）的完整性，提高城市管理效率（治理、监测、公共安全等），以及解决环境问题等（Chen，2013）。

（二）三个主要的利益相关者：政府、市场和社会

政府和市场是智慧城市发展中的两个最重要的利益相关者。当 IBM 在 2008 年提出"智慧地球"的理念的时候，中国批准了"中国经济刺激计划"，投资 4 万亿元人民币在基础设施和社会福利上。自那以来，各级政府和企业看到了发展的契机，开始致力于智慧城市的建设（王璐，2013）。自 2010 年中国开始建设智慧城市以来，越来越多的城市加入智慧城市建设的队列。到 2012 年底，有超过 180 座城市加入了智慧城市建设中，基础设施建设的投资规模接近 5 000 亿元人民币（赛迪顾问，2013）。智慧城市被认为是关于创新驱动发展的一项重要举措，以促进新的城镇化和全面建成小康社会。此外，智慧城市被视为同等于"四个现代化"，即工业化、信息化、城镇化和农业现代化。

市场在这一过程中起着至关重要的作用。越来越多的电信运营商和国内外高科技企业参与到智慧城市的建设中。据统计，三大电信运营商（中国移动、中国电信、中国联

通）与多个省、地级城市政府签署了智慧城市战略合作协议（国脉互联智慧城市研究中心，2013）。它们提出了自己的智慧城市战略，不仅致力于构建通信网络，还在全国各地布局云计算中心，以此来提高信息服务领域的市场份额。此外，国内外高科技公司从事智慧城市的业务正在增加。2013 年，我国智慧城市的上市公司达到 33 个，与智慧城市相关的上市公司（如物联网、云计算、大数据、智慧电网和智慧医疗等）达到 229 个。另外，有超过 30 个的大型外资企业参与到中国智慧城市的建设中。

与此同时，许多单位也参与到智慧城市的发展，如高校、医院等。这些单位以间接的方式建设智慧城市，即它们经常与政府或市场合作，购买他们的产品和服务以提供智慧城市服务。例如，中国移动与学校合作，推出了教育信息化项目——"三合一的教育网络"。该项目由教育信息化设备房、教育信息化应用平台建设、计算机网络和管理网络所组成。以吉林为例，经过近一年的建设，他们的光纤已在 81 个学校和整个县的教育局完成安装，形成了一个视频监控系统（China Mobile，2013）。

（三）智慧城市建设运营模式

在新兴智慧城市服务中，信息通信技术基础设施发挥着至关重要的作用。因此，政府非常重视智慧基础设施的建设。从投资的角度而言，智慧基础设施的投资占智慧城市建设总投资的第二大比重。2013 年，超过 250 个城市提出建设智慧城市，而只有近 80 个城市制定了智慧城市发展规划并予以实施。智慧城市项目需要大量资金，开发智慧城市的最大挑战之一就是融资问题（Li，2015）。因此，理解资金和运营模式对发展智慧城市有着重要意义。

理论上，公共产品或服务的运营模式可以概括为政府独立模式和公私合伙制模式（Public-Private-Partnership）。公私合伙制模式指政府与私人组织之间的一种伙伴式的合作关系，共享风险、成本和收益。具体来说，它指公共部门与私人部门建立伙伴关系提供公共产品或服务的一种方式，包括外包、特许经营和私有化三大类。外包类指的是由私人部门承包整个项目中的一项或几项职能，然后政府付费实现相应收益，包括服务外包、管理外包、设计—建设（Design-Build，DB）、设计—建设—主要维护（Design-Build-Mainly Maintain，DBMM）、经营与维护（Operation and Maintain，O&M）和设计—建设—经营（Design-Build-Operate，DBO）等多种形式。特许经营类项目需要私人参与部分或全部投资，并通过一定的合作机制与公共部门共享项目收益和分担项目风险，主要有建设—经营—转让（Build-Operate-Transfer，BOT）和移交—经营—移交（Transfer-Operate-

Transfer，TOT）两种模式。私有化类项目则需要私人部门负责项目的全部投资，通过向用户收费从而回收成本和获得利润。根据私有化程度不同可以分为完全私有化和部分私有化两种。

参考国内外经验，智慧城市建设一共有以下几种资金运营模式：政府独立投资建设和运营、政府和运营商共同投资、运营商建设和运营、政府投资委托运营商或第三方建设和运营、建设—转让（Build-Transfer，BT）模式、建设—经营—转让（BOT）模式、运营商/第三方独立投资建设运营、联合建设运营和公司化运营等（杨会华等，2013；仇保兴，2013；蒋明华等，2014）。各种模式的特点见表10-1。

表10-1 智慧城市建设运营模式

典型模式	特征描述	优势	劣势
政府独立模式	政府负责项目投资、建设、维护和运营	政府拥有绝对控制权	政府财政压力较大，可能面临业务的运营、推广和后期维护等困难
设计—建设—经营模式	政府进行投资，并通过招标等方式委托一家或多家运营商建设和运营	政府拥有绝对控制权，专业公司进行运营和维护	政府财政压力较大
建设—转让模式	BT模式是BOT模式的一种变换形式，指一个项目的运作通过项目公司总承包，融资和建设验收合格后移交给政府，政府向投资方支付项目费用	政府缓解建设期间的资金压力，提高建设效率	承包公司筹集资金压力较大，过渡时间较长，造成的风险也比较大，并且缺乏应有的监管
政府和运营商共同投资	由政府和运营商共同出资和共同拥有，建设和运营由运营商进行	可以减轻政府财政压力	面临着产权难以界定以及利用运营商网络资源可能产生纠纷等问题
建设—经营—转让模式	政府通过特许权协议授权私营企业进行项目的融资、设计、建造、经营和维护，特许期满后项目将移交给政府	减轻政府财政压力	在特许权限内，政府将失去对项目所有权和经营权的控制，可能造成设施的掠夺性经营
运营商/第三方独立投资建设和运营	综合实力较强的电信运营商或者第三方独立负责项目的投资建设和运营工作	产权清晰，减少政府财政压力	需要持续的盈利模式
联合建设运营	电信运营商、应用开发商、系统集成商和终端设备提供商中的两家或多家联合建设运营	利于产业链良性运转，综合解决能力较强	多方合作，协调工作量较大
联合公司运营	由产业链中成员，如电信运营商、应用开发商和系统集成商等，共同成立一个管理公司和系列子公司进行智慧城市的投资、建设和运营	利于产业链良性运转，综合解决能力较强，公司化运作更加灵活	多方合作，协调工作量较大

三、案例分析

（一）自上而下的政府主导模式

2010 年，宁波市发布"宁波市委市政府关于建设智慧城市的决定"，次年发布了"宁波市加快创建智慧城市行动纲要（2011～2015 年）"，包括十项应用体系建设工程、六项智慧产业基地建设工程、四项智慧基础设施建设工程三项居民信息能力建设工程和七项组织保障机制建设工程（表 10-2）。

表 10-2　宁波市加快创建智慧城市计划项目表（2011～2015 年）

工程	工程所含项目	"十二五"规划总投资（万元）
应用体系建设工程	智慧物流体系建设工程、智慧制造体系建设工程、智慧贸易体系建设工程、智慧能源应用体系建设工程、智慧公共服务体系建设工程、智慧社会管理体系建设工程、智慧交通体系建设工程、智慧健康保障体系建设工程、智慧安居服务体系建设工程和智慧文化服务体系建设工程	747 850
智慧产业基地建设工程	网络数据基地建设工程、软件研发推广产业基地建设工程、智慧装备和产品研发制造基地建设工程、智慧服务业示范推广基地建设工程、智慧农业示范推广基地建设工程和智慧企业总部基地建设工程	2 534 610
智慧基础设施建设工程	新一代信息网络基础设施建设工程、信息资源库和交换共享建设工程、信息安全建设工程和城市基础设施感知化工程	732 010
居民信息能力建设工程	智慧城市知识普及化建设工程、信息服务均等化建设工程和公共场所上网环境建设工程	41 980
组织保障机制建设工程	组织领导机制建设、决策咨询与评估考核机制建设、财政投入与扶持机制建设、法规标准机制建设、人才培养引进机制建设、国内外合作交流机制建设和试点示范推进机制建设	13 800

资料来源：宁波市加快创建智慧城市行动纲要（2011～2015 年）。

这些投资来自公共财政支出。从表 10-2 可以看出，"十二五"期间，智慧产业基地建设工程的投资额占据最大部分，达到 250 亿元人民币。应用体系建设工程和智慧基础设施建设工程占第二大组成部分，达到 148 亿元人民币。应用体系建设工程可以分为感知层、平台层和应用层的建设，而智慧基础设施建设工程包括网络层和平台层的建设。在此阶段，主要由政府进行投资，并且购买相关的产品和服务。例如，2011 年，宁波市级人民政府联合其他七个机构,组织"中国第一届智慧城市宁波博览会"。宁波在本届博览会上的购买超过 100 亿元人民币。

经过 1~2 年的实践,宁波开始吸引私人部门参与到智慧城市建设中。根据"2013 年宁波市加快创建智慧城市行动计划",三大运营商(中国电信、中国移动、中国联通)对智慧城市项目进行投资、建设与运营,总投资达到 100 亿元。这些项目主要集中在网络层的建设,如物理网络骨干、光纤物理网和无线局域网等。

由此可见,智慧城市的融资方式越来越多样化。政府主要对感知层、平台层和应用层进行投资,并且购买相关的产品和服务来支持智慧城市的建设。三大运营商和其他运营商对网络层进行投资、建设和运营。

(二)自下而上的运营商主导模式

作为中国大陆领先的移动服务提供商,中国移动有限公司配合各级政府的智慧城市建设工程,推出了各种智慧产品和服务。2006 年,中国移动搭建了世界上最大的数据服务管理平台(Data Service Management Platform,DSMP)。此平台是世界上最大的软交换汇接网。此外,通过短消息服务和利用网络技术的优势,它们提供了许多智慧城市应用服务,如定位救护车、校园信息服务网格、基于网络的城市管理信息系统、警察信息服务和灾难预警系统等。2007 年,随着 2G 和 3G 技术的发展,它们提出了下一代的全球移动通信系统(Global System for Mobile Communications,NG-GSM),开发了各种产品和服务,如机对机服务(Machine to Machine,M2M)、银行信息服务和市政信息服务,并构建了跟踪肉类生产和食品安全的信息系统。2008 年,它们提出了"无线城市"策略,在政府的领导下,利用时分同步码分多址(Time Division-Synchronous Code Division Multiple Access,TD-SCDMA)等移动通信技术,计划为所有公民统一接入无线宽带并且提供各个领域的无线服务。2009 年,中国移动推出了中国移动应用商场(Mobile Market),为产业链协作和创新商业模式提供了平台,提供了面向消费者的一站式销售平台、面向开发人员的一站式服务平台以及产业链导向的一站式支撑平台。2010 年,中国移动完善时分同步码分多址长期演进技术(Time Division-Long Term Evolution,TD-LTE),并在云计算和物联网等领域做出了突破性的研究。2011 年,建立了"智慧管道+开放平台+特色企业+集成接口"的新集合模式,促进了物联网程序在农业、工业和服务业上的应用。此后,中国移动建设了物联网平台,实现了 4G 技术的商业化,并且开发了各种各样的应用程序。

总而言之，在自下而上的智慧城市建设过程中，中国移动起初致力于网络层的建设，在此基础上构建各种平台和智慧城市应用程序。随着物联网技术、云计算和网络技术的发展，每一层的功能变得更完善，提供了越来越多样化的应用程序。

（三）城市服务和运营商

延华智能是国内领先的智慧城市服务和运营商。2013年，延华智能的业务领域涵盖了智慧城市的规划、设计、建设和运营等领域，如智慧建筑、智慧能源、智慧交通、智慧社区、智慧医院、数据中心、智慧公园、城市一卡通和绿色城市等。延华智能所提供的核心产品包括三个主要方面：智慧城市顶级平台、智慧城市物联网产品系统和应用服务产品体系（表10-3）。

表10-3 延华智能智慧城市核心产品

	智慧城市顶级平台	物联网产品系统	应用服务产品体系			
			智慧建筑产品体系	智慧能源产品体系	智慧交通产品体系	智慧社区产品体系
应用层			智慧建筑	智慧能源	智慧交通	智慧社区
平台层	公共信息服务支撑平台	物联网综合管理平台	智慧建筑控制管理平台	智慧能源管理控制平台	智慧交通信息服务平台和政府监管平台	智慧社区服务平台
感知层		传感器和物联网中间件	控制器和执行器	收集器和区域控制器	电子站牌、交互式信息屏幕和数据通信控制器	戴式终端和智慧住宅终端

运营模式上，延华智能通过与国有资产监督管理委员会联手组建本地化的智慧城市服务和运营企业，全程参与了融资、建设和运营等过程。目前，延华在全国范围内成立了武汉智城、海南智城、遵义智城、贵安智城、新疆智城、长发延华、长风延华和荆州智城等多家智城品牌公司。"十二五"规划以来，延华率先探索公私合作的新模式，目前"智城模式"已成为当前中国智慧城市建设与发展的主流方式。

四、本章小结

智慧城市包括感知层、网络层、平台层和应用层，由政府、市场和社会等行为主体共同建设。在各个行为主体的合作过程中，发展了不同的智慧城市运营模式。目前，政府在智慧城市建设过程中仍然起主导性作用，投资大量资金建设智慧城市的各个组成部分。然而，融资和操作方式正在变得越来越多样化。越来越多的私营企业和地方政府签署合同形成不同的运营模式。电信服务提供商利用其网络优势，扩大它们的业务范围，不仅提高了网络覆盖和改善网络质量，而且探索构建网络层的新技术。同时，运营商联合应用开发商、系统集成商和终端设备提供商等，完善智慧城市产业链。此外，他们所提供的开放平台，使越来越多的应用程序开发人员加入到智慧城市的建设过程中，确保了自下而上的发展模式。总而言之，感知层、网络层和平台层的建设，为技术开发人员提供了一个发展新的应用程序的平台，并且吸引社会资本到智慧城市的建设中。

第十一章　智慧社区治理

一、智慧社区的建设

（一）社区的内涵

社区是城市的基础，是宏观社会的缩影，通常包括小区、家庭及社区居委会、业主委员会、物业公司、公共和商业服务公司等。社区的要素分别体现在地理区域空间、经济生活、社会交往和共同心理纽带四个方面。而社区需要在以下五个方面发挥功能：管理社区人群/单位的社会生活事务；为社区人群/单位提供社会化服务；救助和保障社区内的弱势群体，提高社区成员素质；促进社区内的经济发展和创新；化解社会矛盾，保障社区安全、稳定。

智慧社区是指在原社区的基础上，利用信息技术整合社区资源，实现社区服务与管理的数字化、网络化、智能化、互动化和协同化，解决当前社区发展面临的一些问题，例如社区养老、社区停车、居民健康管理等，从而为社区成员提供高效、便捷和智慧的服务，提升生活环境质量。

智慧社区建设的核心是以"人"为本，以人的需求为导向，基于人的创新能力，通过信息化手段和工具，提高公共服务质量和社区管理效率，从而优化人的生活方式。其建设内容主要体现在，信息基础设施网络化、生活服务便利化、社区管理与公共服务信息化、小区管理和家居生活智能化等（上海市经济和信息化委员会，2013）。

上述社区内涵的重心在居民社区，侧重于提供多样化和便捷的居民服务维持社区的运转，而更为广义的社区内涵则指代以汇聚"人流、信息流、技术流和其他资源流"为特征的城市某个空间区域（例如新城区）、各类工业园区、以商业综合体为主体的商业社区、大学校园、交通枢纽及其他各类主题社区。本章，在居民社区的平台上也将尽量拓展内涵至不同类型的主题社区，但更系统、更全面的广义社区探讨非常必要。

（二）社区的指标体系

为了指导智慧社区的建设，中国住建部于 2014 年推出了一套指标体系，发挥引导和量化评估的作用，并遵循三个原则：1. 前瞻性，代表社区建设最新发展水平；2. 操作性，充分考虑操作的难易程度，例如数据采集的难易；3. 扩展性，可以补充、完善和修订指标体系。该体系包括 6 个一级指标，23 个二级指标，87 个三级指标。其中三级指标归类为 26 个控制项、43 个一般项和 18 个优选项。控制项是智慧社区建设必须完成的指标，一般项则是在此基础上扩展的指标，优选项是智慧社区探索性和创新性的指标（案例指标见表 11-1）（中国住建部，2014）。以此体系为参考，各类社区可以结合自身的发展状况和现有的资源，有针对性地加以选择、实施和评估。

表 11-1 智慧社区评价指标案例

一级指标	二级指标	三级指标	属性
保障体系	保障条件	资金保障	控制项
基础设施与建筑环境	综合信息服务平台	数据采集	控制项
社区治理与公共服务	对象管理	志愿者管理	一般项
小区管理	房屋管理	租赁服务	一般项
便民服务	金融服务	社区银行	优选项
主题社区	典型应用	学校社区	优选项

其中每个三级指标都有各自的评价标准。

资金保障：资金保障措施可行性强，有投融资渠道或经费规划。

数据采集：平台具备数据采集功能，支持手机等移动终端采集方式。数据每年更新一次，尽可能实现实时更新，分类应用，数据扩展等。

志愿者管理：实现社区志愿者信息的注册登记、更新。注册社区志愿者达到本地区居民总数 10% 以上，每个社区拥有 5 支以上志愿者服务队伍。

租赁服务：居民通过租赁平台发布或获取房屋租赁信息的首选度达到 50% 等。

社区银行：居民社区银行首选度提高至 50%，金融服务满意度达到 90% 以上等。

学校社区：提供如选位、预约借书、点餐、快递等方面的预订预约服务，提供各种信息发布，例如商户优惠、勤工俭学、讲座、二手交易等。

（三）智慧建设供应链

围绕指标体系，各社区进行智慧建设、推动智慧项目/方案实施的过程中，不同的企业和机构根据其专业能力和所提供的服务，在供应链上占据着不同的位置。例如投资机构在选择智慧项目、实施项目的前期阶段占据优势。除了单一的智慧社区项目模式，投资者更希望能打造一个"智慧社区"的模板，进而可以在不同的地方加以复制，实现持续盈利的商业模式。其他的咨询机构、软硬件供应商等都围绕智慧项目提供不同的服务。作为传统角色的地产商，随着智慧地产概念的兴起，其意识和理念也在发生转变，通过融入智慧的概念，地产商可以在当前库存压力和自身发展需求的牵引下，在不同的地产业态创造智慧差异区分点。例如智慧商业综合体、智慧旅游地产/社区、智慧养老地产/社区等将单体的地产概念延伸至更大尺度的主题社区概念，从而能凝聚资源，突出重围，得以生存和发展。图11–1将智慧建设供应链做了初步的分解，也罗列了在各个链条相对活跃的服务供应商的一些例子（奥雅纳，2015a）：

智慧供应商图谱(案例)

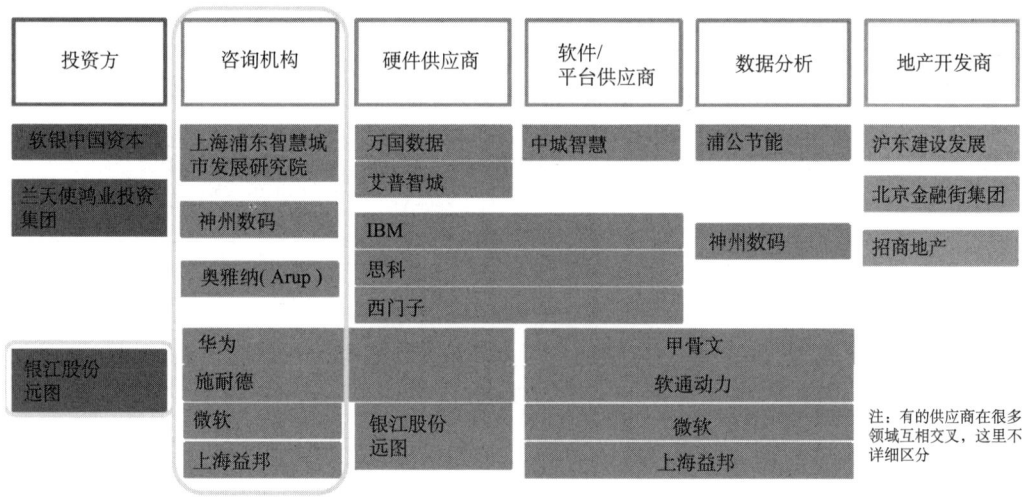

投资方	咨询机构	硬件供应商	软件/平台供应商	数据分析	地产开发商
软银中国资本	上海浦东智慧城市发展研究院	万国数据	中城智慧	浦公节能	沪东建设发展
兰天使鸿业投资集团	神州数码	艾普智城			北京金融街集团
	奥雅纳(Arup)	IBM 思科 西门子		神州数码	招商地产
银江股份 远图	华为 施耐德 微软 上海益邦	银江股份 远图	甲骨文 软通动力 微软 上海益邦		

注：有的供应商在很多领域互相交叉，这里不详细区分

图 11–1　智慧建设供应链

二、智慧社区的运维

（一）智慧社区的框架和平台

智慧社区高效的运维要基于一个完善的社区框架和平台，构建一个智慧社区框架和智慧社区综合信息服务平台（图11-2）要以设施层、网络层、感知层等设施为基础，以

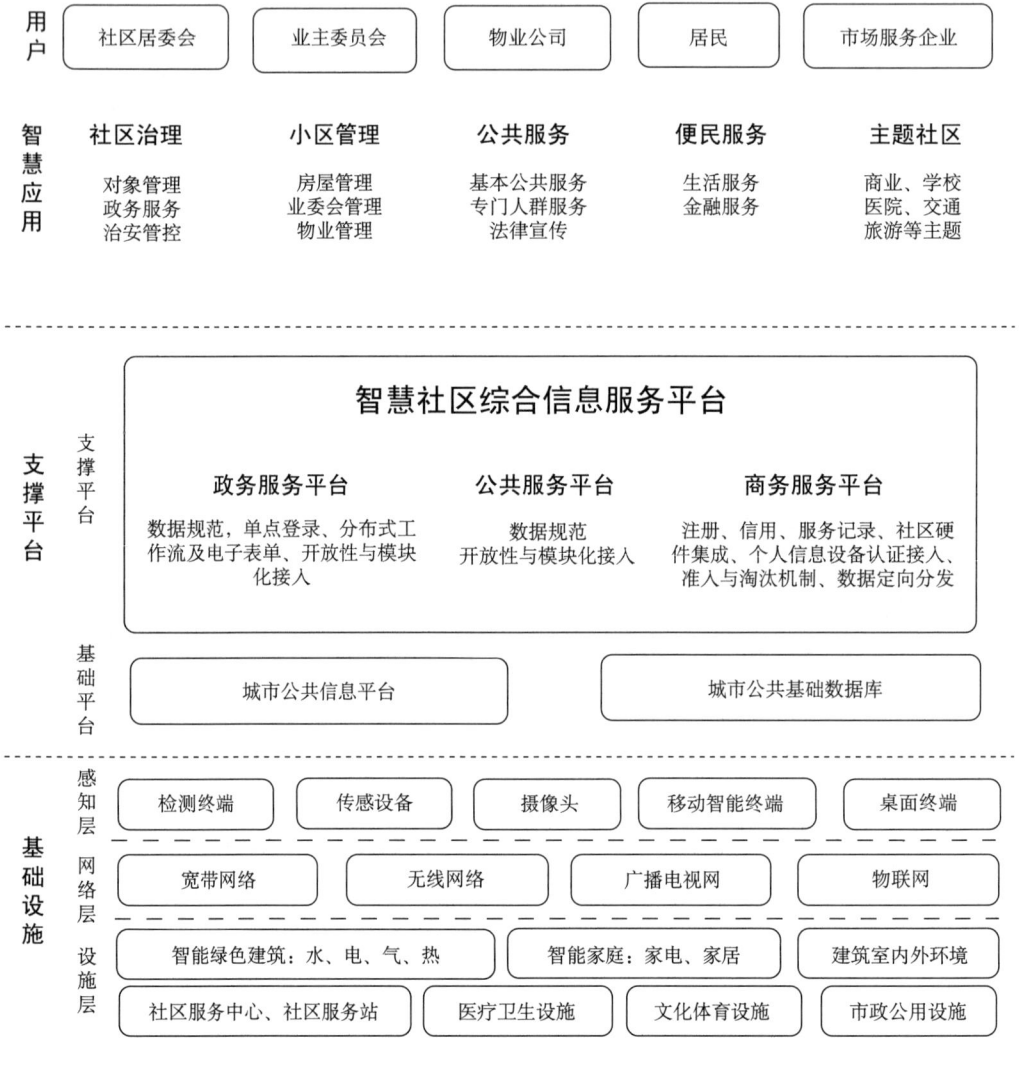

图 11-2 智慧社区框架图

资料来源：中国住建部，2014。

城市公共信息平台和公共基础数据库为支撑，进而分类设置"政务服务平台，公共服务平台和商务服务平台"，拓展开发各种相关的智慧应用体系，涵盖社区治理、小区管理、公共服务、便民服务以及主题社区等多个领域，最终提高各终端用户服务的效率和质量。终端用户涵盖了社区居委会、业主委员会、物业公司、居民、市场服务企业等。图11-2更多是基于居民社区的服务需求所构建。其中的主题社区鼓励在居民社区的基础上，根据不同的社区性质和终端用户需求，拓展各种主题社区的智慧应用，例如智慧商业中心（涉及服务：购物偏好推送、商铺自动导航和打折促销信息推送等）等。而综合信息服务平台的建立，可以有效地避免重复投资和资源浪费，促进不同部门间的资源共享和业务协同。通过三大服务平台，各类信息和数据有了清晰的输入渠道，可以更高效地促进智慧应用开发，从而提高社区治理的效率，为社区终端用户提供更便捷的服务。

（二）智慧社区治理和服务

基于三大服务平台，拓展广泛的智慧应用，服务于社区的终端用户，从而提高社区治理和服务的效率。而智慧社区治理主要体现在以智慧的理念和技术方案，提高社区对象管理、政务服务和治安管控等效率，并对社区治理模式加以创新。对于对象管理，要掌握区域内人、物、房、事、单位、楼宇等静态和动态信息，实现对象数据的有效采集、动态更新和交换共享，从而提高对象管理效率，更快速地响应社区治理需求，例如楼宇维修和公共维修基金的分配等，最终提高社区治理效率。在政务服务方面，结合社区自治、自我管理的要求和政府基层治理需求，发挥信息化手段的优势，有助于实现大部分行政审批事项可在社区受理，凸现社区便民优势与窗口作用。而信息化手段更可以提高社区治安管控的效率，通过动态的信息收集和及时反馈，可以对社区内的突发事件做出更快速的响应，从而提高紧急事件的快速处理能力，营造更安全的社区。伴随社区治理效率的提高，社区治理模式也就需要进一步的创新，例如传统的人工治安巡逻可以被高速摄像头所替代。传统的物业损坏、报修可以便利地通过智慧物管系统及时地得以处理等。社区治理就会更高效、更智慧。

智慧社区服务主要涉及基本公共服务（例如社区医疗、劳动就业信息、房屋租赁等）和便民服务（出行、餐饮、缴费）等，服务对象包括社区居委会、业主委员会、物业公司、居民、市场服务企业以及相关社会组织等。以"需求推动，资源整合"为原则，针对服务对象的需求，整合政府公共资源和社区资源，完善公共服务能力，为社区居民提供更便利的社区医疗、居家养老、住房保障和宣传教育等创新服务，为专门人群提供定制服务，并在其中的某些公共领域，可以适当引入外部资本，提升市场参与的程度。这样公共服务也可以具备自我"造血"功能，得以更持续的发展。例如基于综合服务信息平台，通过一些专题APP的开发，让劳动就业信息和房屋租赁信息等信息在发布方和需求方之间更快速地流通。在便民服务方面，充分利用智能手机、电视等终端设备提升家政服务、便民快递、停车服务、绿色出行、餐饮、一卡通服务、充值缴费服务等，让服务对象的"衣食住行"服务更便捷、更完善。同时围绕不同的主题社区，例如商场社区、校园社区、医院社区、车站社区等，探寻其共性，挖掘其具有独特性的服务；利用智慧的技术手段，培育成熟的商业模式，建立便捷高效的智慧社区服务体系。

（三）主题智慧社区

主题智慧社区这里特指具有某种"主题功能"的，以汇聚人流、信息流、技术流和其他资源流为特征的某个区域空间，包括新城区、各类工业园区、以商业综合体为主体的商业社区、大学校园、交通枢纽、医院等其他各类主题社区。这些主题社区之间有些共性的服务支撑，例如社区内要提供免费网络、下载及注册服务和结算服务等。基于智慧社区平台，所拓展的三大类服务，即政务服务、公共服务和商务，在各主题功能的需求下，其服务内容则有较大的差别。例如在商业社区内，服务内容涉及餐厅预约、打折促销信息推送、商场区域内导航和商铺信息定制等，可以通过智慧化的技术手段让顾客更精准地享受服务。在高校社区内，给师生提供快捷的借书、点餐和快递服务，提供校园的语音或视频介绍，特别为学生提供团体活动、各类通知、勤工俭学和跳蚤市场等信息。师生也可定制学术讲座、报告等学术信息等。

奥雅纳（ARUP）公司在居民社区平台和商业社区平台搭建方面已经积累了一点经验，例如在陆家嘴智慧社区和未来商业社区框架的基础上（上海陆家嘴智慧社区信息发展中心，2014；上海陆家嘴智慧社区信息发展中心和奥雅纳，2015a，2015b；奥雅纳，2015b），奥雅纳为某客户开发了智慧居民社区（针对住宅、旅游和养老地产等）和智慧商业社区平台（针对写字楼和商业综合体等），其示意图见图11-3和图11-4。

智慧居民社区平台，除了包含传统的弱电智能化系统外，主要突出了未来住宅以及社区用户对于智慧社区以及智能家居方面的需求，为各终端用户提供智能化解决方案，并提供接入点。用户根据定制化的解决方案在建议的兼容性产品中自行选择设备并建设户内的智能化系统，并通过平台系统进行控制。智慧商业社区平台，除了包含传统的弱电智能化系统外，主要突出了未来商业、办公用户以及楼宇运营者对于智慧办公、智慧

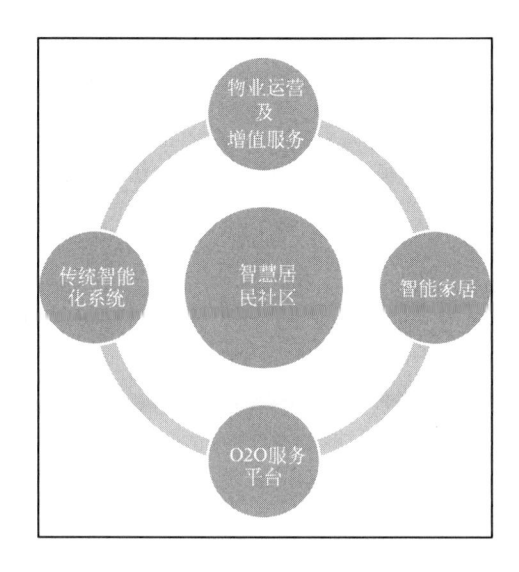

图 11-3　智慧居民社区平台
资料来源：奥雅纳，2015c。

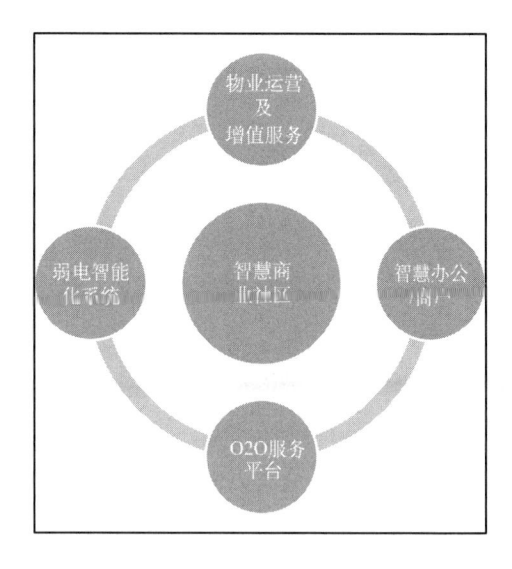

图 11-4　智慧商业社区平台
资料来源：奥雅纳，2015c。

物管以及建筑智能化的需求。为办公企业及商业租户提供智能化解决方案，并提供接入点。用户根据定制化的解决方案在建议的兼容性产品中自行选择设备并建设户内的智能化系统，并通过平台系统进行控制。围绕这两个平台，各自的标杆体系也已经建立起来，这样可以初步地评估这两类社区的智慧程度，之后在项目落地的过程之中再不断地加以修正，最终建立起完善的指标体系。未来，针对不同类型的主题智慧社区，例如交通枢纽、工业园区、大学校园等，其平台、框架和标杆体系将被继续探讨，最终构建一套完整的主题智慧社区的发展框架和建设体系。

三、智慧社区的未来

（一）当前智慧社区的痛点

在当前智慧社区建设的浪潮中，各智慧社区建设已经取得了巨大的成就，例如，围绕"实现幸福生活"和"促进人的全面发展"，浦东陆家嘴建立了"一库（社区综合信息库）、一卡（智慧城市卡）、两平台（公共服务平台和综合管理平台）和多系统"的智慧社区体系（上海陆家嘴智慧社区信息发展中心，2014；上海陆家嘴智慧社区信息发展中心和奥雅纳，2015a，2015b）。同时很多社区的智慧服务程度得以极大地提升，例如出行订票、点餐、购物推送和停车等。但是在这些成就的背后，还面临着以下一些问题（吴树伟等，2015）：

1. 主题社区的定义不明确，关于其"智慧"（例如功能、框架、服务等）的探讨欠缺；

2. 社区管理权限划分不清晰，在推进信息化工作时，造成整体规划和信息化标准的缺失，系统重复建设，数据重复录入，由于各系统未能有效整合，网络无法互通、数据无法共享，导致各部门之间的信息孤岛、壁垒现象严重，对后期智慧应用的开发造成极大的障碍；

3. 建设资金缺乏，更缺乏成功的智慧服务、应用的商业盈利模式，这是最核心的问题，社区应该充分挖掘智慧社区服务的商业模式，引入市场机制，将某些社区应用技术或者系统培育成产业链，实现可持续发展；

4. 社区服务体系不健全，社区服务人员和志愿者数量不足、不能发挥社区自治能力，所能够提供的公共服务很有限，无法满足公众需求，定期举办的社区活动更少，缺乏和公众的互动，公众的感知和参与度低。

（二）打造未来社区的方法

针对当前社区建设中所遇到的问题，这里提出建立未来社区的"推拉"模型（图11-5），即将人置于社区建设的首位，从人的需求/面临的问题和对未来的期望入手（短期和

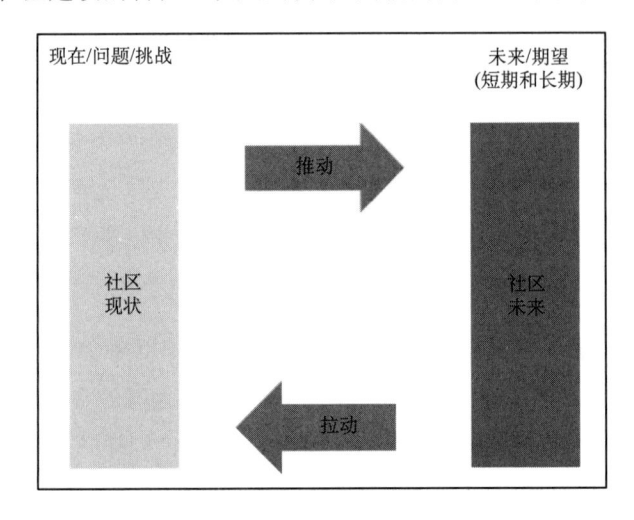

图 11-5 未来社区建设"推拉"模型

长期），分析未来社区建设的"推动力"和"拉动力"，特别要分析它们的优先级和紧急程度，利用当前有限的社区资源，有选择性地实施智慧建设（上海陆家嘴智慧社区信息发展中心和奥雅纳，2015 a，2015 b）。

这里以陆家嘴社区为例（偏居民社区），应用上述的"推拉"模型，简单阐述一下陆家嘴自身的内部发展诉求、当前挑战和未来的期望等。在"陆家嘴2025"的调研之中，陆家嘴所面临的问题被总结、归类为五个类别：交通问题（如交通拥堵、停车难），环境问题（如雾霾、绿化不足），生活问题（如小孩看护、看病难），社会问题（如生活保障、社区安全）和社区建设（如WiFi全覆盖、社区设施）；在对未来社区的期望，也同样被分为五类：交通方面如实现无人驾驶，环境方面实现空气净化，生活方面可以有机器人保姆，社会方面可以老有所养，社区建设方面可以实现网络无处不在等（上海陆家嘴智慧社区信息发展中心和奥雅纳，2015a，2015b）。这些挑战和诉求，结合陆家嘴白皮书2014 和 2015 的成果（上海陆家嘴智慧社区信息发展中心，2014；上海陆家嘴智慧社区信息发展中心和奥雅纳，2015），以社区建设"金点子"的方式将在不同阶段加以实施，特别是它们将作为智慧社区建设课题开展专题研究，同时这些问题按照不同程度的重要性，也将在"智慧陆家嘴十三五"规划中得以充分的体现。

（三）未来社区的前瞻

未来社区，必然以绿色、低碳为基本特征，以智慧化的技术手段和理念，提高资源的利用效率，提供更便捷的服务，激发更多社区创新，实现社区的可持续发展。针对未来社区的五大范畴，即交通、环境、生活、社会和社区建设，建立社区发展线路图和智慧建设推进策略。除了一些可解决短期问题的智慧方案，同时必须要有前瞻的眼光和拥抱未来的理念，着眼于更具有前瞻性的智慧方案，例如智慧微电网的应用、微型水传感器监测水质、食品营养快速扫描、面部识别支付等。这些具有前瞻性的智慧方案，更需要政府更多的投入和市场更深的介入，也更需要多元化的投资模式促进其落地和实施，例如在深圳坪山新区的智慧建设中，针对他们的各类智慧建设，奥雅纳做了详细的分析，提出了不同的项目性质采用有针对性的投融资模式，例如公私合营或者政府引导、市场运营等，详见其推进策略研究（奥雅纳，2015d）。

总体而言，在建设未来智慧社区的过程之中，要以当前的"推拉"动力为着力点，从顶层设计入手，打破各部门之间的壁垒，实现各部门之间的信息互通，消除信息孤岛，避免重复投入；特别是要加大社区建设的投入，高效利用资金，精准挖掘社区的服务需求,让个人和企业在"万众创业""大众创新"的氛围下,用前瞻和创新的思维,挖掘有商业价值的智慧社区服务和技术应用;引入商业资本,培育优秀的智慧社区商业模式,使其具备造血功能,由点及面再到体,带动整个智慧社区的发展;同时要特别加强智慧社区建设的人才队伍培养,增强和公众的互动,提高公众对智慧社区的认知、感受和参与;鼓励更多的人参与未来社区探讨和建设,从而可以激发更多新颖的想法、解决方案和创新,让未来的社区生活更高效、更便利、更美好,实现"人人都向往"的愿景。

第十二章　上海陆家嘴社区智慧治理模式

一、引言

组成社会的要素是人口、环境、文化。社会治理相对应的要素有满足人的需要、规范人的行为、自然力的利用和对物质世界的控制、自然及因人为造成的不利环境改造、有利于人发展和生活的环境建设等。

社会治理需要大众的参与，不然一个好的设计，如果不符合人们的意愿，人们都不遵守规范，那社会秩序就会有问题。所以，在设计确定之初，就需要大家一起来共同参与制定。参与需要透明的平台和通力协作。

社会治理另一个核心要素是有利于人的发展。如果治理的结果是束缚人的发展，那结果也不会好。所以，社会治理是否智慧，关键是在治理的区域内是否能解决存在的问题，是否能促进人们幸福生活，是否能促进人的发展。

陆家嘴社区智慧治理模式运用人本设计思维，从公众利益出发来解决城市社区运行和发展中的问题。建设核心是围绕人的幸福生活和全面发展，强调解决问题的实用性和工具性，将公共服务、公共管理、公共安全、社区活力、市民参与、信息化应用等整体化考虑，完善街道一级政府机构所实施的社区服务与管理、基政建设与社会动员等模式，优化创新社会治理机制，实现社区善治。

建设中，实现党委政府引领、社会化运作、项目化实施，并将所有创新建设融于智慧社区总项目建设之中。在考虑陆家嘴区域应用的同时，设立城市社区发展若干课题，如为城市发展注入创新基因、公民素质实践认证计划、将健康管理纳入医疗保险体制的探索、社会保障补充模式、长者生活服务模式等，力求通过陆家嘴社区应用试点，实现全国可复制、可借鉴、可推广的模式。

二、陆家嘴社区基本情况

陆家嘴社区地处浦东陆家嘴金融贸易区中心区域,辖地 6.89 平方千米,集商贸、金融、旅游,以及居住的混合型社区,是上海改革开放和经济建设最具活力的窗口地区之一。据 2015 年 12 月统计,陆家嘴社区实有人口 13.8 万人,居民户数 4.89 万户,辖 31 个居民区(设 31 家居委会),1.24 万家企事业单位,97 幢商务楼宇,2 257 家商铺,近 14 万间房屋。2015 年陆家嘴街道税收统计超百亿元。

社区立足便民之需设置了 15 个服务机构,主要有社区事务受理服务中心、社区党建中心、社区综合治理中心、社区网格化管理及应急管理中心、社区生活服务中心、社区文化中心、社区卫生服务中心、社会组织服务中心、社区公共卫生服务中心、智慧社区信息发展中心、阳光驿站、社区图书馆、社区学校、有线电视服务站、楼宇工作站等。

近年来,陆家嘴街道以"服务金融中心,建设共同家园"为目标,着力于居住、市容、功能、政务、人文等"五个环境"建设,获得了"全国文明单位""全国文化先进社区""全国安全社区""上海市和谐社区示范街道"等多项国家级和市级荣誉。

三、陆家嘴社区智慧治理模式及要素

智慧治理不等于信息化治理。核心是机制和运作模式。信息化、物联网等技术是应用工具。

作为街道,其社会治理的内容,一是对政府工作的考量,既反映政府管理社会的水平和进展,也体现社会自治水平和成就。二是对社会治理状态的考量,包含社会稳定、民生福利、民主治理、政府管理与公共服务建设供给、社会自治生态发展、公民参与状态。

治理要素有以下几个:

1. 服务从人的需求出发,围绕着调动人的主动性、积极性、创造性,以实现组织目标和促进人的全面发展为目的,突出服务的意识与理念。

2. 管理以扁平化架构为主，实行体系化管理和处置，在工作中，达到信息互联、资源共享，将原先行政管理转变为自我调节式管理。

3. 治理从对人、对事的单点管理，转化为过程管理、事先管理、预判管理，通过信息化数据分析，将原先的经验管理转变为科学管理。

4. 创造公众参与管理的基本条件及外部环境，调动公众参与管理的意识，形成全社会共同参与治理。

（一）健全社区共治和居民区自治的机制

1. 着力构建以街道党组织为核心，居民区党组织为基础，其他各类社会组织和社区居民广泛参与的社区共治格局，把社区打造成社会管理的平台、居民日常生活的依托、社会和谐稳定的基础，建成管理有序、服务完善、群众满意、文明祥和的社会生活共同体。如建立社区管理委员会（协调操作平台）、社区委员会（议事协商监督平台）、社区党建联建联席会；通过社区代表大会，建立社会保障与区域经济、市政卫生、综治安全、科教文体等四个专业委员会；以"三会制度"搭建社区管理参与平台，与驻区单位开展共建结对和党建联建；以嵌入式合作方式开展政社合作，定期组织在街道选举产生的市、区人大代表和党代表接待社区居民和社区单位成员，汇总大家对社区管理和建设方面的意见建议，提交到相关职能部门。

2. 以居委自治金项目为载体，加强居委自治建设。街道设立社区自治金（孵化自治组织的专项资金）进行项目化运作。项目需求的提取来源于社区广大居民的需求，在内容、计划、资金、组织网络上的设定过程中，由居民提出申请，居委会各专业委员会参与指导，由居民区党组织、街道职能部门和领导小组审核把关后，交付居民代表大会讨论通过后付之实施。项目完成后将项目资金实行居务公开，接受居民监督。项目类型覆盖至居委会自治载体培育、楼组管理、社区文化发展、社区教育深化、综合治理管理、公益服务提供和一居一品特色、小项目建设、各类群团建设等社区管理方面。2015年成立了社区公益基金会，将原先的行政主导转为社会主导。

（二）创新社会治理模型架构

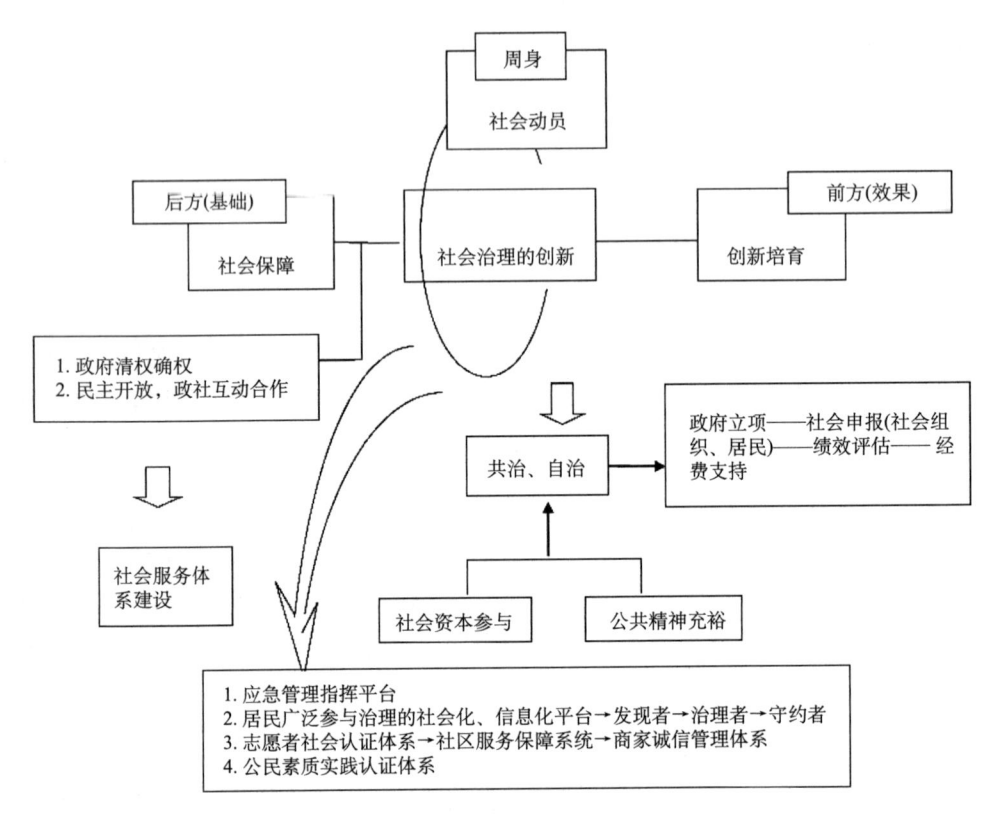

图 12-1　创新社会治理模型架构

四、智慧社区建设

智慧社区建设是智慧治理项目化的表现。智慧社区建设的初衷是通过信息技术与先进的城市经营服务理念有效融合，提升公共管理与服务的效能，在保持城市高速发展的同时有效缓解"城市病"。现在，除了以上的初衷外，还包括社区整体活力的提升，新兴产业的发展，以及所有人的综合素质、创造力的提升。

（一）概念：陆家嘴智慧社区建设定义

人们用智能、科技的力量，以信息化应用为手段，建设幸福家园的过程和结果。在建设的过程中,通过网络化、互动化的社会协同运维,调动社区内所有人的创新、参与、共治的积极性,构建科学、智能、人本、协调的城市内生系统。

智慧社区建设内容包括信息技术应用对公共服务和管理效能的提升;所有建设项目可持续发展,并与新兴产业融合;所有人的综合素质提升与智慧释放,整个地区创造力的提升。智慧社区建设路径包括信息技术与政府治理和公共服务过程的整合,突出信息资源管理;社群建设与群体创新素质的提升,突出信息运维。智慧社区建设公式为:智慧社区建设=公共服务通达+社会管理有序+社区经济活跃+市民智慧参与。智慧社区建设基因主要为社群、保障、创造、信息化。

(二)智慧社区建设的维度

智慧社区建设是一个系统工程。智慧社区建设的领域是公共服务(养老、健康、教育、保障等)、公共管理(安全、秩序、流程)、社区凝聚力(共治、自治)、社区活力(创造力、经济活力)。这是一个四维体。

智慧社区信息化建设项目是社区综合信息库(数据库)、智慧城市卡(身份识别及应用载体)、社区公共服务应用平台(社会资源和社会协作的对接体系)、社区公共管理信息平台(社区精细化管理载体)。这是第二个四维体。

参与建设的主体有,政府、企业(物业公司、新兴产业等)、商家(服务提供者、商品供应者)、民众。这是第三个四维体。

三个四维体的有机融合(图12-2),将成就我们建设幸福家园的理想。

公共服务	社区综合信息库	政府
公共管理	智慧城市卡	企业
社区凝聚力	社区公共服务应用平台	商家
社区活力	社区公共管理信息平台	民众

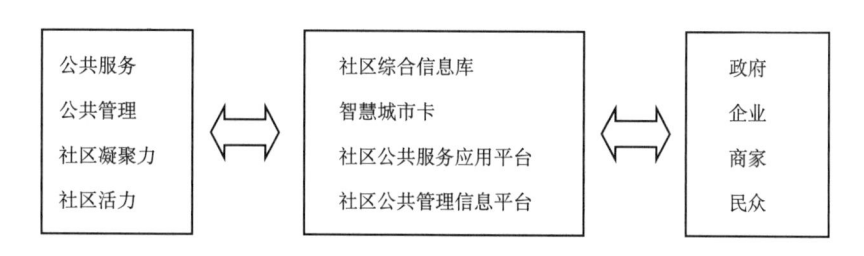

图12-2 智慧社区建设是三个四维体的有机融合

在第一个四维体中,每一项领域都包含了许多内容,比如公共服务领域内包含了社会保障、教育、健康、养老、就业等方方面面内容;公共安全领域包含了生产安全、区域安全、交通安全等,还可细分为老人生活安全、社区活动安全、青少年安全等。而这些内容之间又有着千丝万缕的联系。每个工作点都不是孤立的,也不是整体工作中的嵌入式组合。它是生态的，是平衡的。比如，家庭中孩子读书是教育问题，长辈健康维护是公共卫生的问题，两者似乎没有关系，但通过智慧社区建设是否有可能将两者联系起来呢？孩子读书越好，他的长辈可以获得越多的免费健康体检。同时成年人参与社会志愿者活动越多，他的孩子则能获得更多的教育机会。这都需要大数据的管理，需要身份识别和参与社会活动的记录，需要可供参与的平台建设。

智慧社区建设让全社会充分协作，让我们的工作更加有效，让社区生活生生不息。

（三）陆家嘴智慧社区建设的主要内容

智慧社区建设不是将孤立的或相对独立的信息化应用项目堆积组合，也不仅仅是通过信息化技术应用单纯满足各职能部门工作，而是围绕城市社区有效运行和良性发展的综合设计，围绕生活、学习、工作在社区中人的幸福生活、自身发展、社区生态发展而建设。所有项目必然地有机组合、生态化组合。所有信息化应用必然使各部门的工作有机相融，从而促进区域整体工作有序推进，造福民生。

智慧社区建设的过程本身也是一个创新培育的过程。智慧社区建设的结果是提升社区公共服务、公共管理和公共安全的绩效，完善"社会保障、社会动员、社会创新"等模式建设（图12-3）。

1. 社区综合信息库

其内容包括：掌握区域内人、物、房、事、单位、楼宇等静态和动态信息，实现社区数据的有效采集、动态更新、交换共享。针对数据收集问题，各政府部门通过数据交换中心整合各种数据，其目的是打破社区内的信息孤岛，逐步形成社区大数据基础库，为智慧应用提供数据基础。同时信息库与居民区社工台账管理系统相联，社工书写文案、统计报表将自动在数据库后台备份。根据规范文案名称，数据库后台将按照系统所设置的规范自动整理台账。

数据产生有两个来源，一是围绕人，生活、学习、工作、游玩在社区中的人，他们的状况、需求、变化、发展等信息汇集。这部分信息往往通过社工和其他部门在工作中收集、汇聚。二是来源于物体上的传感器传输，比如车位感应器传来的车位信息，电梯检测感应器传来的感应情况，探头实时传输的视频内容，以及由智能软件设置自动报送的信息等。对于后一种情况，则要求我们做好设备软硬件检测，以保证传感器传输信息的准确性、及时性。

陆家嘴智慧社区建设脉络图

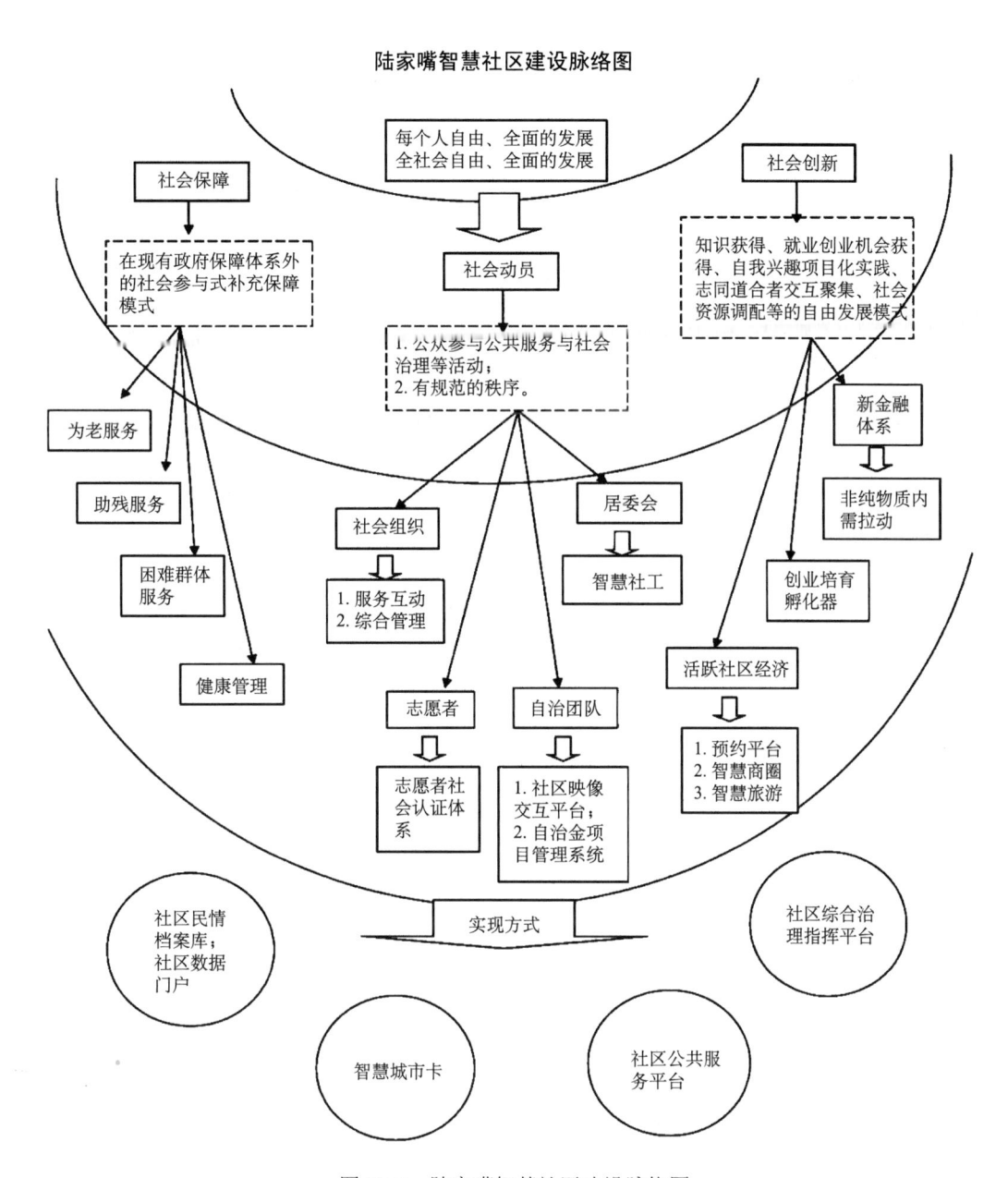

图 12-3　陆家嘴智慧社区建设脉络图

社区综合信息库是双向的，一方面是社区内的信息通过各种渠道汇集，另一方面，通过整理和提炼公共信息推送至社会（图 12-4）。社区内人、团体、组织、企业等在政府主导下参与社会建设。他们根据不同的权限，通过社区数据门户获取必要信息，以帮助其有效参与社会建设。同时，他们在参与建设过程中又将产生的新数据导入信息库中，不断丰富数据。

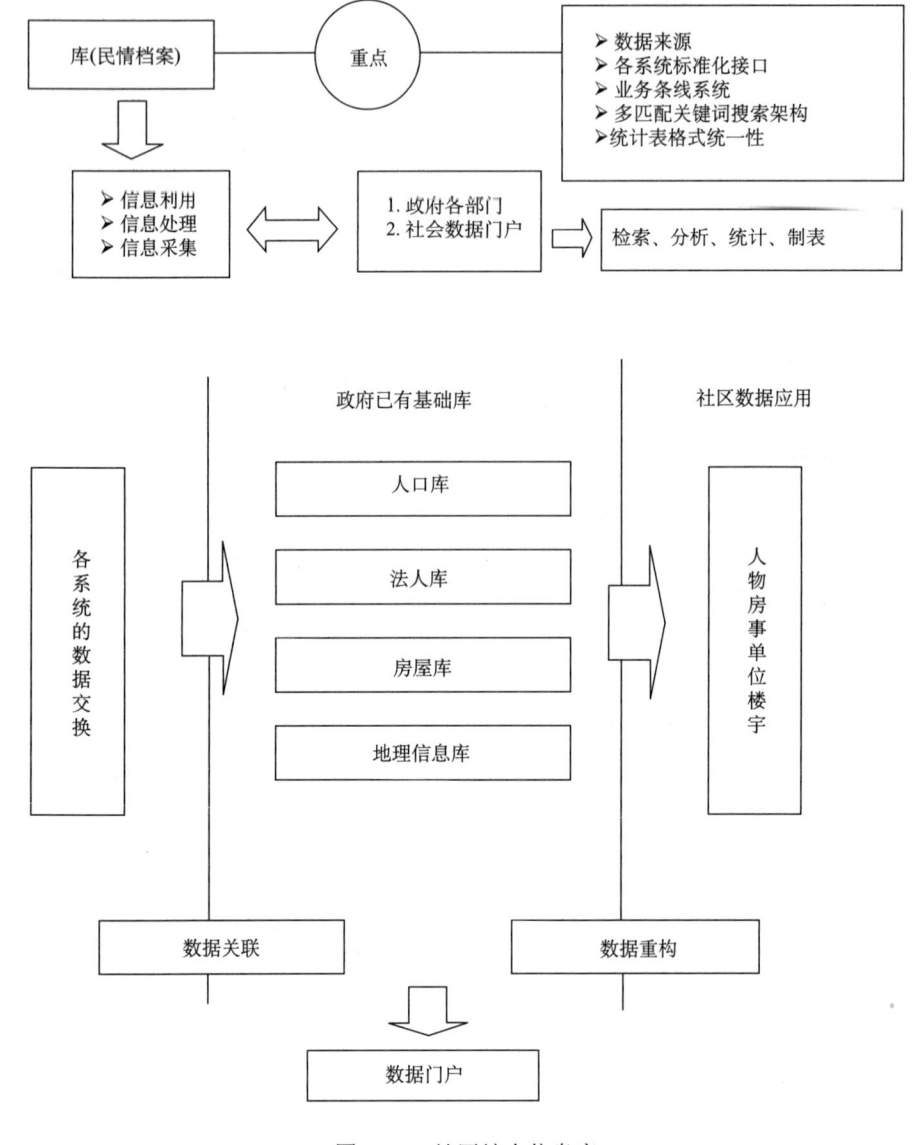

图 12-4　社区综合信息库

2. 智慧城市卡

社区服务应用需要载体。卡是最常用的载体，也可依托手机的内置账户应用（图 12-5）。其功能主要体现在积分管理和使用便利。

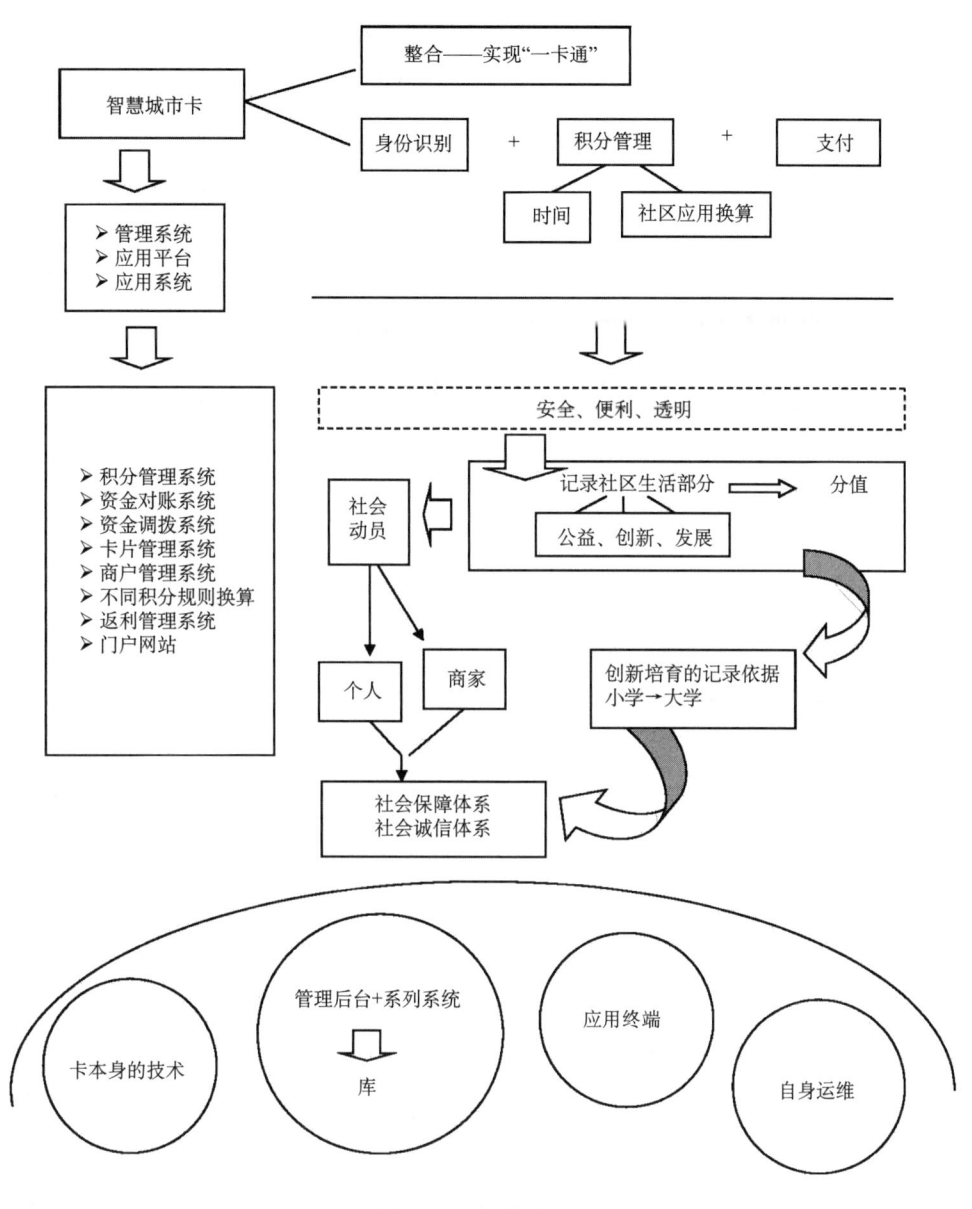

图 12-5　智慧城市卡

（1）该卡采用实名制，居民根据不同的身份可获取不同的社区服务。如低保户享受指定商店折扣；社区居民享受本社区提供的公共服务；志愿者根据社会服务获得的相应社会反馈；为老年人提供免费居家养护服务等。后期该卡可与其他卡功能相连，如身份证、银行卡、交通卡、社保卡等，进一步扩展其功能。

（2）该卡是个人参与社会活动及表现的记录认证载体和社区生活应用载体，为社区居民提供便捷的身份认证、诚信兑换、认证支付等新金融服务，是建设社会保障新模式的基础。如志愿者认证、学籍学习认证、创新积分认证等；

（3）在社区生活中的应用，如门禁卡、考勤卡、健康小屋、图书租赁、自行车租赁、快递箱、政务服务等功能应用。

同时居民在使用卡的过程中产生的数据，也是充实信息库的一个渠道。

3. 社区公共服务应用平台

公共服务平台建设源于社区服务热线电话。随着互联网的发展和手机移动端的充分应用，单路径的热线电话式服务已经不能满足居民及社会的需求。

社区公共服务建设是一个系统工程，它不仅仅是政府一元提供的福利性保障服务，还包括社会便民利民性的服务和社会互助式服务。宏观上是"政府福利性保障+社会便捷性服务+社区互助性服务"；微观上是"信息化系统建设 + 社区微型服务机构建设 + 居民自治服务组织及项目建设"（图12-6）。

公共服务平台是凝聚社会服务的载体，平台上的内容是社区居民最关心的服务内容，包括健康、养老、教育、政府办事、信息公开、文化宣传等服务内容。社区居民通过不同的应用终端，如电脑、手机、电视、户外屏等，获取服务信息，参与互动活动。各服务提供者，如政府、社会组织、企业、服务商等共同参与公共平台建设，结合线下的社区事务受理中心和社区生活服务中心的工作开展，从而形成面向居民的全生命周期的O2O民生综合服务体系，让社区服务深入到居民生活的方方面面。

公共服务平台中的子项目，包括但不限于：

（1）社区居家养老服务体系，包含信息管理、服务预约、体感康复、服务支付等模块；

（2）社区健康管理服务体系，包含健康科普知识库、健康生活状态监测、身体素质检测、远程预约挂号、家庭医生管理系统等模块；

（3）学习型社区终身教育系统，包含教学管理、课程资源管理、家校互动、学生学籍管理模块、评课管理等模块。

4. 社区公共管理平台

该平台的核心部分是区域网格化管理，结合物联网应用，对社区运行情况进行实时监测和响应，提升社区管理的精细化和实效化程度（图12-7）。其内容包括地理信息系统、城管通系统、公共设施管理系统、停车管理系统、门禁管理系统、重大突发事件应急系统、安全生产管理系统等。

通过公共管理信息平台建设，政府管理的设施（包括自然物、人工物）能够感知环境并自动做出相应动作，或将采集的信息发送到处理中心。

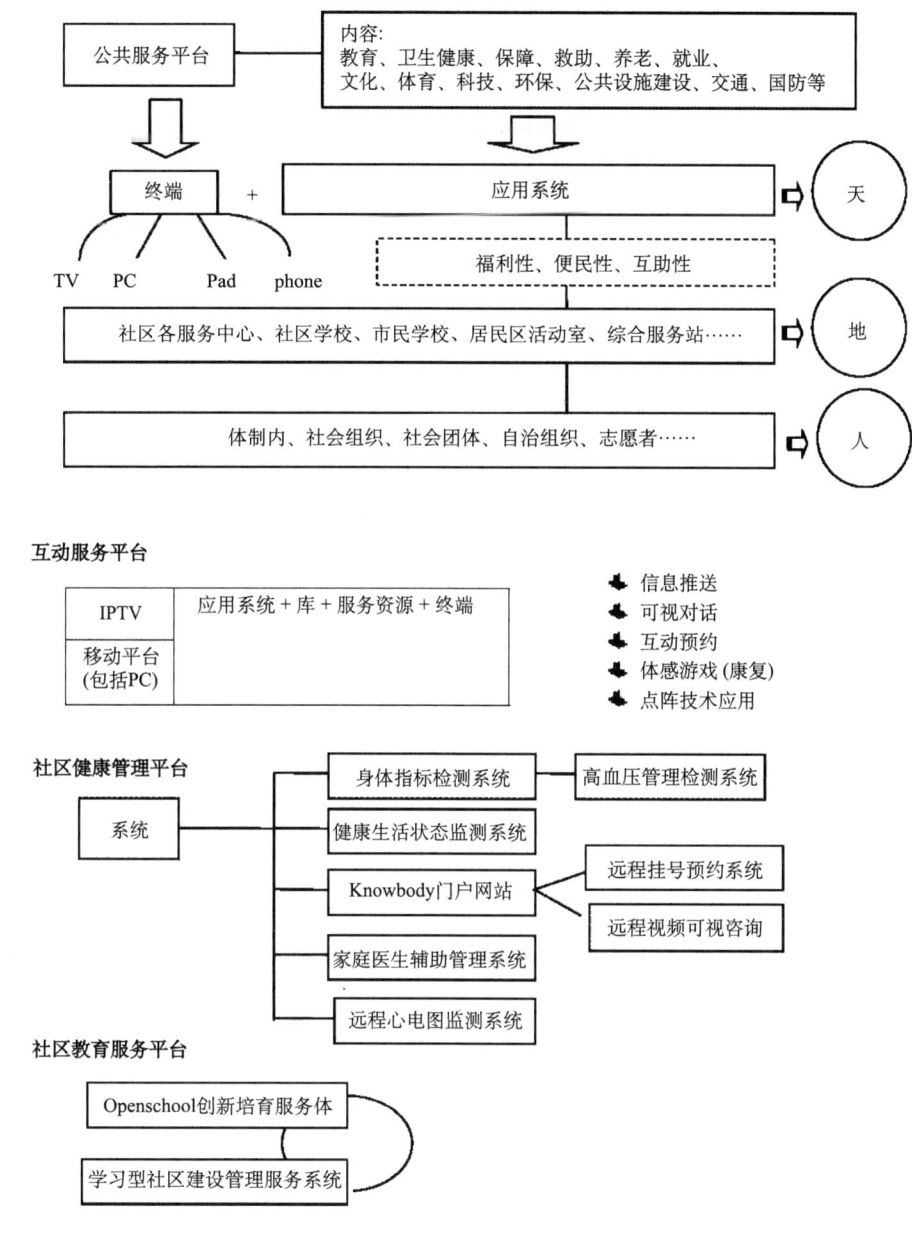

图 12-6 社区公共服务应用平台

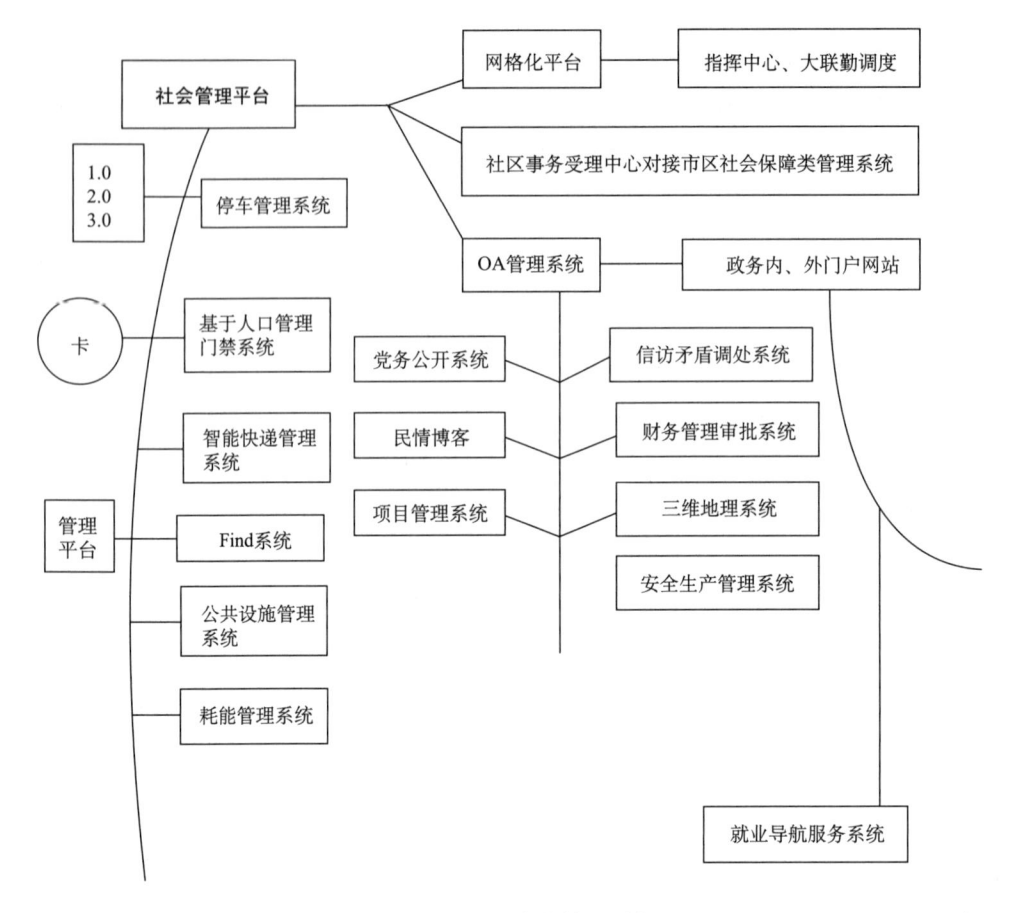

图 12-7 社区公共管理平台

其另一个核心是一体化智慧办公平台，包括政务内网、政务外网建设，对接的内容有 OA（办公室自动化）政务工作系统；单点登录，统一授权系统；短信平台系统；办公室日常耗材管理系统；固定资产管理系统；信访矛盾调处系统、项目绩效管理系统、电子档案管理系统等，其中门户外网是政府信息公开平台和公众、企业、组织与政府互动平台。

随着社会建设的精细化、精深化，该平台是社区各界参与公共管理的载体。比如，社区居民通过下载 APP 管理软件，或通过微信平台，在日常生活中就是一位"业余城管员"。当他发现社区建设中的问题时，就可以通过移动终端拍摄图片和编辑简短文字，再通过 APP 或微信上传至管理平台，这样网格办就多了无数双眼睛。

以上四项内容是建设智慧社区的基础架构，它可以应用到各个领域。

比如，在养老服务领域，我们需要信息库，其中有老年人状况信息、生活环境信息、需求信息、政策信息、社区服务内容信息、服务团队信息、志愿者信息、健康状态信息等。这些信息可以让我们全面掌握为老服务的状况。

我们需要智慧城市卡作为老年人的身份识别。这张卡就像是老年人在社区生活的老年卡，根据不同的条件，获得各种服务的优惠。对低保老人、残疾老人、普通老人、健康状态欠佳的老人、经常参与社区活动的老人等，不同的识别可以获得相对应的服务。

我们需要公共服务平台，老人在任何时间、任何地点，通过任何载体上的平台，可以获得所需要的服务信息，也可预约后期的服务内容，可以互动体验。

我们通过管理平台，可以规范服务商、服务团队的行为，考核体制内社工的绩效，管理特殊老人生活，如失智老人防走失，通过健康管理系统预防老人的意外发生，了解老人家中电器的使用寿命，防止因电器老化产生的火灾隐患发生等。

所以，各类信息通过数据传输、汇聚，通过系统综合、分析，转化为知识供我们认知，帮助我们工作。

表 12-1 智慧社区建设系统列表

类别	内容	重点专项
完善智慧政务建设	提高数据采集和应用率，完成街道各职能科室工作数据的融会贯通，完成居民区工作平台建设应用，实现电子台账管理。	智慧的行政管理体系
		社区综合信息库及管理系统
		居民区工作平台（智慧社工系统）
提升区域精细化管理	实现公安、城管、网格办、12345 热线、地下空间五大板块的统筹管理，将管理平台的数据与社区信息库联通，实现社会管理的预判及精细化管理。	网格大联勤（安全生产、热线电话等）
		智慧物业综合管理系统（包括停车管理、人口实名制管理、公共设施监管等）
		社会动员参与平台（包括城管通系统及其延伸应用）
提升区域公共服务能力	建设并运行社会公共服务的共享平台。包括，社区生活服务、社区健康管理、社区居家养老服务、学习型社区管理服务等。	社区公共服务平台（文化服务、生活服务、社区商家服务预约）
		社区健康管理服务体系
		社区居家养老服务体系
		学习型社区管理服务体系
		就业服务导航系统
		特色型服务（如智慧的旅游服务系统等）
推进创新培育平台建设	促进区域创新创业培育，其中有居民区自治项目培育和创新创业项目的培育。	创新培育体系
		自治服务体系
推进社会诚信体系建设	通过智慧城市卡的建设运用，实施公民素质实践社会认证计划，其核心包括志愿者社会认证、学生综合素质认证等。	智慧城市卡建设
		公民素质实践社会认证体系
		学生综合素质认证
		商家诚信认证

（四）智慧社区建设评价标准

智慧社区建设评价标准由智慧度、感知度、参与度构成，具体来说是30%智慧度指数+30%感知度指数+30%参与度指数+10%特色指数（表12–2）。

表12–2 智慧社区建设指标构成和权重分配

要素维度	维度权重	一级指标	一级权重	二级指标		二级权重
智慧度	30%	信息化建设水平（基础设施建设）	6%	家庭宽带接入能力及覆盖率		3%
				无线WiFi网络覆盖面占区域的比例		3%
		电子政务建设程度	12%	有信息化建设专职干部和分管领导		0.3%
				政府部门自动化办公平台		3.8%
				条线工作信息化应用（如信访管理系统）		0.5%
				党务、政务公开情况（门户网站、自媒体建设情况）		1.5%
				政府对财政资金使用全程电子监察率		1%
				与人口库、法人库、地理信息库对接情况（或自建应用情况）		0.5%
				居民区电子台账建设情况		3.8%
				信息运维及安全管理情况（制度）		0.3%
				政府机房建设规范情况		0.3%
		综合管理网络平台	12%	网格化（大联勤）管理平台建设		10%
				突发事件应急处置信息化参与率		1%
				安全生产管理系统		1%
感知度	30%	社会管理	8%	社区事务办理一口式服务		3%
				停车管理情况		3%
				小区物业管理智能化情况		2%
		公共服务	12%	公共服务平台建设		3%
				为老服务的保障		3%
				市民健康管理服务	家庭医生签约率	1.5%
					电子健康档案建设	1.5%
				学习型社区建设		3%
		满意度	10%	生活满意度		10%

续表

要素维度	维度权重	一级指标	一级权重	二级指标	二级权重
参与度	30%	网络应用水平	5%	市民与社区网络互动率（包括移动终端使用）	5%
		市民参与社会公共服务与管理的水平	13%	城市志愿者数	5%
				社会组织数量（居民区自治团队数量）	5%
				参与环境保护情况（参与生活垃圾分类情况）	3%
		市民的创新精神	12%	低保人数占户籍人口比例	2%
				就业、失业情况	5%
				义务教育辍学率	5%
特色	10%	社区特色	10%	社区综合信息库建设	+5%
				市民卡	+5%
				公共设施管理系统	+5%
				社区商家诚信管理系统	+5%
				志愿者管理系统	+5%
				其他特色应用	+5%

智慧度指数（侧重在建设领域）——信息化建设水平、电子政务建设程度、综合管理网络平台等。这些子级指标又可细分为一系列二级指标。

感知度指数（侧重在应用领域）——主要由社会管理、公共服务以及满意度等子级指标构成。这些子级指标还可以细分为一些微观指标。

参与度指数（侧重在人文领域）——网络应用水平（IT 素质）、市民参与社会公共服务与管理的水平、市民的创新精神等子级指标构成。这些子级指标还可以细分为一些微观指标。

特色指数（城市特色）——包括建设统一的市民卡、社区综合信息库建设、社区商家诚信管理、志愿者管理等指标。

五、陆家嘴社区智慧建设模式的价值

（一）促进民主参与

陆家嘴智慧治理模式的基础是从满足人的需要出发，从社会保障、社会动员和社会创新模式建设入手。一是通过社区居委会社工的日常工作，了解居民的需求，并将所有社区信息归纳入信息库中；二是通过智慧城市卡的身份识别，将居民获取日常生活服务和参与社会活动痕迹记录，与商家认证性消费服务和生活保障性服务对接，去除生活中的后顾之忧；三是通过社群建设，居民根据自我对兴趣、文化的需求，设立自治项目。街道或社区基金会提供必要的工作经费支持，从而满足居民参与社会建设的精神需求，激发居民参与社会建设的积极性。

（二）促进社区服务业发展

社区服务包括福利性服务、便民性服务、互助性服务。社区服务业是社会保障体系和社会化服务体系中的重要内容。它除了福利性和服务性外，还具有群众性、区域性特点。

陆家嘴智慧建设中的服务对象是全社区人群，不仅是政府福利性保障的人群（如老年人、残疾人、优抚对象等）。社区公共服务一体化平台建设是将全社区内服务资源和社会服务资源整合在一个平台上。社区居民可以通过各种终端自由选择。它也承接了社区中所有衣食住行基本支出，商业价值潜力巨大。

同时，全社区的信息库建设为开放社区数据门户，吸引更多的服务供应商打下基础。智慧城市卡的充分应用，也为探索新金融体系搭建了平台。

（三）促进社会诚信体系建设

社会善治的关键是社会诚信。促进诚信在技术上首先是保护好每个人的个人隐私，在公共环境建设上，则要建设实名制的环境。

治理不仅仅是对失信的处罚，也不仅仅体现在对消费、金融交易中的信用评价。治理的基础是建立让每个诚信的人都能够获利，让失信者失利的制度。

社会诚信问题不是简单的道德领域问题，仅靠专项教育和治理是不够的，必须要纳入到社会保障和提高民生质量的社会管理中。社会诚信建设可以与金融创新建设挂钩。陆家嘴智慧建设模式中的智慧城市卡的应用将个人参与社会活动记录和道德评价等量化表现，弥补了紧靠消费信用体现诚信的不足。陆家嘴智慧政务建设将所有工作流程化，提升了政务诚信。

第十三章 佛山张槎街道"智慧城市管家"的启示

一、引言

目前,智慧城市的建设已经进入实质性的推进阶段。社区是城市治理的基本单元。社区的智慧治理对智慧城市的实质性建设起到关键作用。社区治理的理念提出源于对传统社区管理的理念转变。传统的社区管理以政府作为单一管理主体。街道办作为政府的派出机构和居委会一起完成上级政府指派的任务,并反馈居民意见。然而,由于街道办条块式职能部门的机构格局安排与其繁杂管理任务极不相称的决策权力,使得传统的社区管理服务常常与民众的实际需求相脱节。传统的社区管理形成了街道办职能有限性与服务无限性之间、传统政府管理一元化与公共服务多元化之间的多层次矛盾(郑新强,2010)。社区治理理念的提出,期待能够打破传统社区管理的僵化格局,建立多元共治的社区治理结构。同时,信息通信技术的快速发展和大数据资源的崛起,亦为社区的智慧治理提供有力的技术支撑。智慧型的社区治理为智慧城市的建设打下坚实基础。

在近年来的智慧城市建设热潮中,不少城市已开始对社区的智慧治理进行各种尝试。张槎街道的"智慧城市管家"项目,在全国范围内首次实现治理主体多元化、治理方式创新化、治理手段智能化的充分融合,形成高效智慧的社区治理模式,成为我国社区智慧治理的典范。

二、社区智慧治理的路径架构

(一)社区智慧治理的涵义

社区是聚居在一定地域范围内的人们所组成的社会生活共同体[①],是城市治理的最基

---

① 2000年11月19日《中共中央办公厅、国务院办公厅关于转发〈民政部关于在全国推进城市社区建设的意见〉的通知》(中办发[2000]23号)中对社区作此定义。

层单元。社区的智慧治理包含三个方面内涵：从社区自身角度来看，社区是个具有自组织特征的独立系统。其包含政府、企业、社会组织和民众多种参与主体。各主体间相互作用推动社区运行。从治理的角度看，社区治理需要符合社区自身系统规律。合理的治理理念与方式是维持社区良好运行的必要条件。从智慧的角度看，社区实现智慧治理，除了理念与方法的合宜性，更要充分利用当代信息通信技术与大数据资源，实现社区治理的智能化，提升治理效率。因此，社区智慧治理，既要符合社区自身系统规律，又要充分利用智能化手段，采取合理的治理方式，才能实现社区的健康良好运行。

（二）社区智慧治理的路径架构

目前我国的社区治理尚处于改革转型阶段，仍未摆脱政府统包、尾大不掉、上下不通、效率低下、矛盾重重的传统社区管理方式。近年来国家提出建设"小政府、大社会"的城市治理理念，亦提倡将各种政府的服务型事务外包给企业或社会组织，各地纷纷兴起实践热潮。尽管如此，真正能促进城市智慧建设，实现社区智慧治理的却寥寥无几。总体来说，社区智慧治理的主要路径可分为三个方面：多方协作、治理方式创新和智能化手段。多方协作，即在社区治理中要注重政府、企业、社会组织和民众的多元化主体参与与共同协作，形成政府引导，企业、社会组织和民众共同参与协作的多元治理模式。治理方式创新意在解决传统管理条块分割、责任不清的弊端，实现责任包干、治理高效的运作方式。同时，还应进行制度创新以保障社区治理方式创新的顺利推进。智能化手段，即依托信息通信技术和大数据资源，通过包含智能化设备和高速网络的硬件设施，以及包含综合治理平台及各种全媒体应用软件的软件设施，实现社区的智能化治理（图13-1）。

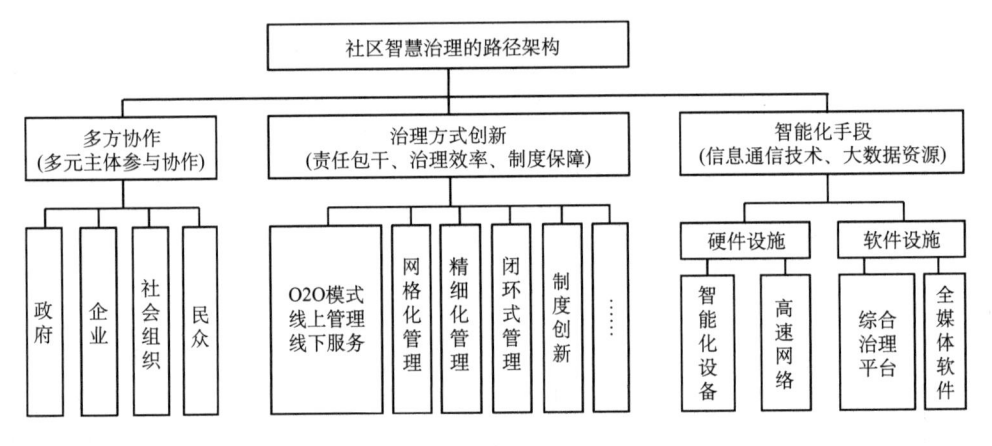

图13-1 社区智慧治理的路径架构

三、佛山张槎街道"智慧城市管家"

广东省佛山市禅城区张槎街道的"智慧城市管家"项目很好地诠释了社区智慧治理的实现路径。2014年4月,佛山市张槎街道与鑫梓润公司签订合同,将街道部分区域的城市环境治理事务统一外包给鑫梓润公司①,由此建立"智慧城市管家"项目。整个项目服务范围面积约9平方千米,包含9条主要市政道路、34条次要市政道路、6个社区居委会、1个市政文化广场和1个市政公园等区域(图13-2)。具体服务内容包括市容综合巡查、街区清扫保洁、市政绿化管养和城市"牛皮癣"清理四大部分工作。鑫梓润公司通过整合项目的任务需求,研发搭建一体化的应用系统"智慧城市管家系统",将传统公共服务与智能化技术有机结合,形成"智慧城市管家(SCS 1+N)"的张槎模式。

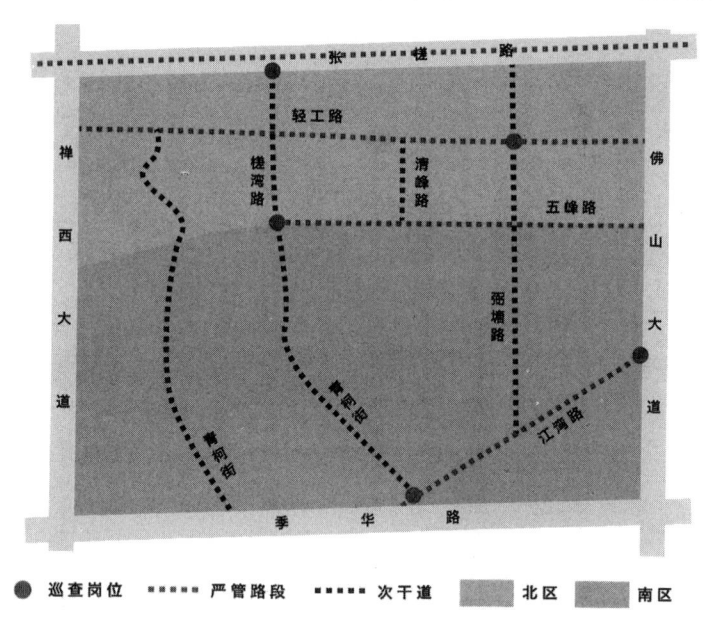

图13-2 智慧城市管家服务范围

资料来源:深圳市鑫梓润物业有限公司佛山分公司。

---

① 公司全称:深圳市鑫梓润物业管理股份有限公司。是全国首家经营城市综合管理服务的物业服务企业。该公司于2006年成立,2007年于深圳市宝安区西乡花园街区开展城市综合管理服务,首创城市街区综合管理服务的"城市管家(1+N)"模式,并开创我国街区管理服务的政企合作先河。2014年,鑫梓润公司在佛山市张槎街道又首次将智能技术与传统线下服务相结合,创办了"智慧城市管家(SCS1+N)"。

（一）智慧城市管家（SCS 1+N）的理念和内涵

基于政府将城市管理事务统一外包给企业的做法，鑫梓润公司认为，在张槎街道的城市综合治理工作中，其承担了一个城市管家的角色。一个城市管家主体，独立包揽了多项城市服务功能。而智慧城市管家则是在城市管家的服务过程中结合智慧手段，尤其是对信息技术的充分利用，由此提高服务质量与效率。

鑫梓润公司对智慧城市管家（SCS 1+N）做这样定义：SCS（Smart City Service）指的是智慧、城市与服务三者之间的高效联动。City 即我们居住的城市；Smart 指无限可能的、无处不在的以及不断前进的现代智慧科技；Service 即服务，指因需求的驱动而产生的各项服务。SCS 组成一个无处不在的具有千里眼、顺风耳、多面手和智慧大脑的超级城市大管家，服务于城市中的各类主体（深圳市鑫梓润物业有限公司佛山分公司，2014）。

1+N 中的 1 指有机的智慧城市管家应用体系。它将信息化、智能化应用体系与创新的服务体系有机结合，是高效、可持续解决城市公共服务的创新模式。N 指复杂广泛的城市公共服务需求。它包括综合巡查、清扫保洁、绿化养护、牛皮癣清理等 N 项城市公共服务需求。智慧城市管家就是将 1 个有机的智慧城市管家应用体系，应用于 N 个复杂广泛的城市公共服务需求（深圳市鑫梓润物业有限公司佛山分公司，2014）（图 13-3）。

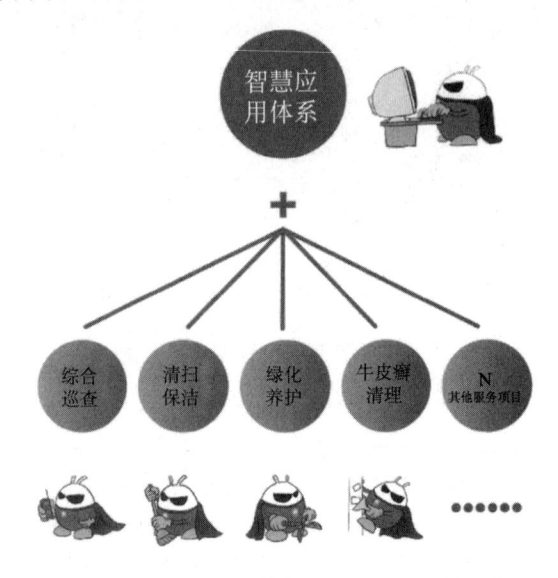

图 13-3 智慧城市管家（SCS 1+N）的涵义
资料来源：深圳市鑫梓润物业有限公司佛山分公司。

（二）智慧城市管家的综合治理模式

智慧城市管家的综合治理模式可以总结为四个特征：线上管理、线下服务的 O2O（Online to Offline）模式；网格化管理；闭环式流程和一体化服务。

1. 线上管理、线下服务的 O2O 模式

智慧城市管家充分依托现代化信息技术，通过将线上管理与线下服务联动结合，实现统一高效的一体化智慧治理方式。其线上内容包括各类带有 GPS 定位的信息终端设备和依托智慧管理应用系统的线上指挥中心。其线下内容则是各项具体的面对面直接服务项目。智慧城市管家将信息终端设备与线下服务进行绑定，将线下的服务情况由各信息终端传送给线上指挥中心，并由线上指挥中心进行统筹管理。具体来说，即：每位工作人员在线下服务时均配备 GPS 定位手机或移动视频等信息终端，并通过拍照等方式向线上指挥中心直接传送服务信息。依托智慧城市管家的管理应用系统"智慧城市管家系统 SCSV1.0"（该系统可随技术研发不断升级），线下服务情况可一一反映在线上指挥中心的大屏幕上。线上指挥中心通过资源统筹与调配，可向各终端发送任务指令。线下人员通过信息终端接收线上指令后，进行具体的实地服务项目，任务完成后，亦同样通过拍照等方式向指挥中心进行线上传送。由此，实现了智慧城市管家的线上管理、线下服务的 O2O 一体化管理模式（图 13-4、图 13-5）。

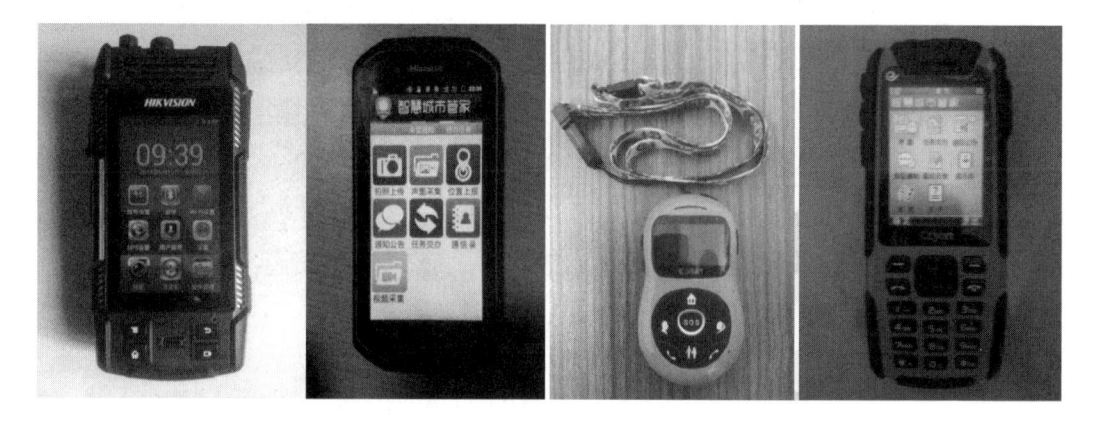

图 13-4　智慧城市管家线下作业人员的部分信息终端设备

资料来源：鑫梓润公司。

图 13-5　张槎街道智慧城市管家线上指挥中心
资料来源：鑫梓润公司。

2. 网格化管理

对于线下 9 平方千米的实地服务区域，智慧城市管家采取了网格化管理方式。网格化管理是目前城市管理改革的新方向。该管理模式就是将管理区域按照一定标准划分为一个个网格。这些网格成为具体的基本管理单元。这种模式为责任包干和精细化管理提供了工作基础。在管理区域的每个基本单元网格内，根据工作任务需求指派相对应的网格工作人员，做到责任包干。网格的划分标准亦可根据管理要求对网格空间进行尺度设定，实现管理的精细化。

智慧城市管家将其 9 平方千米的治理区域根据实地情况划分为 12 个网格。每个网格根据智慧城市管家的服务项目（包括清扫保洁、绿化养护、"牛皮癣"清理、综合巡查）配备相应的工作人员和作业装备，并在网格工作人员中设置网格主管，统一负责该网格内的各项工作（图 13-6）。

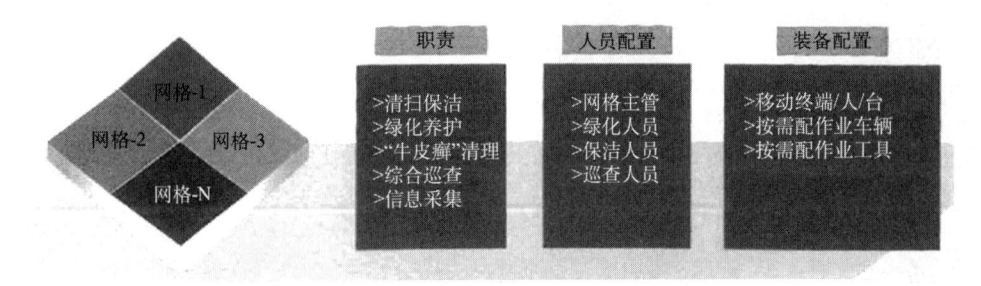

图 13-6　智慧城市管家的网格化管理方式
资料来源：深圳市鑫梓润物业有限公司佛山分公司。

3. 闭环式流程

智慧城市管家的整个项目服务过程采取闭环式的工作流程。即首先通过各数据采集主体主动发现街区范围内的各类城市管理问题，并将问题通过信息终端回传至指挥中心。智慧城市管家的数据采集主体范围甚广，包括智慧城市管家专设的综合巡查人员、各作业口的工作人员、社区民众，以及安置在各场所的摄像监控器等静态的信息采集设备。智慧城市管家的指挥中心接收到各数据采集主体发来的市容问题信息后，通过分析判断，对团队内的人力资源进行定位和统筹调配，将各类市容问题以任务单形式派遣给对应作业口的工作人员。对应作业口的工作人员接到任务单后对具体服务任务进行快速处理，完成后通过信息终端向指挥中心反馈。待指挥中心确认后，该任务单自动流转至督导稽核、问题剖析等环节。指挥中心重新指派督查任务给巡查人员，待巡查人员重新完成督查任务并回复给指挥中心复核得以确认结案后，该问题的处理才算得以完整解决。由此形成整个闭环式的工作流程。

比如，巡查员发现街头的垃圾堆，便会通过安装有 GPS 的手机，用拍照等方式向指挥中心传递信息。指挥中心设有大型数字化显示屏，通过显示屏能看见路面巡查员传送回来的实时画面和相关信息。待指挥中心的工作人员接收到图片后，通过 GPS 定位该垃圾堆问题的具体位置，并通过智慧城市管家的管理应用系统，把该问题传给附近的环卫工人。该环卫工人收到指令后即刻前往清除，并于清除完毕后及时向指挥中心的工作人员反馈。指挥中心的工作人员再向附近的巡查员发出督查指令。巡查员接收到指令后又前往检查垃圾堆问题的处理结果，并再次将处理后结果拍照反馈至指挥中心复核。待指挥中心接收并确认后，本次任务才算是完成了。这便是当出现环境卫生状况时，智慧城市管家从发现问题到解决问题的整个闭环式工作过程（图 13-7）。

4. 一体化服务

首先，鑫梓润公司通过统包政府事务的方式，以城市管家的角色，将原来分由不同单位和公司负责的道路清扫、环卫保洁、市政维护、街区巡逻等不同类型的公共服务项目进行统包和综合管理。其次，通过线上管理、线下服务的 O2O 模式，将线下具体服务作业情况与线上管理相联动，形成一体化的统筹模式。同时，在服务事务的操作流程中采取闭环作业模式，使得每一项具体的服务任务均有始有终，有据可查。由此，形成整个智慧城市管家的一体化服务模式，提升了社区治理效率。

图 13-7　智慧城市管家的闭环式工作流程
资料来源：深圳市鑫梓润物业有限公司佛山分公司。

（三）智能化的技术支持

1. 智能化技术架构

智慧城市管家的整个项目运作充分运用了大量智能化技术手段作为支撑，包括信息技术、移动通信技术、地理信息技术、大数据挖掘分析技术、手机 APP 技术等多项科技手段，架构起感知层—平台层—应用层于一体的智能化技术框架。

感知层：智慧城市管家的感知层包括了各式各样丰富的信息感应终端设备，包括各类智能终端、静态视频和移动视频等。智慧城市管家的线下作业中均配置了信息感应装置，如每位工作人员均配备了 GPS 定位手机，可实时记录工作人员在工作中的具体位置。

巡查员驾驶的巡查车亦装有无线摄像头，随时获取街区上的各类市容问题。此外，智慧城市管家还研制出移动终端 APP，作为公共服务的线上窗口。市民可通过 APP 直接联系指挥中心，向智慧城市管家举报各类城市管理问题或提出建议。

平台层：智慧城市管家的平台层主要为依托"智慧城市管家系统 SCSV1.0"的指挥中心。该系统不仅与作业团队的智能感应终端相联，亦与政府的张槎数字化城管系统匹配对接，可直接接收数字化城管系统的任务派单。依托"智慧城市管家系统 SCSV1.0"，指挥中心对各处汇集来的信息进行统筹调度和处理反馈，是智慧城市管家的"超级大脑"，成为汇集和反馈各类信息和服务的操作平台。

应用层：依托感知层输送的大量数据信息和平台层一体化的统筹指挥中心，智慧城市管家可实现智能化的多元应用体系。具体的智能化应用除了统筹指挥，还包括移动考勤、定位调度、作业车辆监控、综合巡查、质量督导、设备管理、数据分析、预警管理等内容，且在未来还能在"N"项服务领域不断拓展。

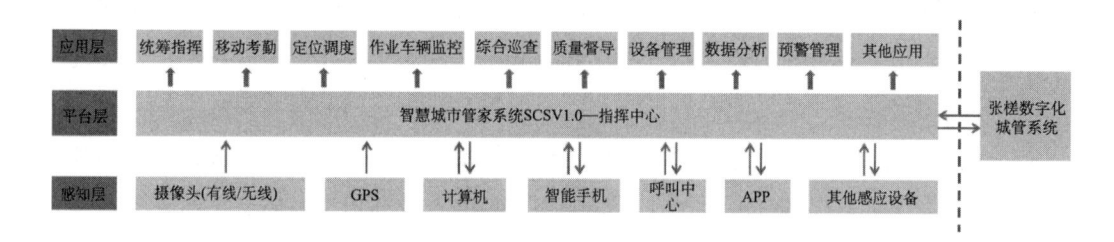

图 13-8 智慧城市管家的智能化技术架构

资料来源：根据鑫梓润公司提供资料绘制。

2. 智慧城市管家的管理应用系统——智慧城市管家系统 SCSV1.0

智慧城市管家的管理应用系统——"智慧城市管家系统 SCSV1.0"是智慧城市管家整个智能化技术中的核心内容。该系统依托信息通信技术将各类信息终端的信息数据有机集成，是一套可优化、可无限扩展的城市公共服务应用系统软件。①

系统界面：该系统界面简洁友好。主界面上根据智慧城市管家的服务内容，直观地设置了四大操作板块——绿化管理、"牛皮癣"清理、道路清扫保洁和综合巡查管理。系

---

① 基于服务项目的拓展，目前鑫梓润公司已在研发"智慧城市管家系统 SCSV2.0"，未来还将不断升级版本，以满足更广泛的应用需求。

统参照智慧城市管家的服务项目以完成任务单为运行模式,在系统主界面上,对应四大操作板块显示各板块的任务指派和完成情况(图 13-9(a))。在具体的运行中,系统以社区的电子地图为界面基底,能清楚地观察工作人员在社区中的具体作业地点;而在执行任务时则是以表单为主要的操作界面。

功能应用:系统的功能应用包含任务管理、定位监控、设备管理、信息管理和系统管理五个部分。未来伴随智慧城市管家的服务业务拓展,系统可升级增添更多的功能应用项目。系统的应用功能十分强大,比如人员的定位与监控。系统通过接收工作人员所携带智能终端的 GPS 定位信息,将工作人员在现场具体作业点的位置反映在系统的电子地图上。只要在左侧的对话框内输入要搜索的人员姓名等相关信息,系统就会直接在地图上显示出该人员的具体位置(图 13-9(b))。同理,直接在地图上选择某个 GPS 标识点,则弹出标识点的信息图框,里面包含该标识点对应的人员姓名、所持设备编号等相关信息内容(图 13-9(c))。此外,系统还设定了每五分钟自动刷新的 GPS 定位信息接收时间间隔的选择项(图 13-9(a))。只要勾选此项,系统每过五分钟便会自动更新各作业人员的 GPS 定位信息。基于此,便可以观测工作人员的运动轨迹,亦可实现对工作人员进行移动考勤的拓展功能(图 13-9(d))。

任务管理:系统可以跟踪各项具体服务任务的执行过程,并建立任务档案。当准备对现场作业人员进行任务分派时,在系统中建立新的表单列项,并向具体的任务承接人员进行线上任务派单。每份任务单包含任务类型、任务位置、负责人员、任务起始时间、完成时间等信息。每份任务单均存储入系统的"任务管理"菜单栏中的"任务记录"项目列表中(图 13-9(e))。这是系统对任务数据的收储管理功能。在智慧城市管家的业务运行流程中,通常首先由巡查员发现社区市容问题,由此产生任务来源。系统对各项任务的跟踪监控亦反映在对巡查信息的管理中。在"任务管理"菜单栏中的"巡查信息"项目列表中,详细记录了巡查信息类型(如绿化管理、清扫保洁等)、信息上报人员、问题位置、问题描述、巡查时间、问题处理状态等,并设置了对该巡查问题的操作处理选项,通过系统对该巡查问题进行直接处理与监控(图 13-9(f))。总而言之,"智慧城市管家系统 SCSV1.0"在整个项目工作中发挥了"超级大脑"的核心作用。

(四)资金平衡

在政企合作中,能否实现资金平衡是双方合作能否顺利运行的基础。政府需要利用有限的财政资金提供高效率的公共服务。企业在提供服务产品的同时,需要能够收回成本并获取利润。智慧城市管家在政企合作中,通过合理的项目设计与合同约定,实现了政企双方的各自需求与共赢。政府方面:张槎街道以每年 1 800 万元左右的资金向鑫梓润公司购买社区市容治理服务。对政府而言,在不增加财政预算的基础上,通过服务外包,为街道社区提供专业化的治理服务,大大提升公共服务效率与质量。企业方面:目前政府提供的投资资金尚可维持智慧城市管家的项目运营。然而鉴于政府投资资金的有

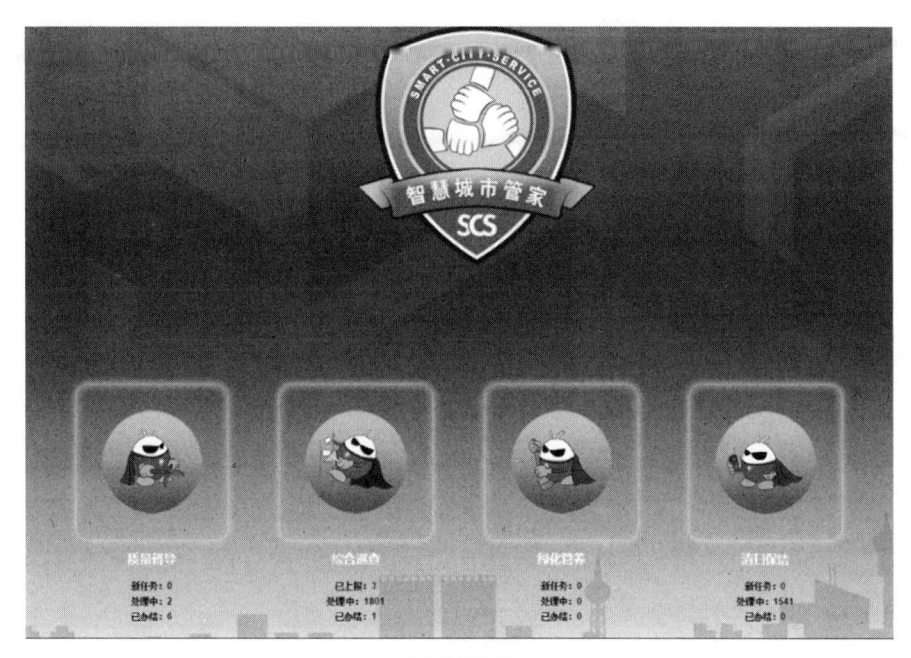

(a) 系统界面

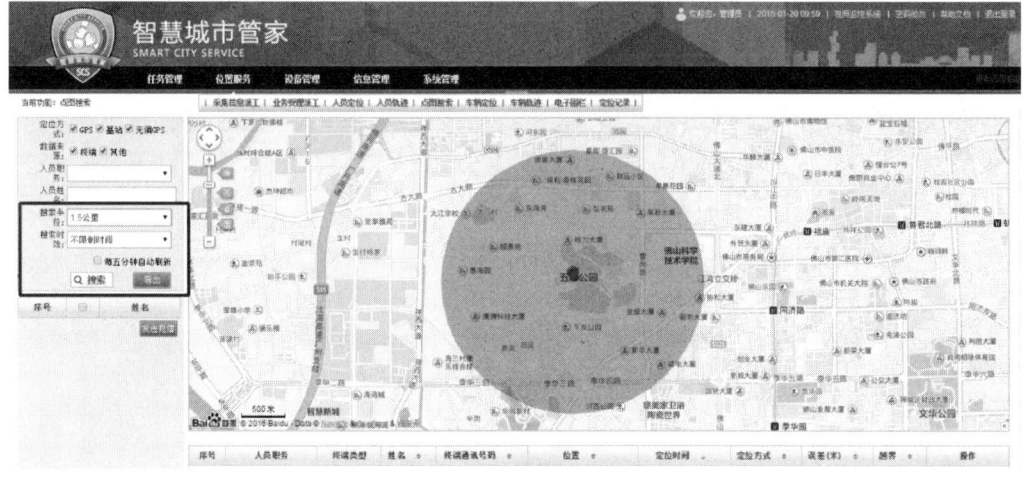

(b) 点图找人

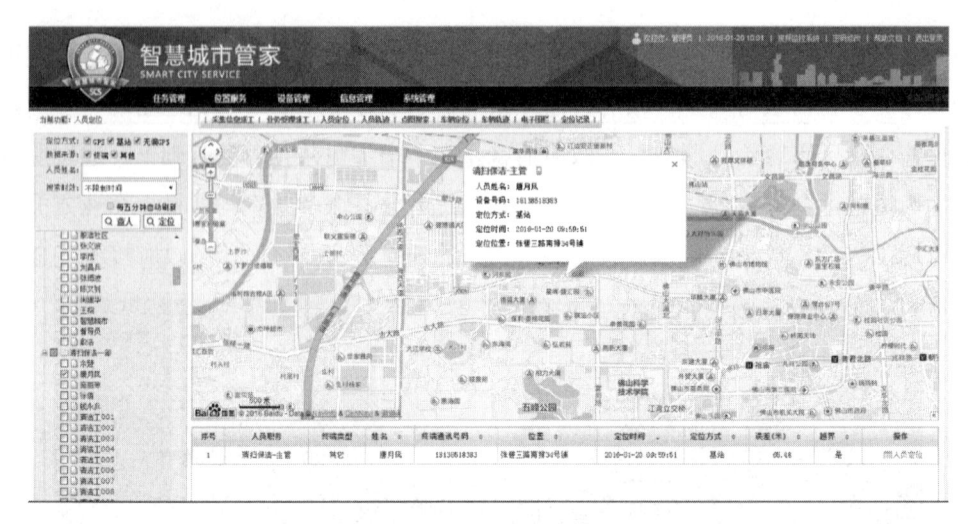

(c) 人员定位

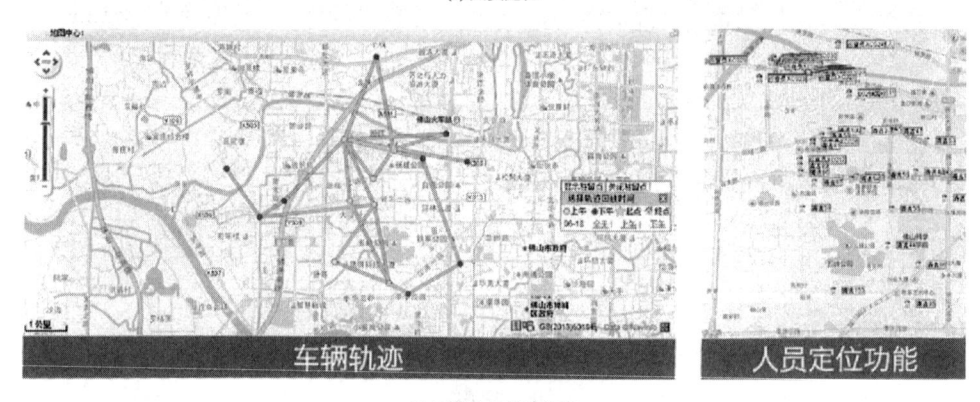

(d) 工作人员运动轨迹

(e) 任务派单

(f) 系统任务监控

图 13–9　智慧城市管家系统 SCSV1.0

资料来源：鑫梓润公司。

限性，鑫梓润公司要寻求更大的利润拓展与企业发展空间，则需要采取另外的渠道。在项目设计中，智慧城市管家的"1+N"模式为鑫梓润与张槎街道的合作提供了可持续模式。未来企业拓展和盈利空间主要在"1+N"的"N"项服务中。这里包括政府主导下的其他城市公共服务，亦包括市场主导下的各类社会服务。而基于智慧城市管家系统的鑫梓润公司在信息储备与资源整合方面，无疑拥有更大的竞争优势。而市场中广泛的社会服务需求将可能成为鑫梓润未来主要的盈利拓展空间。

（五）质量监督与激励

智慧城市管家的服务质量由政府、企业和民众三方主体共同监督，实行企业内部自我监督，政府定期质量评估，民众意见随时反馈的监督模式。企业内部监督包括网格内部自检和指挥中心、巡查人员抽检。最后，企业的运营监督部还会对网格、指挥中心和综合巡查的整体服务质量再进行稽核评价。政府监督主要为对企业是否履行合同内容进行检查，并设定完整的服务质量评估标准体系对企业服务水平进行考核。在评估标准中，以社区居委会为代表的民众评估意见占很大比重。

此外，政府还设定奖励措施激励企业提高服务质量。合同约定，政府每月支付相应的服务费用，且每季度进行服务考核，并拿出合同总额的 6%作为项目考核奖金，以促进智慧城市管家效率和服务质量。

服务成效方面，智慧城市管家运行以来，比照政府数字化城管的案件办结标准，大大缩短了服务任务的执行时间。24小时全覆盖的精细化智慧治理,大大改善了张槎的社区街道环境(图13-10)。

案件办结标准	处理数量	平均处理时效	平均节省时间
4小时应办结案件	114宗	1.75小时	2.25小时
1天应办结案件	29宗	8.05小时	15.95小时
2天应办结案件	96宗	16.4小时	31.6小时
3天应办结案件	18宗	1.22天	1.78天
5天应办结案件	27宗	1.86天	3.14天
7天应办结案件	8宗	0.7天	6.3天
15天应办结案件	172宗	7.2天	7.8天
30天应办结案件	1宗	6.1天	23.9天
90天应办结案件	1宗	19.9天	70.1天

图13-10 智慧城市管家2014年8~10月对数字化城管派件的处理时效

资料来源:鑫梓润公司。

四、佛山张槎街道社区智慧治理的模式借鉴

总体来说,佛山市张槎街道的智慧城市管家项目为城市社区的智慧治理提供了良好的参考模式。在治理主体方面,通过政府服务外包,形成了以政府引导、企业主导、民众参与的多方主体协作共治模式。通过合同的方式,政府对企业的具体服务内容与要求做出明确规定,并设定服务质量的评价标准以衡量企业服务水平。在必要时候,政府还可通过电子城管系统对智慧城市管家系统直接进行任务指派。为敦促企业提高服务效率与质量,政府另设定各类奖励措施以激励企业。政府的一系列行为在整个项目中良好地引导了企业的服务工作。除了政府的监督引导,社区民众在企业的服务工作中亦发挥着极为重要的作用。在具体的治理环节中,社区居委会和其他居民代表直接参与企业的治理工作,与企业共同协调社区的具体治理内容,尤其在应对环境突发状况时,企民合作发挥了极高的工作效率。而政府制定的企业服务质量评价标准纳入了社区居委会的评价意见作为主要评价依据,亦是民众参与和监督社区治理的实质性表现。

在治理方式方面,智慧城市管家以专业化运作方式,对传统城市管理方式进行创新,采用线上管理、线下服务的O2O治理模式,以及网格化管理、闭环式流程、综合巡查联

动、一体化服务等一系列创新型治理方式，充分实现了社区治理的责任包干和效率提升。而政府对企业设定的服务质量评价标准和奖励机制，亦是张槎社区智慧治理的制度创新措施。

在智能化手段运用方面，智慧城市管家以"智慧城市管家系统 SCSV1.0"为核心控制平台，连接各类智能信息终端，在线上对线下服务进行智能化统筹管理。

智慧城市管家的运作模式具有良好的拓展性，可推广至其他的城市服务功能。然而，目前的治理模式仍有诸多需要改进的。其中最关键的是社区智慧治理的制度保障。如，智慧城市管家项目中工作人员的数量配置是按照外包服务合同的要求确定的，人员数量与合同金额相对应。政府设定了外包服务的支付标准。外包金额的测算对应于工作区所需服务人员数量。而这种数量预测仍然按照传统作业方式估算，对于创新型的智慧治理模式显然是"供过于求"。对于实力较强的企业，尚能充分利用多余出来的人力资源；而对于实力较弱的小微企业，这多余的人力则很可能成为企业运营发展的负担。这便是社区治理模式创新的制度性滞后。因此，纵然要发挥多方力量去发展智慧型的社区治理模式，但最重要的是要建立起社区智慧治理的制度性保障。

五、本章小结

本章分析了我国社区治理的现状问题，并结合社区治理发展形势，从多方协作、治理方式创新和智能化手段三个方面对社区智慧治理进行路径架构，并介绍代表性成功案例——佛山市禅城区张槎街道"智慧城市管家"项目的运作情况，总结其在社区智慧治理方面的成功经验。张槎的"智慧城市管家"项目是街道政府将社区街道的市容治理工作外包给物业公司。在其运作过程中，采取了政府引导、企业主导、民众参与的多元主体协作方式；并在治理方式上进行创新，通过线上管理、线下服务的 O2O 模式，以及采用网格化管理、闭环式流程、一体化服务等一系列创新型治理方式，实现社区治理的责任包干与效率提升。同时，依托信息通信技术，以"智慧城市管家系统 SCSV1.0"为核心控制平台，对线下服务进行智能化管理。该项目为社区智慧治理路径提供了模式借鉴。然而，社区智慧治理的顺利施行需要有完善的制度保障。目前政府体制滞后，限制了社区智慧治理的效率发挥。因此，加强体制创新是未来社区智慧治理建设需要突破的重中之重。

第十四章　基于规划支持系统的历史街区智慧管理

一、历史街区智慧治理框架

随着我国城镇化进程加快，历史文化遗产所赖以生存的环境正日益遭受冲击，大量宝贵的文化遗产正面临着衰败和开发的双重压力，历史街区保护工作紧迫性日趋严峻。然而，历史街区保护是一项涉及综合性信息管理的复杂工作，需要进行大量历史资源地理信息数据的收集、分析和宣传。在当前保护经费和关注度都十分有限的情况下，传统基于人工操作的工作方法难以满足其复杂的数据管理需求，导致保护工作的进展缓慢。随着信息技术和互联网的发展以及城市数字化、信息化、智慧化的推进，特别是地理信息系统（Geographical Information System，GIS）、规划支持系统（Planning Support System，PSS）技术框架的发展和成熟，这些新进展给信息技术在历史街区保护领域的广泛应用提供了新的契机（杨哲，2002；陈述彭，2002），为提出依托于技术支持的历史街区智慧管理框架奠定了基础。

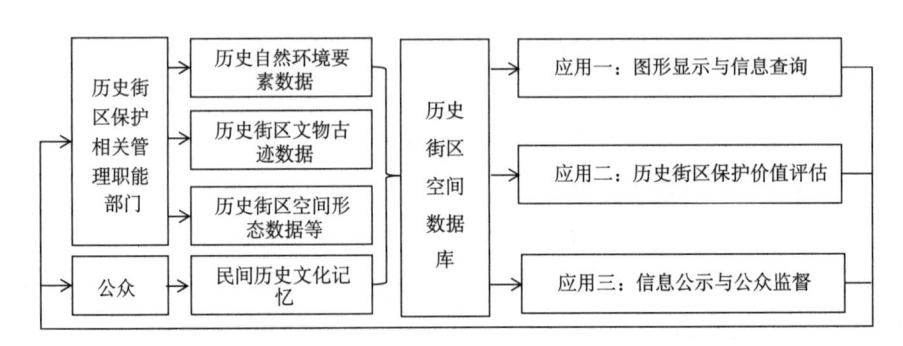

图 14-1　历史街区智慧治理理论框架图

历史街区智慧管理框架包括空间数据库建设和空间数据库应用两大部分。

历史街区保护的主体要素丰富，包括其植根的自然环境、独特的城市形态、文物古迹实体，甚至民间文化记忆等。这些保护要素一方面具有名称、年代、文化价值等反映其特征的属性信息，同时大部分也具有明确的空间地理信息（位置）。基于此，GIS 技术可以建立一个集合历史街区各类要素信息的空间数据库，实现将来源于各管理部门或者公众的多种类型和格式数据的整合保存，并将要素属性信息与其空间位置进行匹配。从而给历史街区管理工作提供一个系统、全面、可动态更新的空间数据库，协助管理部门开展高效、动态的城市历史资源保护和管理工作，大幅提高保护规划工作的效率。

空间数据库的应用价值首先是图形显示与信息查询。它可以协助管理者从空间和属性两个方面对保护要素进行查询和统计，并将结果以空间可视化的方式表达。其次，在已有数据库基础上，管理者对历史文化数据进行历史街区保护价值评估，分析结果可以协助规划人员在综合考虑多元相关资料相互影响的基础上做出科学的分析和规划决策，提高保护编制工作的科学性、合理性和技术性。这有助于改进传统的规划编制工作方法和技术路线，对历史文化名城的整体风貌保护发挥辅助决策的作用。最后，多图层叠合的历史街区数据库更有利于进行信息公示和公众监督，在信息技术的支持下可以将保护相关信息向公众发布。提高普通民众对历史街区文化的了解是历史保护工作应尽的普及教育义务，获得广泛的社会关注也是保证历史街区在公众监督下不被破坏和衰亡的舆论保障。

本章接下来以历史文化名城长沙市为案例，示范历史街区空间数据库的建设与应用。首先，研究收集、存档、分析长沙文化资源数据。然后，利用该数据库对长沙市历史街区的保护价值进行评价，科学评价维护、保护和重修长沙市历史街区的特征需求与紧迫度。最后，研究通过建立"长沙古城"网上平台（http://archlabs.hnu.cn/csgc），运用在互联网实现历史信息数据的大众共享和双向互动从而提高历史街区保护工作的公众关注度和参与度。

二、历史街区空间数据库设计

（一）技术开发环境和数据库设计

研究采用美国 ESRI 公司的 ArcGIS 10.2 为基础数据处理平台，对图形、图像及属性数据进行数字化集成，生产空间数据库所需要的基础数据图层。以 AutoCAD、Adobe Illustrator、Adobe Photoshop 作为图形处理辅助工具进行数据整理。网络地理信息系统开发基于 OpenGeo Suite 开源系统框架。其具体开发流程和技术框架如图 14–2 所示。

长沙历史街区空间数据库内各数据图层结构如图 14–3 所示。该数据库涵盖了长沙市现状环境数据、历史环境数据、现状历史资源保存数据以及边界数据。

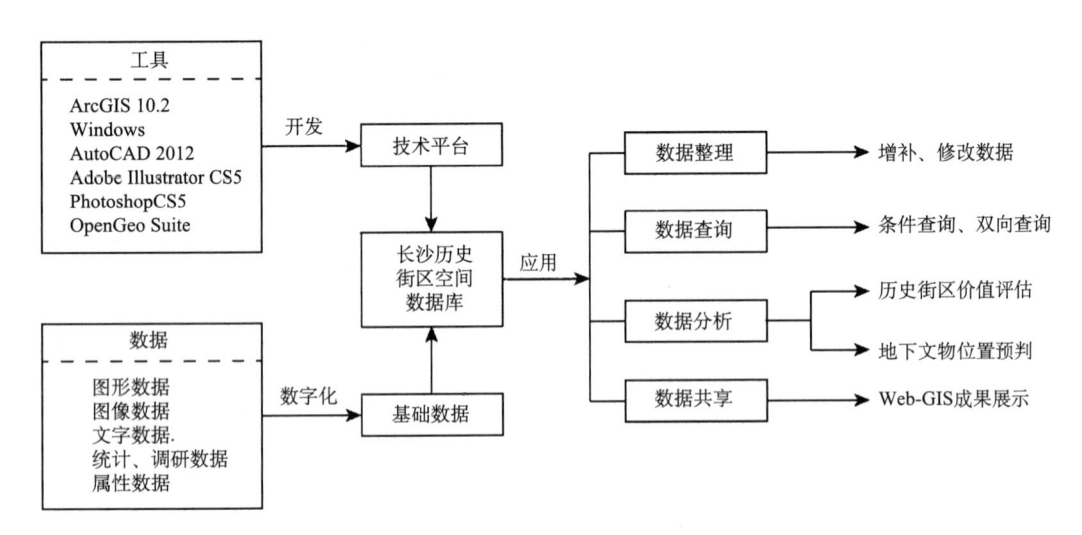

图 14–2　开发流程和技术框架

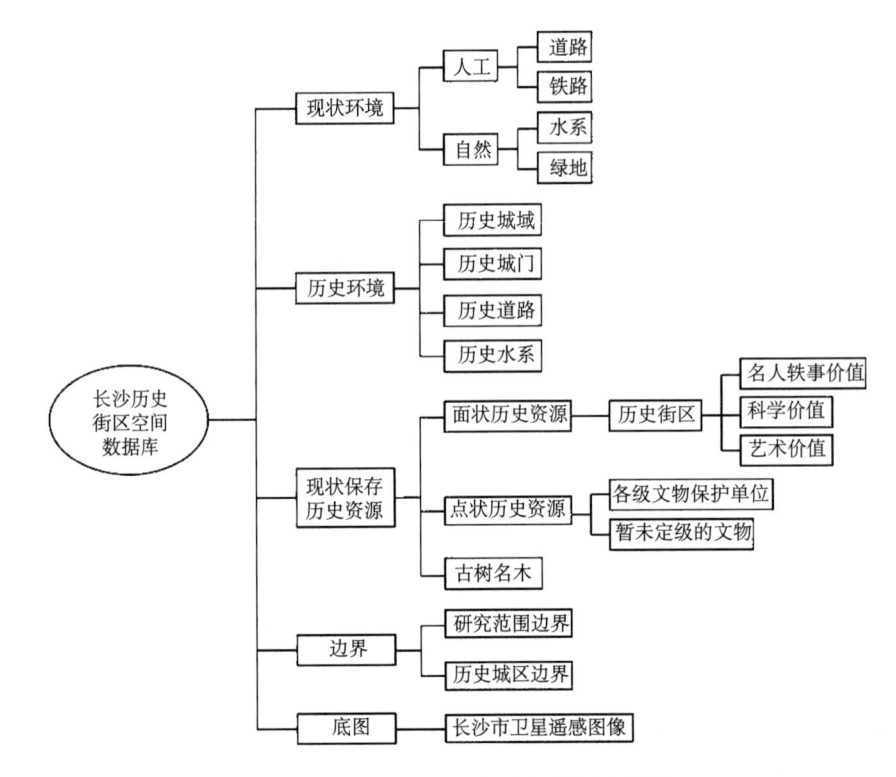

图 14–3　长沙市历史街区空间数据库设计

（二）数据范围、来源与分类

长沙历史街区空间数据库的空间范围是以明清城墙所围合的长沙老城为中心，北至浏阳河与湘江交汇处，南至南二环，西至潇湘路，东至东二环线（图14-4）。大部分数据主要通过查阅相关历史文献、访谈相关学者或实地勘探获得。另有部分数据需要在相关政府部门进行调研、搜集，还有的数据要通过召开专家会议打分获得。原始数据来源如表14-1所示。

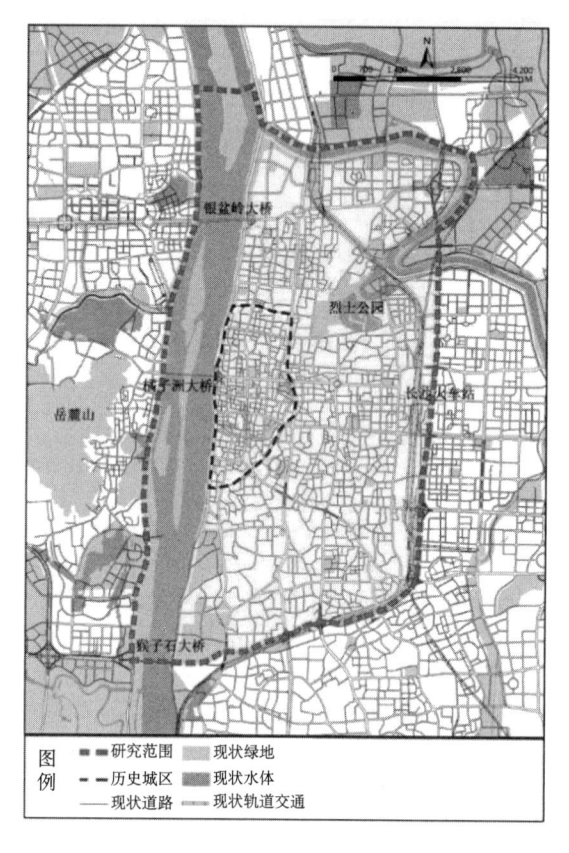

图14-4 研究范围

根据城市历史信息载体形态的不同，从逻辑上，可将概念模型的数据主要分为物质空间数据和活动行为数据两大类。

物质空间数据是城市物质要素所呈现的空间和属性数据集合，包括以下四类。①现状环境数据：是描述当前城市物质和社会空间形态的空间与属性数据集合，一般来自城

表 14-1　研究数据来源及用途

数据类型	时间	来源	用途
长沙市城市总体规划（2003~2020年）	2014年	长沙市规划设计院有限责任公司	建立空间数据库的基础
长沙市历史文化名城保护规划	2003年	长沙市规划设计院有限责任公司	
长沙市历史文化名城保护条例	2004年	长沙市第十二届人大常委会第十一次会议、湖南省第十届人大常委会第十次会议	
长沙市卫星遥感图像	2011年	长沙市勘测设计研究院	
长沙市历史街区现状照片	2013~2014年	作者自摄	
长沙市历史街巷及历史旧宅保护规划	2004年	长沙市规划管理局	作为研究对象数据
长沙市第三次全国文物普查	2004年	长沙市文物局	作为后期评价工作的定量研究参照数据
长沙市各级文物保护单位简表	2011年	长沙市文物局	
长沙市历代城域变化图	2006年	长沙市文物局	
长沙市历史地图资料合集	1639~1986年	长沙市文物局、长沙市地名办	
长沙八大公沟走向图	—	长沙市文物局	
长沙市排水图	2005年	湖南省图书馆	
长沙湘江边码头简图	—	湖南省图书馆	
长沙市古树名木建档登记表	2007年	《长沙市古树名木资源分析与研究保护》	
长沙市历史信息图像、文字记载数据	—	《湘城仿古录——湘城遗事记》《中国历史文化名城丛书：长沙》《中国长沙：历史街巷寻踪》《中国长沙：长沙老建筑》《中国长沙：留住历史的文脉》《古城长沙》《长沙地名古迹揽胜》等	根据图形、文字记载，推测相关历史信息的空间位置

市测绘图、航空影像图和现场采集成果等。空间定位需具备高精确性，是建立空间数据库的基础。现状环境数据主要包括地形、水系、道路、绿地等，以建立基本的空间参照。②历史环境数据：是由某一历史时期城市形态所抽象的空间和属性数据集合。一般该数据多来自历史文献、历史地图、考古资料以及相关领域的学术研究成果等。历史环境数据在搜集和转译的过程中容易受主观因素影响，因此该项数据比较适合作为定量的研究参照。该项数据主要包括历史城域、水系、道路以及城门等。③现状历史资源保存数据：是城市现有保存的历史资源所抽象成的几何形态的空间数据，以及其自身所具备的属性数据集合。该数据库主要包括历史资源点状要素、历史资源面状要素、古树名木。④边界数据：指各种统计边界的集合空间数据，包括历史城区范围、研究范围边界。

活动行为数据是指人们能够参与体验到的城市活动现象，是深刻影响一个地区的城市生活信息。一般该数据多来自历史文献以及相关学者的研究成果等。结合本章研究对象，该项数据包括以下三类。1. 名人轶事价值数据：指与历史街区相关的重大历史事件，历史人物的影响程度。2. 科学价值数据：指历史街区内具有典型特色的文化、社会、政治、军事、经济、科学、工业成果。例如，传统手工艺、传统产业及民俗精华等。3. 艺术价值数据：指历史街区现存景观艺术价值，包括街区现存的规模及完整程度，沿线风貌质量及沿线传统风貌连续性。由于活动行为数据不具备几何特性，因此将以上三项价值数据统一作为历史街区的属性数据存储于数据库内，便于以后的定性评价参考。

（三）数据转换和整理

1. 数据格式转换和坐标配准

从各种渠道收集的基础数据格式多种多样，需要入库的数据可以从性质上分为图形数据（矢量数据）、图像数据（栅格数据）和属性数据（文本和数字数据）三种。为了将不同的数据转换成适用于空间数据库的格式进行统一叠加储存，需要对其进行格式转换和坐标配准，具体操作分为以下几个步骤。

（1）矢量图形数据处理

规划成果数据导入 GIS 数据。《长沙市城市总体规划》《长沙市历史文化名城规划》等相关规划成果包含了大量的城市空间矢量数据。案例以长沙市规划成果 AutoCAD 矢量图形为底图，在 ArcGIS 软件平台下将 dwg 格式的矢量图像文件转换成 shp 格式，进行现状环境、边界因子的提取，分别生成现状道路图层、现状轨道交通图层、现状水体图层、现状绿地图层、历史城区图层。

保护名录数据导入 GIS 数据。对于《长沙市历史街巷及历史旧宅保护规划》《长沙市国保单位简表》《长沙市域内省级文物保护单位情况一览表》《长沙市市级文物保护单位情况表》《湖南省长沙市第三次全国普查登记不可移动文物名录》及《长沙市第三次全国文物普查表》所包含的历史信息，研究结合 2007 年长沙市城市总体规划 dwg 格式文件，利用 ArcGIS 软件将历史街区、历史资源保护点图层提取，并转换成 shp 格式导入空间数据库。

（2）栅格图形数据处理

历史地图坐标配准。各个历史时期的城市地图形式各样，对资料中的历史信息空间要素需要进行提取、定位和矫正，最终叠加绘制成可度量的城市历史地图。本次研究共搜集长沙市历史地图 20 幅，从中筛选出真实性、精确度、可信度高的 10 幅历史地图（1818~1949 年），进行历史地图空间信息配准，提取地图中的路网数据从而得出各时期的历史道路 GIS 数据图层。例如，首先在 ArcGIS 里加载《长沙市略图》栅格图像（图14-5(a)），使用地理配准工具添加配准控制点。为了使坐标配准后尽量保证结果准确，一般设置 2~3 个控制点（尽量围绕中心城区平均设置）；在配准完成后保存好结果图像文件（图 14-5(b)）；最后，将配准好的《长沙市略图》栅格图像中的道路图形提取出来，导入空间数据库，作为本数据库 1949 年历史道路图层（图 14-5(c)）。

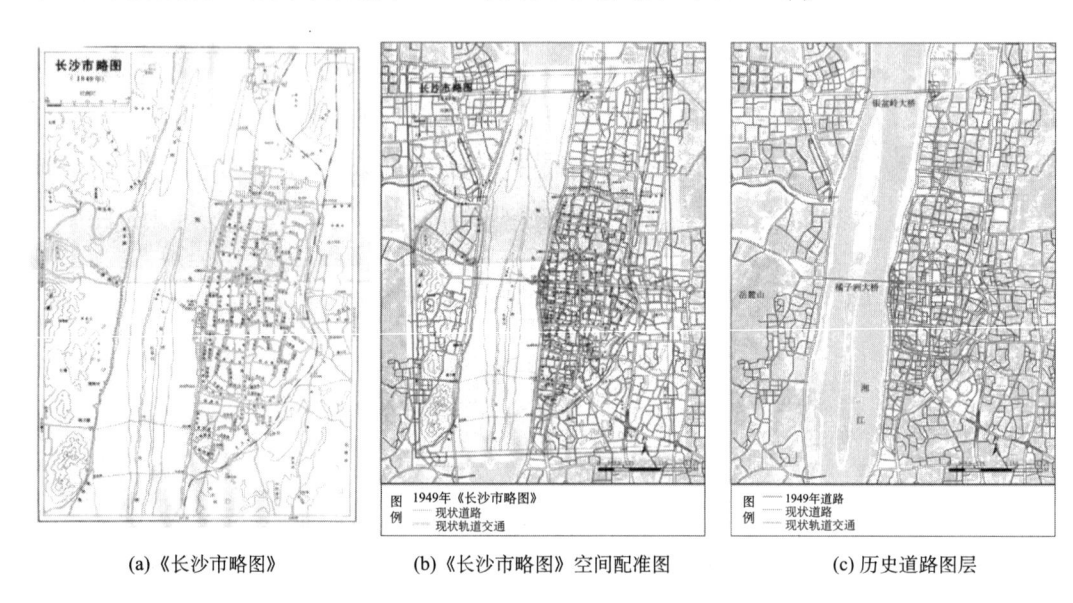

(a)《长沙市略图》　　(b)《长沙市略图》空间配准图　　(c) 历史道路图层

图 14-5　历史道路地图坐标配准

长沙案例中，由于民国之前我国制图缺失科学制图的方法，所搜集到的明清时期历史地图多存在地理位置不准确、包含地理信息简单的问题，故与现状路网不完全匹配情况（图 14-6），因此在后期数据分析的过程中，要注意由此导致的评判误差。

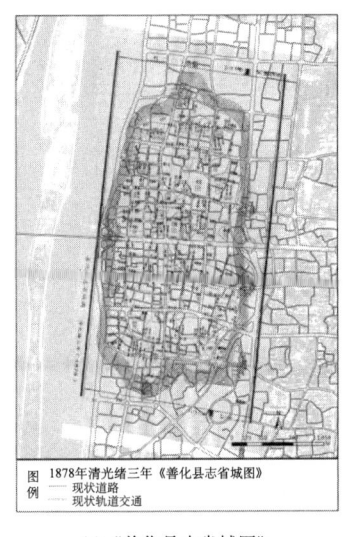

第十四章 基于规划支持系统的历史街区智慧管理　197

(a)《善化县志省城图》
（清光绪三年）

(b)《长沙县志省城图》
（清同治十年）

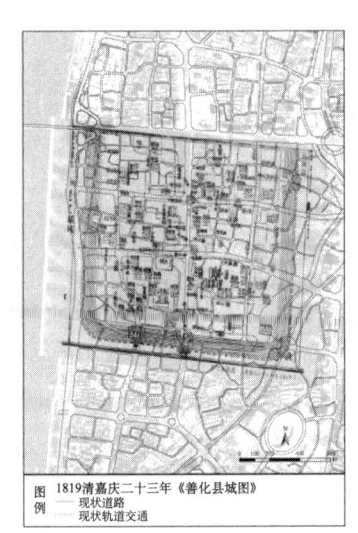

(c)《善化县城图》
（清嘉庆二十三年）

图 14-6　历史地图坐标配准

分析图像成果坐标配准。针对已有的栅格图像研究成果也可进行空间配准。例如，将《长沙历代城域变化示意图》《八大公沟①走向图》等栅格图像进行地理坐标空间配准，从中分别提取长沙历代城域及八大公沟栅格图层（图 14-7、图 14-8），具体操作步骤同上。值得注意的是，案例所采用的部分图像数据成果属相关学者的推论，仍有待考古证实，故某些成果还存有争论异议（如有长沙文史研究学家梁小进先生曾提出长沙宋元时期城域范围应向北扩张，甚至超过明清时期城域范围）。这一部分的学术争论则有待后期进一步的考古发掘、学术研究证实。该 GIS 空间数据可根据研究成果随时动态更新、增补新内容。

（3）文史研究资料及地名信息处理

相关文史研究资料中记载的城市历史信息空间位置描述也需要进行提取、筛选，结合现代地图进行空间定位，最终绘制成可分析的城市历史要素图层。例如，根据《长沙地名古迹揽胜》一书关于历史城门长乐门的描述"六堆子、五堆子位于今青少年宫后。六堆子西起左局街，东至五堆子；五堆子西起六堆子，东止又一村。六堆子、五堆子原

---

① 公沟：即古时的排水体系。古时公沟多为砖石砌成的暗沟。雨水从麻石缝下漏，进入公沟汇合流入江河。

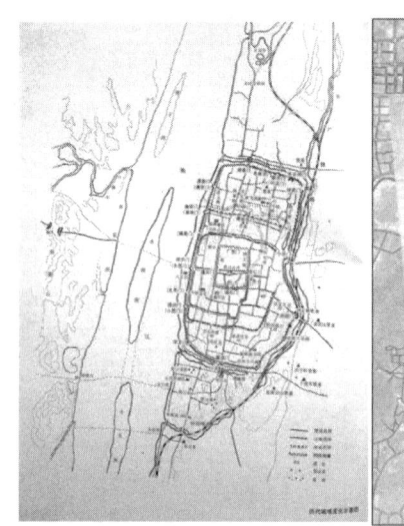

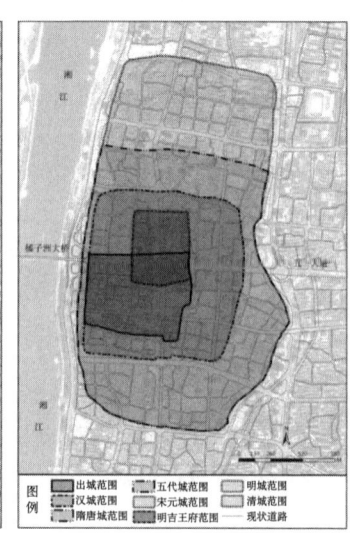

(a) 长沙历代城域变化示意图　　(b) 历代城域变化—空间配准　　(c) 长沙历史城域图层

图 14-7　长沙历代城域变化图坐标配准

(a)《八大公沟走向图》　　(b) 八大公沟—空间配准图　　(c) 长沙八大公沟图层

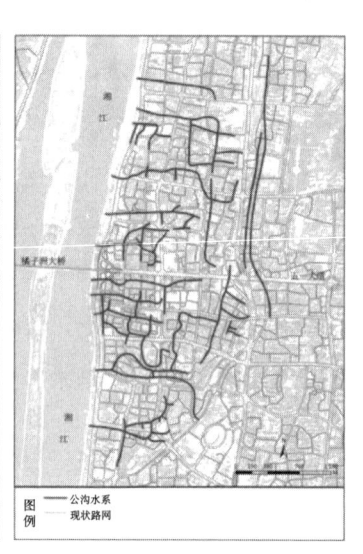

图 14-8　长沙公沟水系图坐标配准

名六堆口、五堆口，系唐代长沙城北门护城河所在处的地名。唐代长沙城比宋代长沙城要小得多。有学者推测唐代长乐门的遗址即在六堆口……"（陈先枢等，2002），由此结合长沙现代相关地名信息进行定位，从而判断该长乐门的具体位置。同法可推定长沙其他城门大致位置。同样，由于文史研究资料的真实性仍有待后期进一步的考古发掘、学术研究证实。该项研究数据后期也须动态更新、修改及增补。

（4）地理坐标数据处理

随着GPS技术的推广，目前部分管理部门已经开始收集地理坐标数据，因此，需要通过资料中的点状要素的经纬度坐标生成shp文件，导入空间数据库。例如，案例研究从2007年园林局公布的《长沙市古树名木建档登记表》提取中心城区内的古树名木的地理坐标数据制作成《古树名木汇总表》Excel表格。然后，在ArcGIS中加载此表（图14–9(a)），其中X代表树木的纬度数据、Y代表经度数据，使用菜单命令"Display XY Data"，在"X Field"和"Y Field"内选择相应的经纬度数据栏（图14–9(b)），并导出生成古树名木shp文件作为数据库古树名木图层（图14–9(c)），生成的GIS空间数据定位精准。

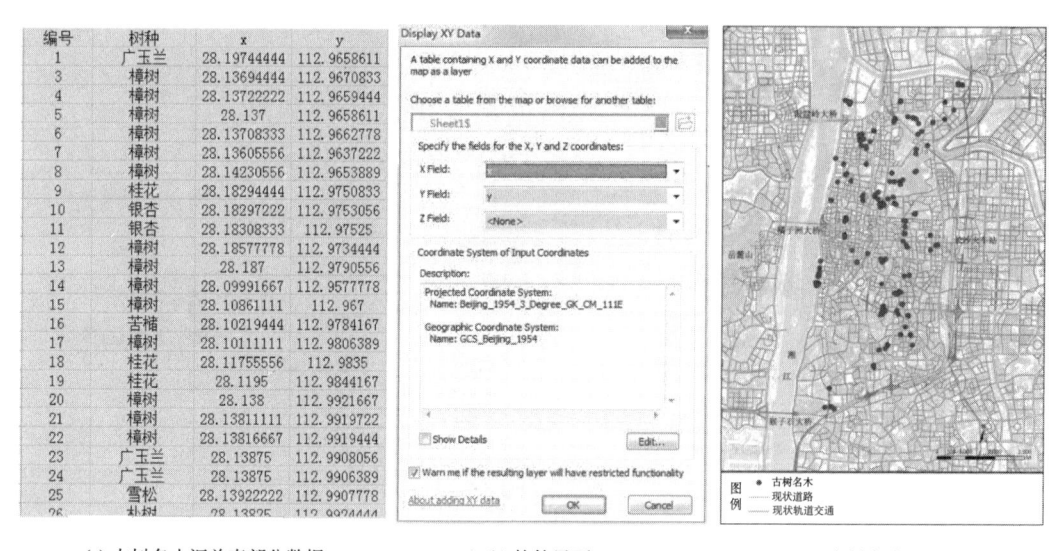

(a) 古树名木汇总表部分数据　　(b) 软件界面　　(c) 古树名木图层

图14–9　古树名木地理坐标数据转换

2. 要素分类、命名和编码

根据设计把所有要素分为四个类别：现状环境要素、历史环境要素、现状历史资源保存要素及边界要素。各类要素需要记录详细的分类信息（如表14–2）。

表 14–2　要素分类信息表

	类型名称	几何类型	属性表名	备注
现状环境要素	道路要素	线	DLYS	
	铁路要素	线	TLYS	
	水系要素	多边形	SXYS	
	绿地要素	线	LDYS	
	长沙市卫星遥感图像	—	—	
历史环境要素	城域要素　朝代分期	多边形	*CYYS	*代表历史阶段缩写；如"清光绪"为"QGX"
	道路要素　朝代分期	线	*DLYS	
	水系要素　公沟	线	GGYS	
	古井	点	GJYS	属人工水系资源
	港湾	点	GWYS	
	江渡、码头	点	JDMTYS	
	水塘	点	STYS	
	古桥	点	GQYS	属自然水系资源
	名泉	点	MQYS	
	城门要素	点	CMYS	
现状历史资源保存要素	历史资源面状要素	线	JXYS	此为评价对象
	历史资源点状要素　国家级	点		
	省级	点		
	市级	点	*ZYDYS	*代表保护级别，如"国家级"为"GJJ"
	一般级别	点		
	未定级	点		
	古树名木	点	GSYS	
边界要素	研究范围边界	多边形	YJYS	
	历史城区边界	多边形	LCYS	

要素数据图层需要根据通用性、扩展性和易读性为原则进行命名。案例研究的长沙历史街区空间数据库的命名方法为：

①型名称_②信息内容_③信息子分类

例如，"Preservation_Condition_Historic_Site_GJJ"表示现状历史资源保存要素下的历史资源点状要素中的国家级文物保护单位。每个代码名称之间用"_"号分隔。空间数据库中各要素图层具体命名结果见表 14–3。现状环境要素、边界要素的编码方式以此类推。

表 14–3 要素分类命名规则表

类型名称			专题图层层名
现状环境要素	道路要素		Current_Environment_Road
	铁路要素		Current_Environment_Railway
	水系要素		Current_Environment_Hydro
	绿地要素		Current_Environment_Green
	长沙市卫星遥感图像		Current_Environment_Satellite_remote_Sensing_image_of_CS
历史环境要素	城域要素	朝代分期	Historical_Environment_Wall_*
	道路要素	朝代分期	Historical_Environment_Road_*
	水系要素	公沟	Historical_Environment_Hydro_Ditch
		古井	Historical_Environment_Hydro_Well
		港湾	Historical_Environment_Hydro_Wharf
		江渡、码头	Historical_Environment_Hydro_Harbour
		水塘	Historical_Environment_Hydro_Pond
		古桥	Historical_Environment_Hydro_Bridge
		名泉	Historical_Environment_Hydro_Spring
	城门要素		Historical_Environment_Gate
现状历史资源保存要素	历史资源面状要素		Preservation_Condition_Historical_Street
	历史资源点状要素	国家级	Preservation_Condition_Historic_Site_**
		省级	
		市级	
		一般级别	
		未定级	
	古树名木		Preservation_Condition_Tree
边界要素	研究范围边界		Boundary_Range_of_study
	历史城区边界		Boundary_Ancient_City

*代表历史阶段缩写；如"清光绪1878"为"QGX1878"；**代表保护级别，如"国家级"为"GJJ"。

进一步，本着简约、准确、易懂、避免重复的原则，各要素数据图层内部的具体要素也要进行编码，生成各个要数唯一的登记编号。各类要素代码由阿拉伯数字字符组成，编码规则为：①X②XXXX③XX。

编号①为两位位阿拉伯数字表示所标识的要素类型，根据表 14-4 确定。标号②为四位阿拉伯数字表示所标识要素子分类序列，其中历史城域及道路要素按照朝代分期分子类；历史水系依据水系类型分子类：如公沟、古井、古塘等；历史资源点状要素依据保护级别分子类。而标号③为两位阿拉伯数字表示所标识的要素数量序号。例如，历史水系要素中的古井要素编码：古井属历史水系，故①号编码为 5，根据古井在历史水系子分类排序，②号编码为 0001。本数据库记录古井共十口，故③号编码从 01 至 10 排序。水丰井编码为“5000101”，所有编码最终录入字段 DJBH（登记编号）中（图 14–10）。

表 14–4　要素分类代码

要素名称	面状历史资源要素	点状历史资源要素	古树名木	历史城域	历史道路	历史水系	历史城门
代码	0	1	2	3	4	5	6

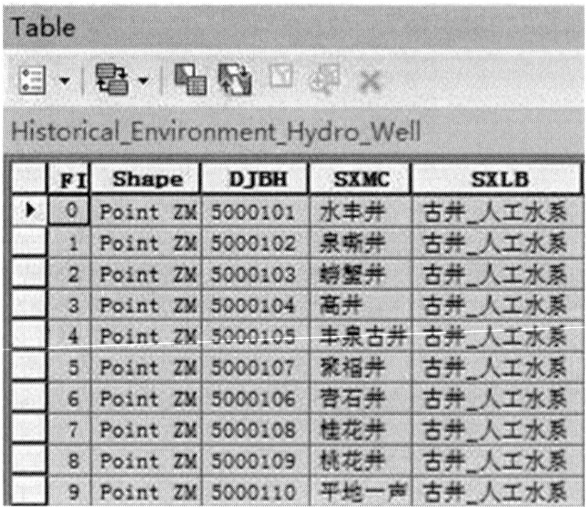

	FI	Shape	DJBH	SXMC	SXLB
▶	0	Point ZM	5000101	水丰井	古井_人工水系
	1	Point ZM	5000102	泉嘶井	古井_人工水系
	2	Point ZM	5000103	螃蟹井	古井_人工水系
	3	Point ZM	5000104	高井	古井_人工水系
	4	Point ZM	5000105	丰泉古井	古井_人工水系
	5	Point ZM	5000107	聚福井	古井_人工水系
	6	Point ZM	5000106	青石井	古井_人工水系
	7	Point ZM	5000108	桂花井	古井_人工水系
	8	Point ZM	5000109	桃花井	古井_人工水系
	9	Point ZM	5000110	平地一声	古井_人工水系

图 14–10　历史水系—古井编码设计

3. 属性表格结构设计

确定要素的分类、命名和编码之后，需要为每种要素设计属性信息表结构，将属性信息登入表格后便可与要素的空间信息一起录入空间数据库。依据要素分类命名规则，属性表设计主要分为现状环境要素属性表、历史环境要素属性表、现状历史资源保存要素及边界要素。属性表包括序号、字段名称、字段代码、字段类型、字段长度、小数位和缺省值。在设计要素属性表的结构时，字段内容要尽量涵盖要素全部信息，另外在数据库的使用过程中。随着研究深入，字段也会不断需要更新和增添。因此该体系应满足在项目进展过程中可随时动态更新。例如，历史环境中历史古井的属性资料包括ID编号、数据类型、登记编号、水系名称、水系类别、所属年代、水系地址、备注信息（表14-5）。

将历史古井的属性数据登入表后，便可录入空间数据库，并利用独立编码结合其相应空间图形数据，基于ArcGIS软件平台，实现在空间数据与属性数据的双向查询。长沙历史街区空间数据库各专题要素属性数据记录在Excel表格中，并通过匹配编码字段输出到ArcGIS的数据库中存储。

表14-5 历史环境水系（古井）要素属性表（MQYS）

序号	字段名称	字段代码	字段类型	字段长度	小数位	缺省值
1	ID序号	FID	Object ID	—	—	NO
2	数据类型	Shape	Geometry	—	—	NO
3	登记编号	DJBH	Text	10	—	NO
4	水系名称	SXMC	Text	25	—	NO
5	水系类别	SXLB	Text	15	—	NO
6	所属年代	SSND	Text	25	—	NO
7	水系地址	SXDZ	Text	110	—	NO
8	备注信息	BZXX	Text	200	—	NO

4. 历史数据专题图层设置

由于各个城市的历史变迁、自然环境变化等多种原因，不同城市的历史空间格局各具特色，其环境构成要素各有千秋。本章根据长沙历史文化名城保护规划原则设置以下专题图层：

现状道路：包括城市各级道路和交通节点。

现状铁路：城市轨道交通要素。

现状水系：构成城市空间物质形态重要的水体空间要素，是自然因素和人为因素并重的典型代表。

现状绿地：城市绿色开放空间，是研究环境质量品质的重要因素之一。

历史城域：即长沙历代城墙围合范围（图14-11）。

历史城门：为古代沟通城市与外界的窗口，同时构成城市的方位体系，具有管理、公众传媒和市场的作用（图 14–12）。

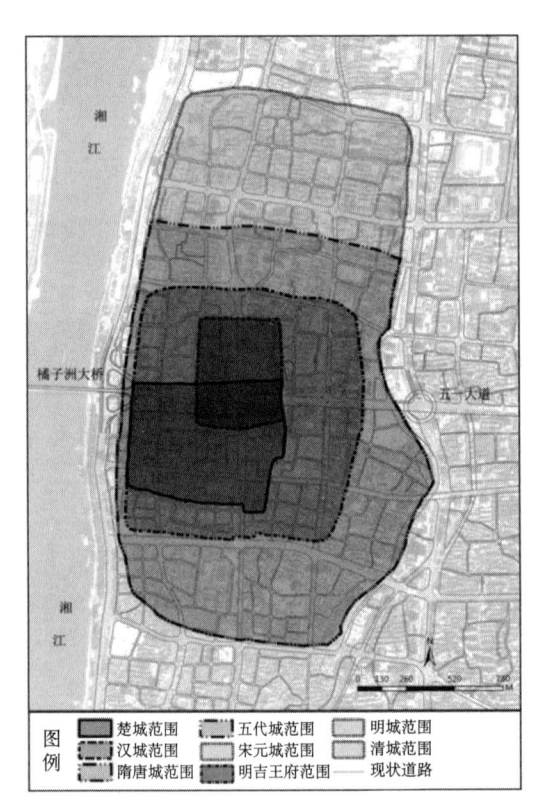

图 14–11　历史城域发展　　　　　　　　图 14–12　历史城门分布

历史道路：从各朝代地图上提取出的道路要素。

历史水系：与历史格局关系密切的水系要素，包括古代公沟、古井港湾、码头等（图 14–13）。

历史资源面状要素：本章中指保存文物特别丰富，并且具有重大历史价值或革命纪念意义的街区。历史街区应具备比较完整的历史风貌、一定的地域特色和人文特色，保有良好的空间尺度以及生活氛围。它也是反映历史文化名城建筑风貌和特色景观的主要视觉廊道（图 14–14）。

历史资源点状要素：指具有历史、艺术、科学价值的古文化遗址、古墓葬、古建筑、石窟寺和石刻等。包括各级文物保护单位及其他暂未定级文物（图 14–15）。

古树名木：指树龄在百年以上的大树或树种稀有、名贵的树木，以及具有历史价值、纪念意义的树木（图 14–16）。

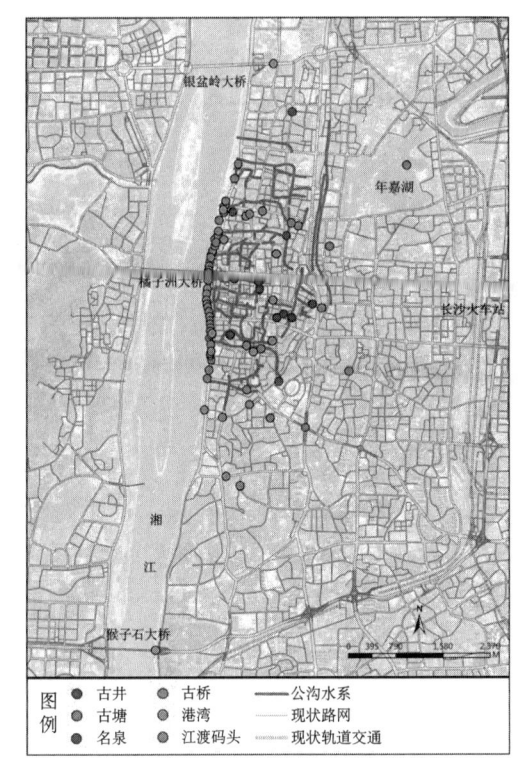

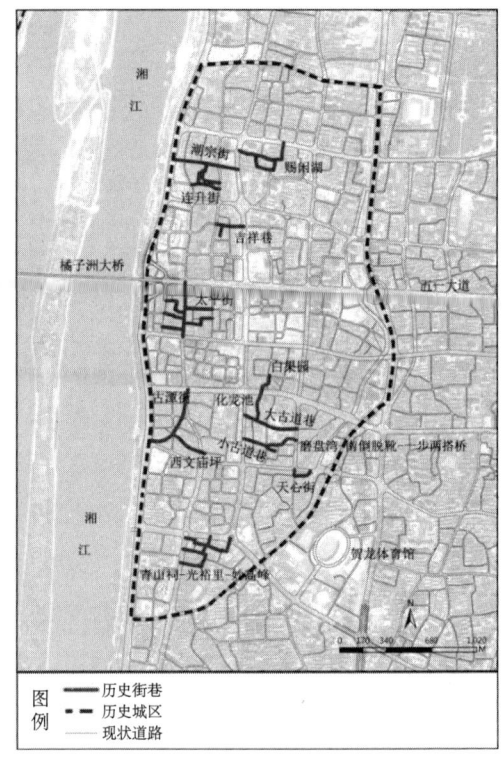

图 14-13　历史水系分布　　　　图 14-14　历史街区分布

研究范围边界：指本次研究所涉及的空间范围。

历史城区边界：《长沙市城市总体规划（2003~2020 年）》中历史文化名城保护规划的历史城区边界。

底图：遥感影像和测绘地形图。

三、历史街区智慧治理应用

空间数据库在长沙历史街区智慧治理工作中应用广泛。首先，它能完成对中心城区内现状调查资料的输入、存储、管理等功能，实现各类保护要素的图形、属性数据的双向查询、检索、分析，从而大幅提高保护管理的工作效率。同时，在多源数据集成的基础上，数据库可以应用 GIS 技术针对历史街区的保护价值进行综合评价和判断。此外，通过建立长沙市历史信息的网络地理信息系统平台，还可实现空间数据的大众共享和信息反馈，为公众提供一个权威、便捷的历史信息检索平台。

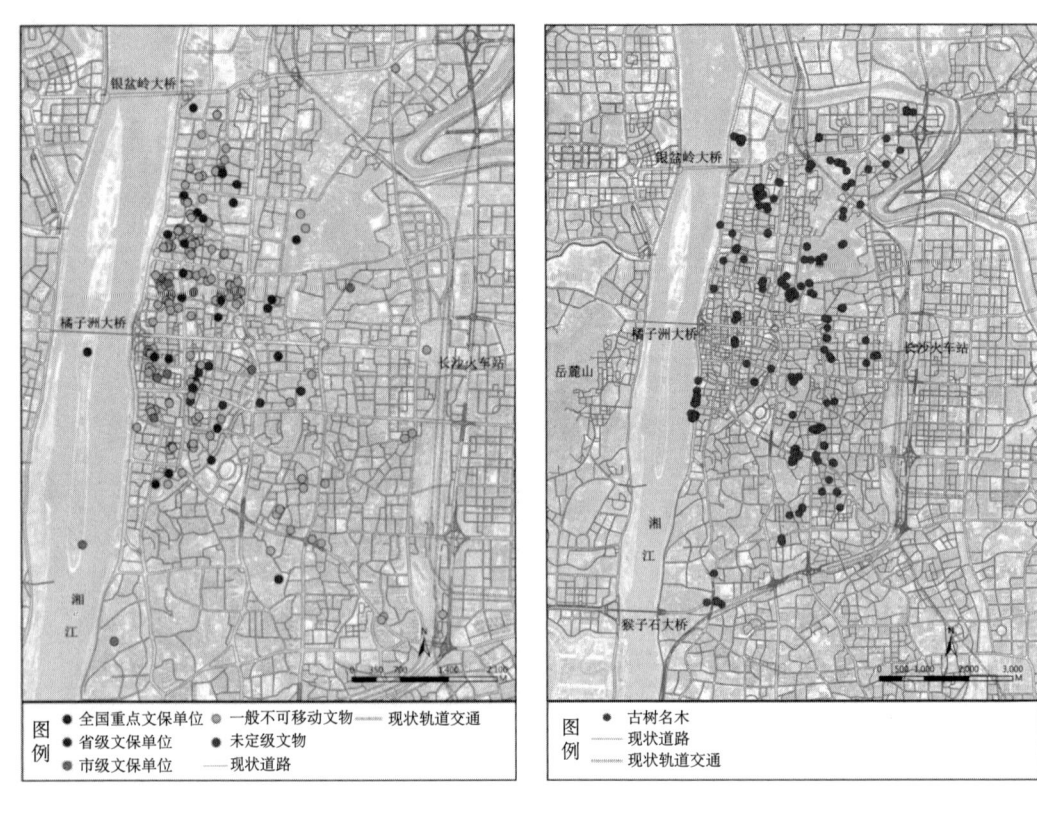

图 14-15　历史资源点状要素分布　　　　图 14-16　古树名木分布

（一）应用一：图形显示与信息查询

在城市历史文化名城保护规划朝着多层次、控制性发展的今天，常常需要将历史保护资源相关数据进行图示化表达。在历史文化名城长沙中心城区内集中存在大量类别繁杂、年代各异的历史资源。利用 GIS 技术可实现在"一张图"内综合表达历史文化名城的基础数据要素。而相关图形数据在 GIS 软件界面中可根据专题图层类型直观显示，并根据数据的类型不同，采用不同的符号或色相来进行区分显示，绘制专题分析图，从而直观有效地展示城市历史文化资源。同时，空间数据库还可实现历史资源的空间、属性数据双向查询，有利于保护数据的跨部门共享和协作。

GIS 技术将城市历史资源的空间数据和属性数据结合为整体，实现了空间数据和属性信息的交互检索。高效高质管理海量历史信息资源，亦是文化街区保护规划编制数据分析和管理的基础。

（二）应用二：评估历史街区保护价值

基于详实的长沙历史街区空间数据库空间数据和属性数据基础，结合高效的算法进行空间分析，构建了以空间数据库为平台的长沙市历史街区保护评价体系（表 14-6）。该套评价指标可辅助文物保护或者城市规划部门制定适宜的保护政策。

表 14-6 长沙市历史街区评价指标体系和打分依据表

目标层	准则层	指标层	评价因子层	权重	指标释义	评价方法和打分依据
长沙市历史街巷综合保护价值	环境价值	协调性	历史资源点	0.238	历史街区与周围历史保护环境的协调统一度；历史资源点指具有历史、艺术、科学价值的古文化遗址、古墓葬、古建筑、石窟寺和石刻等。按保护级别分为 1. 全国重点文保单位；2. 省级文保单位；3. 市级文保单位；4. 一般不可移动文物；5. 未定级文物。	GIS 空间分析：提取历史资源点层做缓冲区，对比历史街区层，按缓冲区内的历史资源点的数量、保护级别综合赋值1~5分，街区周围历史资源点越多、等级越高，分值越高。
	生态价值	完整性	古树名木	0.062	历史街区周围生态环境的完整度；古树名木指树龄在百年以上的大树或树种稀有、名贵或具有历史价值、纪念意义的树木。	GIS 空间分析：提取古树名木层做核密度分析，对比历史街区层，按古树名木的密度赋值1~5分，街区周围古树名木密度越大，分值越高。
	历史价值	悠久性	历史城域	0.138	历史街区所在地段的历史久远度；历史城域指各朝代历史城墙围合范围，包括有 1. 楚；2. 汉；3. 隋唐；4. 五代；5. 宋元；6. 明吉王府；7. 明；8. 清，共八组朝代的城域范围。	GIS 空间分析：提取各朝代历史城域层做叠加分析，计算得城市历史悠久性，对比历史街区层，按城市历史悠久性分别赋值1~5分，历史悠久性越高，分值越高。
		变迁度	历史道路	0.176	历史街区位置场所的变迁度；历史道路指各朝代地图中道路层，包括有 1. 1986；2. 1949；3. 1928；4. 20世纪20年代；5. 1913；6. 1912；7. 1878；8. 1872；9. 1819；10. 1818，共十个年代的地图资源。	GIS 空间分析：提取各朝代历史地图中道路层，对比其与历史街区资源重合度，按其重合程度分别赋值1~5分，重合度越高，分值越高。
		便利性	历史水系	0.048	历史街区居民的生活取水、水系交通的便利度；历史水系指人工水系（公沟、古井、港湾、江渡码头）；自然水系（塘、桥、泉）。	GIS 空间分析：提取历史水系层做缓冲区，对比历史街区层，按缓冲区内水系资源数量、距离分别赋值1~5分，街区周围水系资源越多、距离越近，分值越高。

续表

目标层	准则层	指标层	评价因子层	权重	指标释义	评价方法和打分依据
长沙市历史街巷综合保护价值	历史价值	名人轶事影响度	—	0.135	与历史街区相关的重大历史事件，历史人物的影响程度。	专家会议打分：综合意见按历史街区名人轶事价值高低赋值1～5分，价值越高，分值越高。
	科学价值	历史职能鲜明性	—	0.081	历史街区内具有典型特色的文化、社会、政治、军事、经济、科学、工业成果。（例如传统手工艺、传统产业及民俗精华等）	专家会议打分：综合意见按历史街区典型性价值高低赋值1～5分，价值越高，分值越高。
	艺术价值	景观风貌、美观性、完整性	—	0.122	历史街区现存景观艺术价值，包括街区现存的规模及完整程度，沿线风貌质量及沿线传统风貌连续性。	专家会议打分：综合意见按历史街区艺术价值高低赋值1～5分，价值越高，分值越高。

基于该评价体系，针对14片历史街区进行量化分析评价，获得其专项价值（如图14-17显示3个区的专项价值）和综合价值（图14-18），依据保护评价的结果分析，提出长沙历史街区的特征保护建议、分级保护建议（图14-19(a)），建立判断矩阵横向比对得历史街区保护紧迫度建议（图14-19(b)）。从而获得历史街区保护优先级别，辅助城市规划工作者制订相关保护和更新计划，为保护评价与保护措施科学制定、实施之间搭接技术支撑桥梁。

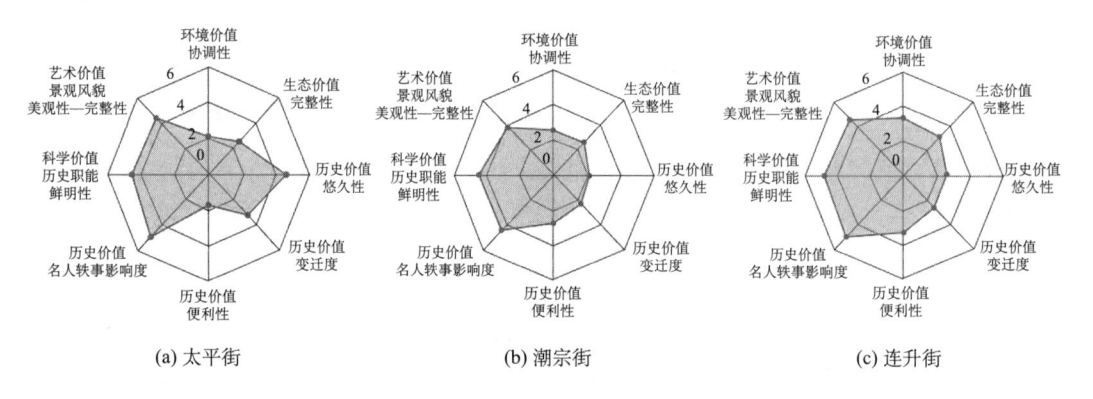

(a) 太平街　　(b) 潮宗街　　(c) 连升街

图14-17　历史街区专项保护价值结果雷达图

历史街区综合保护价值评分结果		
序号	街区名称	综合保护价值
01	太平街（含马家巷、孚家巷、金线街、太傅里、西牌楼）	3.529
02	潮宗街(含九如里、梓园)	3.059
03	连升街	3.015
04	吉祥巷(含同仁里)	2.839
05	赐闲湖（含五堆子、六堆子、左局街）	2.6
06	白果园	2.038
07	化龙池	2.868
08	大古道巷	2.804
09	小古道巷	2.628
10	磨盘湾—南倒脱靴—一步两搭桥	2.637
11	天心街	2.557
12	古潭街（含下黎家坡—学宫门正街）	2.739
13	西文庙坪	2.381
14	青山祠—光裕里—妙高峰	2.519

图 14-18　历史街区综合价值结果

由历史街区综合价值计算结果，将长沙历史街区保护等级分为四级。①需要严格保护的历史街区是太平街，该街区与长沙历史及当代城市格局都有密切关系，需保持良好的沿线风貌；②重点保护的历史街区有潮宗街、连升街、白果园；③次重点保护的街区包括吉祥巷、化龙池、大古道巷、小古道巷及古潭街；④一般类保护街区有赐闲湖、西文庙坪、磨盘湾—南倒脱靴—一步两搭桥、天心街及青山祠—光裕里—妙高峰。

严格保护类：对于严格保护类的历史街区原则上不得使其灭失，同时为之制定相应的保护法规，划定保护范围，明确保护措施。街区两侧的新建、改建、扩建的建筑体量、形式、风格、色彩等要求与周边历史风貌相协调。统一设置标志牌，并明确标明其名称、历史背景、文化艺术价值等基本信息。

重点保护类：对于重点保护类历史街区一般不得使其灭失，同时通过相关规划编制予以保护，主要目标是保护历史街区格局及其周边环境，营造保护氛围。可结合绿化、铺地、街道小品、空间塑造等方式来突出其展示与标识的价值，并结合文化旅游来具体设计。

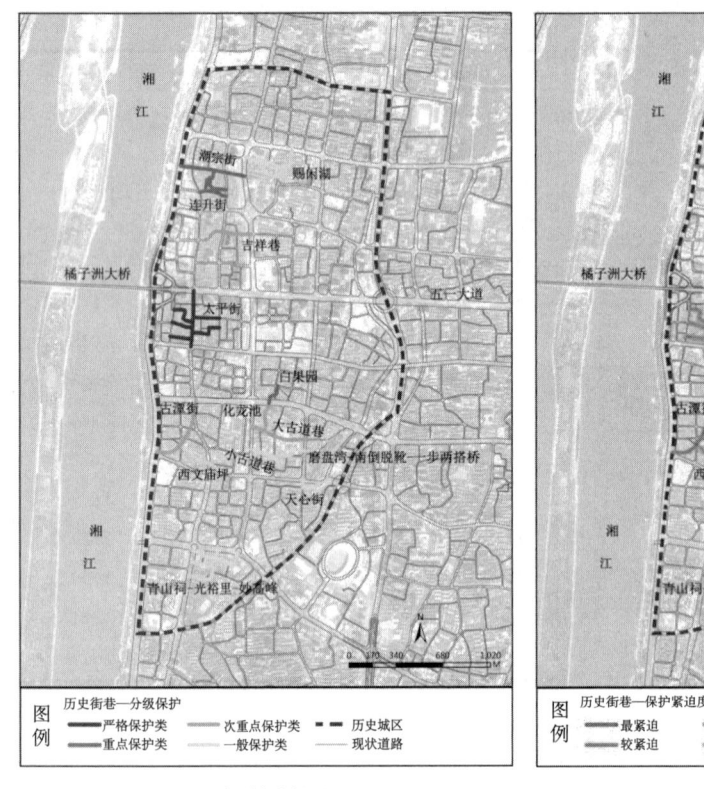

(a) 重要性分级图　　　　　　　　　　(b) 保护紧迫度

图 14-19　历史街区保护重要性和紧迫度分级

次重点保护类：保护原则与重点保护类相同，保护力度可较之减弱。对于街区重点保护节点可突出其综合保护价值的意义，通过空间塑造等方式来提升展示的价值。

一般保护类：对于一般保护类街区尽量保持其走向，保留名称，进行挂牌标识。

历史街区保护紧迫度的计算设计二维判断矩阵的应用。根据历史街区综合保护价值和保护现状的景观风貌美观、完整性价值的评价结果，将保护现状评价结果分为优、良、中、差；综合保护价值评价结果分为高、较高、中、低。以保护现状为约束条件为从低到高为行，综合保护价值从高到低为列，建立历史街区保护紧迫度判断矩阵，以此划分街区保护紧迫度，如表 14-8 所示。

表格将长沙历史街区保护紧迫度分为四级，其评价结果为：1. 保护需求最紧迫的历史街区包含有大古道巷、小古道巷；2. 保护需求较紧迫的历史街区包含吉祥巷、磨盘湾—南倒脱靴——步两搭桥；3. 保护需求紧迫的有连升街、赐闲湖、化龙池、天心街、古潭街及青山祠—光裕里—妙高峰；4. 保护需求不紧迫的包含太平街、潮宗街、白果园及西文庙坪。

表 14–7　历史街区保护级别分类表

保护级别	综合保护价值值域范围
严格保护类	3.242～3.529
重点保护类	2.956～3.241
次重点保护类	2.668～2.955
一般保护类	2.381～2.667

表 14–8　历史街区保护紧迫度判断矩阵

资源开发适宜性		保护现状（景观风貌美观、完整性）			
		差	中	良	优
综合保护价值	高	最紧迫	最紧迫	较紧迫	不紧迫
	较高	最紧迫	较紧迫	紧迫	不紧迫
	中	最紧迫	较紧迫	紧迫	不紧迫
	低	较紧迫	紧迫	不紧迫	不紧迫

在历史文化名城保护规划过程中，基于现有财力、物力、人力有限的条件下，建议将有限资源投入到需求最紧迫、较紧迫的历史街区保护复兴工作中来，保护需求紧迫的历史街区的保护资源投入则可较之减弱，其他保护需求不紧迫的历史街区，则需尽量维持现有的历史风貌保存现状。

（三）应用三：信息公示与公众监督

WebGIS 是利用互联网技术来扩展和完善 GIS 的一项新技术，其核心是在 GIS 中嵌入 HTTP 标准的应用体系，实现网络环境下的空间信息管理和发布。WebGIS 可采用多主机、多数据库进行分布式部署，通过互联网实现互联，是一种浏览器/服务器结构。服务器端向客户端提供信息和服务。浏览器（客户端）具有获得各种空间信息和应用的功能。它可通过互联网对地理空间数据进行发布和应用，以实现空间数据的共享和互操作。

1. 历史街区信息公示

本章将长沙历史文化名城空间 GIS 数据库通过 Web 进行扩展，建立"长沙古城"网上平台（http://archlabs.hnu.cn/csgc）。这意味着该套数据库真正成为了一套服务于大众使用的工具。现在从 Web 的任意一个节点，互联网用户可以浏览 WebGIS 站点中的空间数据、专题图层，进行对长沙市历史资源的空间数据发布、空间检索、信息反馈等操作，大幅提高了长沙市历史资源的利用率和共享程度。从而使历史文化名城 GIS 空间数据库真正走进千家万户，帮助每一位网民认知和尊重历史资源的价值，激发出社会与民众的无穷潜力，从而有提高保护历史文化名城长沙的公众参与度。这将对我市的历史保护工作起重大促进作用。

2. 地下文物预判

过去几年间，长沙常常在建设工程中新发现宝贵的地下历史文化资源，但由于预先没有准备，突然发现的地下文物往往最终没有得到有效保护。一是万达南宋古城墙发现事件。2011 年 11 月下旬，考古专家在长沙万达广场工地发掘潮宗街古城墙。现场共有两段墙体，总长长约 120 米，结合墙体内出土遗物，初步判断这段墙体年代为宋元时期。这段千年城墙最终只对其中 23 米进行原址保护，其余全部迁移异地。二是华远华中心古城墙发现事件。华远华中心项目位于长沙市天心区坡子街南侧。2012 年 7 月底，长沙市考古工作人员在工地西南角挖掘取土，并发现有垒砌较为规整的一线麻石堆积及青砖铺砌堆积。至 9 月底，城墙区域先后发掘有明代、宋代和五代三个不同历史时期的墙体堆积遗迹。专家推测，华远华中心古城墙应为潮宗街古城墙墙体的延续。三是青少年宫古城墙发现事件。2014 年 12 月，长沙市青少年宫建设工地日前发现一段古城墙，其位置处在工地东南侧。古城墙出土部分约 5~6 米长，1 米高，呈东西走向。墙体由青砖堆砌而成，保存完好。四是五一广场宋代排水沟发现事件。2014 年 9 月，长沙市原五一绿化广场开始动土建设，经过一段时间的工作，考古人员在该工地发现一处宋代木构涵渠和 37 口古井。

将近年来在长沙发现的几处地下历史文化遗产位置放在空间数据库中进行比对可以看到（图 14–20）。近年来，新发现的城墙遗址均与历史城墙专题图层空间位置基本吻合，且排水沟的发现位置也与历史公沟水系专题图层空间位置一致。那么从某种程度上来说，长沙历史街区空间数据库的建立和公示，有利于预判尚未发现的历史文化资源空间位置。因此政府部门在周边地域进行建设开发工作之前，便可以提前进行考古勘探，避免造成千年古城更多的历史文化资源流失。

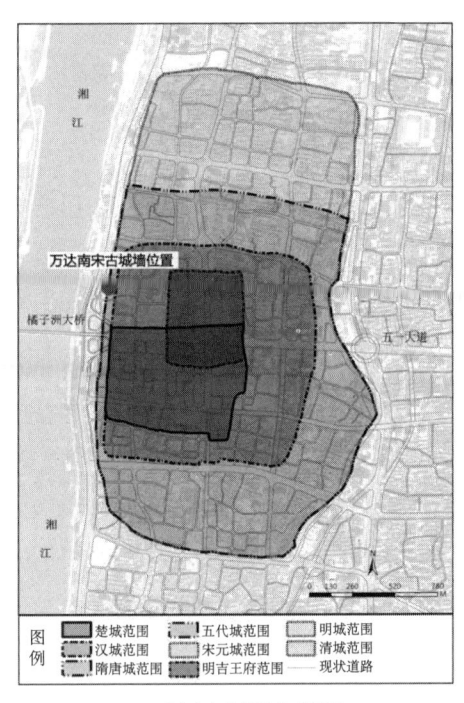

第十四章　基于规划支持系统的历史街区智慧管理　213

(a) 万达南宋古城墙发现位置

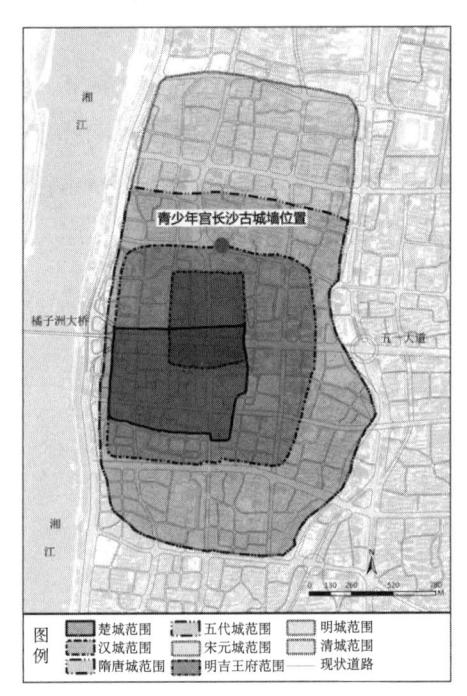

(b) 华远华中心古城墙发现位置

(c) 青少年宫古城墙发现位置

(d) 五一广场送宋代排水沟发现位置

图14-20　新发现历史资源空间位置对比

四、本章小结

本章以规划支持系统方法为理论基础，将地理信息空间数据库的特点和历史文化街区保护工作需求相结合，建立起了一个历史街区信息智慧管理的理论模型，并以长沙为研究对象开发了长沙历史街区空间数据库。建库的核心任务在于将复杂的基础数据抽象转化成管理工作人员易懂、易操作的互动地图。建库的难点在于将保护规划的理论知识、实践经验、空间信息技术与数据库技术相结合。建库的工作重点在于针对海量基础数据的搜集、整理、录入和更新维护。这需要相关各学科的配合以及长时间的人力物力投入。同时，基于长沙历史街区空间数据库建库成果，本章以构建历史街区评价体系为主要线索，介绍了一套与之相关的指标设计、空间分析和定量评价的方法，并对历史街区价值进行量化评估，结合长沙城保护规划的设计原则和需求，得出历史街区的保护与更新建议，并进一步探索了历史文化名城空间数据库在信息公示和公众监督领域的应用。包括如何利用信息技术建立长沙历史街区保护的网络平台，用于进行保护知识普及工作，甚至进行地下历史资源点预判。

伴随着历史文化遗产保护工作的不断开展，中国文化保护工作的重要性和紧迫性越来越凸显。同时，随着新技术的发展和相关理论知识的研究深入，基于空间技术的信息管理方法也将更加系统化、理论化以及精确化。这些进步必将带来数字新技术在历史文化保护领域运用的更多应用可能性。因此，有理由相信，由此将开创一个科学、严谨的历史街区智慧治理的新时代。

第十五章　面向外来人口聚集区的智慧治理

一、引言

由于快速的城市化，中国大城市出现了大量的城中村。这些城中村为外来人口提供了廉价的住房和服务，并且是城市经济不可分的一部分。在城中村的改造过程中，国家、市场和社会的不同关系，导致了不同的治理模式。然而，现有的几种治理模式存在诸多问题和不足。农民工群体通常只能扮演一个被边缘化的角色，在改造过程中具有极其有限的话语权，且政府、市场和社会三者之间由于缺少相对平衡的关系，易引发社会冲突。因此，为了解决这些问题，亟须新型治理模式。一方面能够让农民工参与到决策过程中；另一方面能够增进政府、市场和社会三者之间互动并且建立共识。

本章探索了基于网页规划支持系统的外面人口聚居区的智慧治理。近几年来，社交媒体、互联网和智能手机在我国得到快速发展，逐渐成为外来人口（特别是新生代农民工）生活的一部分。新型网页规划支持系统，可以借助社交媒体、互联网和智能手机等平台，使城中村的大多数外来人口参与到规划决策过程中。此外，政府得制定相关的支持政策，使外来人口社区的智慧治理逐步开展。智慧治理具有互动式、包容性、协作性和透明性，能够促进政府、市场和社会更加公平的关系。智慧治理对于以社会公平和生活质量为主要标准的社会可持续发展有极大的促进作用。

二、传统治理方式及基于网页规划支持系统的智慧治理

治理（Governance）与治理模式（Modes of Governance）这两个概念一直以来备受争议。从西方的视角来看，治理指公共事务中不同主体之间的博弈与决策过程；而治理模式通常是指三类主体（政府、市场和市民组织）之间的不同关系（Driessen *et al.*, 2012）。城市区域的治理一般是由政府和市场主导的，而由农村居民点演化而来的城中村则不

同——其空间演化过程涉及到许多民间主体（Lin et al., 2012）。过去二十年间，在城中村的发展与重建过程中，各主体（村集体公司、外部企业、非正规部门、政府、村民和外来人口等）间形成了多样的合作模式。基于政府、市场和社会的不同关系，本章构建了一个城中村改造过程中不同治理模式的概念框架，梳理出了七种治理模式：集中治理模式（中央政府主导）、分散治理模式（地方政府主导）、公共—私营治理模式（政府与企业）、自主治理模式（民间机构为主导）、互动治理模式（多方利益相关者参与）、公共—集体—私营治理模式（政府、村集体和私营部门/企业合作）和集体—私营治理模式（村集体和私营部门/企业合作）（图15-1）（Lin et al., 2015a）。不同的治理模式主要由体制特征和利益相关者特征来区分。此外，城中村的更新不同治理模式的采用受到独特城市和社区背景的影响。但是城中村目前的治理模式缺乏具有包容性和互动性的治理模式，如何在决策过程中兼顾边缘群体（尤其是外来租户）的利益并且平衡三方主体（政府、市场和社会）的关系是面临的主要问题。

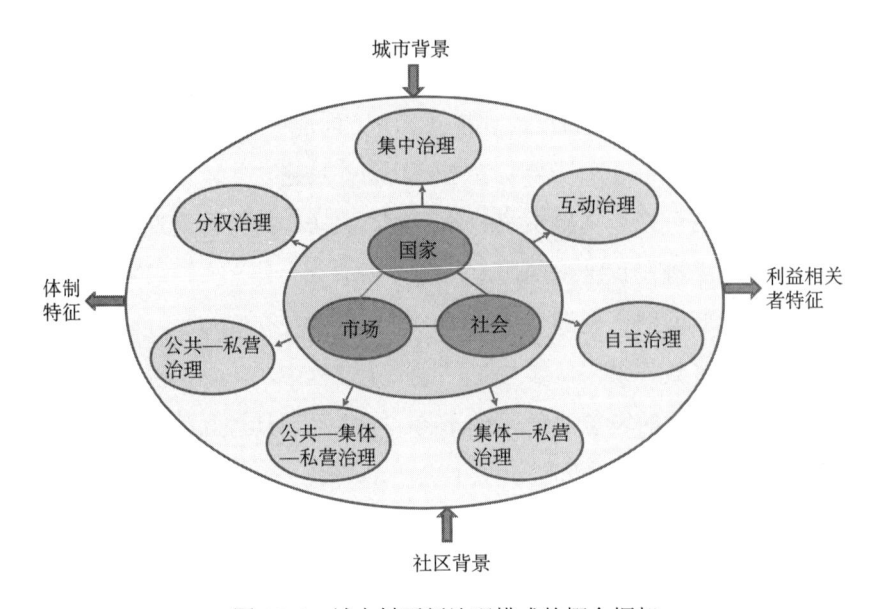

图 15-1 城中村更新治理模式的概念框架

由于规划支持系统可以有效弥补传统治理模式的主要不足，即政府、市场和社会三方主体的不平衡关系（Lin et al., 2013），它们可以用来支持城中村更新过程中包容性和互动性治理模式的构建。规划支持系统是一个基于地理信息、并融合了一系列要素（数据、信息、地理信息系统、统计工具、模型）的应用框架。它可以辅助规划师完成特定的规划任务（Geertman，2006）。新兴的网页规划支持系统在加强公共参与与交流方面起到明显的作用，因此有助于构建更具包容性的治理模式。网页规划支持系统为城市居民在公共事务中发表意见提供了一种有效的途径，并且为城市问题的解决提供了一个新的平台（Poplin et al.，2013）。规划支持系统能够加强规划主体间的交流合作，促进认同和提高效率（Pelzer et al.，2014）。因此，规划支持系统与智慧城市（尤其是智慧治理）之间有着很密切的关系。智慧治理是智慧城市的关键组成部分（Giffinger et al.，2007），它可以构建政府、市场和社会的平衡关系，调解不同价值体系之间的冲突，提高边缘群体在决策过程的参与度，从而避免不必要的社会冲突，促进社会公平与可持续发展（Suk-Joon，2013）。

三、城中村改造过程中的治理模式

为了深入了解城中村改造过程中的治理模式，我们选取了四个中国城市（广州、深圳、佛山和北京）进行深度调研。这四个城市有着典型的城中村，并且在城中村改造过程中出现了多种治理模式。通过调研，我们归纳出了城中村改造中四种典型的治理模式，即分散治理模式、公共—集体—私营治理模式、集体—私营治理模式和自主治理模式。

（一）分散治理模式

分散治理模式主要出现在对拥有大量历史建筑的城中村综合更新中。地方政府是这种治理模式的主要提倡、组织和资助者。其他利益相关者的角色受政府的影响。例如，广州的黄埔村就采用了分散治理模式。黄埔村保存着大量的历史建筑和街道，其更新源于2010年亚运会前的一个环境改善项目。政府是主要的启动者和投资者。专家和学者做更新项目，并促使各个利益相关者的沟通。在这种综合整治模式中，只有少数建筑需要拆迁和更新，因此项目进展得比较顺利。然而，由于地方政府资金有限，这种更新模式难以大规模推行。

（二）公共—集体—私营治理模式

地方政府、村集体、开发商是主要的参与主体。而作为城中村的主要居住者——农民工却被排除在决策过程之外。通过调研，我们发现这种治理方式导致了一系列的社会问题。一方面，对城中村的拆迁与重建容易激发政府或者开发商与村民之间的矛盾。由于某些村民不同意改造方案，造成"钉子户"的产生（图 15-2）。另一方面，城中村拆迁会造成大量农民工被迫搬迁，增加农民工群体的通勤和居住成本，也可能因此而失去工作，加重社会不公平。

(a) 2007年　　　　　　　　　　　　　　(b) 2013年

图 15-2　广州杨箕村的拆迁

（三）集体—私营治理模式

村集体与开发商是参与主体。城中村普遍存在大量的集体工业用地（Lai et al., 2014）。例如深圳市城中村中的集体工业用地就占到城市工业用地总面积的一半以上。这些集体工业用地的建设往往采用集体—私营治理模式，即村集体股份公司或村委会跟私营企业合作建设工厂、商业物业和小产权房等。这种模式虽然有其优势（如低风险的投资），但却遭遇到很多挑战。如土地产权不完整以及不同主体间的利益冲突很难调节。在有效的法制法规缺失的情况下，用地发展主要由村集体或者外部开发商来推动。这种自下而上的治理方式容易为了追求经济利益，导致劣质无序的建成环境。而在城中村中居住的农民工群体，他们的需求是不可能在这种利益驱动的投资模式中被考虑的。

（四）自主治理模式

这种模式主要出现在对城中村民宅自下而上的更新过程中。非正规部门、专家学者、民间机构和外来人口等共同发挥作用（图 15-3）。这种自下而上的治理模式虽然能够有效解决资金问题，促进不同利益主体的协商，并且具有较强的执行力，却存在诸如不合乎法律法规和资金短缺等问题。

图 15–3　民间机构组织外来人口幼儿园的启动会议

（五）问题与不足

城中村改造过程中现有几种治理模式存在诸多问题和不足。首先，分散式治理模式主要应用于有着大量历史建筑的城中村综合更新中。这些项目一般得到政府的补贴，也能够获得其他利益相关者支持，并通过微改造来改善城中村的居住环境。但受到资金的限制，这种更新模式难以大规模推广。其次，公共—集体—私营治理模式缺乏公开透明的决策过程，易引起社会矛盾，对农民工的置换也加剧了社会不公。再次，集体—私营治理模式下的集体工业用地开发过程中，土地产权不明以及各利益主体间的矛盾冲突等问题凸显，并且在城中村中工作与居住的农民工是最容易受到环境污染和建筑质量低下等问题影响的弱势群体。最后，虽然自主治理模式中有少数农民工能够参与进来，但由于规模小、非正规和缺少资金等原因，无法为多数的农民工群体提供良好的公共设施和住房。农民工群体常常处于边缘化的位置，在改造过程中很少有话语权。政府、市场和社会三者之间由于缺少相对平衡的关系，容易引发社会冲突。因此，为了解决这些问题，亟需新型治理模式，一方面能够让农民工参与到决策过程中，另一方面能够增进政府、市场和社会三者之间互动并且建立共识。

四、外来人口集聚区的智慧治理和社会可持续发展

信息通信技术将有助于建立新型治理模式。通过用户与用户以及用户与代理人之间的联结，促进更加深入和广泛的公众参与。其中一个典型的例子是社交媒体。有研究表明，社交媒体对发现和解决城市问题有着潜在的作用（Batty et al., 2012）。社交媒体的一个很重要的社会功能就是可以用来建立大规模的社交网络以及组织具有影响力的群体行动。社交媒体提供了一个公众参与的新平台，并且有助于公民社会的建立（Tayebi, 2013）。在决策过程中，如果将社交网络和计算机辅助模拟技术（如规划支持系统）结合起来，有助于"联通智慧"的形成（Ferro et al., 2012）。这种新兴的结合方式也预示着一种价值驱动的、数据密集型的和参与式的新型治理模式的产生。最近几年间，新媒体在国内得到了飞速的发展，而规划支持系统也被引入到复杂的多主体决策过程之中。网页规划支持系统和社交媒体可以相结合并且应用在城中村更新的治理过程中，用来支持农民工和其他主体的参与，从而建立新型的智慧治理模式。

（一）新生代农民工与新媒体

1. 新生代农民工

近些年来，新生代农民工（1980年以后出生的农民工）这一群体引发了中国学者和决策者的广泛关注。这一群体大约有100万，占中国农民工总数的一半左右（全国总工会新生代农民工问题课题组，2010）。老一代农民工是为了改善生活来到城市打工并且大部分希望最终回归故里，而新生代农民工则是为了感受生活和追逐梦想而来到城市工作和居住。他们普遍希望能够在城市中安定下来（全国总工会新生代农民工问题课题组，2010）。通过对广州和深圳城中村的调研，我们发现大部分新生代农民工已经在村里居住了五年以上，而且他们普遍预期居住更久的时间。与老一代农民工相比，新生代农民工也表现出更多的不稳定因素。例如，在一项调查中，有半数受访者表示他们会采用罢工和请愿等方式维护自己的权益（全国总工会新生代农民工问题课题组，2010）。此外，社交媒体、互联网和智能手机也已经成为新生代农民工日常生活的一部分。

2. 互联网

根据中国互联网络信息中心第 47 次统计报告，中国网民规模达到 9.89 亿，互联网普及率达到 70.4%（中国互联网络信息中心，2021）。互联网已经从最开始的面向小众精英群体的工具发展成为被民众普遍使用的资源。它的迅速发展彻底改变了中国人的日常生活和沟通方式。新生代农民工被裹挟在这样瞬息万变的信息时代中，他们自然也受到互联网发展的深刻影响。伴随着整个社会互联网的拓展和蔓延，现在的他们已经对上网这种生活方式相当熟稔，利用网络信息的能力也愈发进步（郑欣，2016）。他们能够使用互联网查找各种资料、沟通信息、购物和工作（如在网上开淘宝店等）。

3. 智能手机

2010 年以来，依靠智能手机的普及而飞速发展起来的社交媒体从根本上改变了人们通讯和交流的方式，不可避免也会对中国的公共事务决策过程产生一定的影响。中国的两大社交媒体平台（微博和微信）对传统纸媒和政府干预都产生了很大的冲击（Rauchfleisch et al.，2014）。大多数新生代农民工使用智能手机阅读新闻、学习新知识、与朋友联系和缓解压力等（图 15–4(a)）。智能手机和网络资源为他们的日常生活和信息沟通提供了更多的渠道，改变了之前"三点一线"（工厂、宿舍和食堂）生活方式之下造成的"信息孤岛"现象。由易凤娇（农民工全国人大代表）开展的调查表明，新生代农

(a) 新生代农民工与智能手机　　　　　　　　　　(b) 社区网址
资料来源：http://gd.qq.com/a/20131021/003908.htm。　　资料来源：http://www.shangxiasha.com。

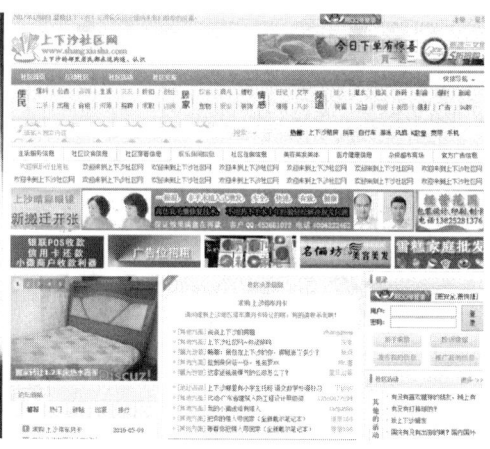

图 15–4　新生代农民工与新媒体

民工将收入的百分之十用于购买智能手机。考虑到在农民工中使用智能手机上网已经非常普遍,易凤娇建议政府可以建立一些针对农民工的职业技能培训网站或者数字图书馆。由此可见,智能手机、网络和社交媒体的日益普及对农民工融入城市生活起到了积极的作用。

4. 城中村社区网站

目前中国城市很多城中村已经建立了自己的社区网站。如荷光网就是上社村和棠下村的社区网站。这两个城中村位于天河区(广州市的商业与科技中心)边界。经过实地调研,我们发现有大量新生代农民工居住在这两个城中村。他们大多在周边的高科技产业园工作。荷光网拥有大量用户和很高的日均访问量。农民工和村民利用这个平台交换住房、工作和购物的信息。这个网站还建有一个 QQ 群,成员们可以分享他们在城中村的日常生活。类似的例子还有深圳市最大的城中村论坛上下沙社区网(图 15-4(b))。这个社区网建立于 2008 年,目前已经发展成为上沙村和下沙村两个城中村服务于农民工和其他居民的网络中心。在规划决策过程中,城中村社区网站可以作为一个有效的平台帮助农民工、村民和其他不同主体间的交流。同时,社区网站可以结合网页规划支持系统,成为城中村公众参与的重要平台之一。

(二)网页规划支持系统

在芬兰、美国等西方国家,网页规划支持系统已被广泛用于公众参与。通过结合网页规划支持系统与社交媒体,普通民众可以轻松参加规划和决策过程(Poplin et al., 2013; Kahila et al., 2014)。在中国,社交媒体和网络技术的飞速发展为边缘化群体、普通市民和民间组织提供了表达意见和采取行动的平台(Deng et al., 2015)。一个典型的例子是在北京钟鼓楼居民区的更新项目自下而上的公众参与中网页规划支持系统与新浪微博发挥了很大的作用。2010 年,北京市政府公布了北京市钟鼓楼旧城改造规划。根据该方案,大量历史建筑将被拆除。规划公布后,消息在新浪微博上迅速流传开来,引起了公众激烈的讨论,也受到了不少专家、规划师和居民的反对。以新浪微博为阵地,反对这一规划的专家、规划师和学生们自发建立起了一个民间组织"钟鼓楼片儿区关注团队"。他们通过拍摄历史建筑、绘制街区地图、采访居民和撰写研究报告等方式呼吁对旧城和历史建筑的保护。他们还邀请专业人士开发了一个网页规划支持系统平台。在这一互动式平台上,用户可以浏览钟鼓楼社区的历史建筑地图,也可以进行评论和交流。这个网页规划支持系统平台受到了广泛的关注。同时，很多市民到政府的官方微博上对原有的改造规划发表意见。在巨大的舆论压力下，北京市政府最终改变了原来的拆迁方案。然而，修改后的规划仍受到不少的批评，因为政府并没有充分考虑各方意见，仍然拆除了部分历史建筑。导致这一结果的原因之一可能是现有的规划体制无法有效地整合公共参与的结果到决策过程中。

我们可以从芬兰的规划实践中获得经验，他们通过使用 SoftGIS 来促进公共参与。SoftGIS 是公众参与式地理信息系统的典型案例，同时也是网页规划支持系统的一种形式。它是芬兰 Maptionaire 公司（http://maptionnaire.com）开发的规划支持系统，并且应用于赫尔辛基 2050 总体规划的公共参与决策过程中（Kahila et al., 2014）。网页规划支持系统和智能手机上的社交媒体平台进行连接，从而方便市民填写调查问卷（如日常出行方式和对生活环境的偏好等）和提交规划议案（如新建筑和绿地的选址等）。值得一提的是，在芬兰的案例中，网页规划支持系统在公共参与中的成功应用也跟芬兰的民主政治氛围、极高的网络覆盖率和社交媒体的普及等方面有关系。

虽然中国城市城中村的情形和芬兰案例的背景大不相同，但是以上这些案例可以为城中村更新提供参考。城中村涉及到多方利益的冲突、博弈和妥协。为解决现实存在的或潜在的社会问题，有必要在决策过程中给予农民工、村民和民间团体一定的话语权。网页规划支持系统（结合城中村社区网站和智能手机上的社交媒体平台）可以为农民工、村民、政府、村集体和其他主体提供一个沟通与协作的平台。

（三）面向智慧治理与社会可持续发展

在当今复杂和多变的全球环境下，政府已经难以再依靠传统的规划方式进行有效决策。封闭环境下的视野、资源和信息显现出明显不足，所以决策者必须寻求新的治理模式来解决问题（Tapscott et al., 2007）。在此大背景下，信息通信技术为一种新的决策和治理方式提供了可能。这种方式可以被称之为延伸式治理模式（Extended Governance）。在这种治理方式之下，传统规划体系之外的主体将有可能参与到公共资源的管理过程中。

虽然规划支持系统在中国尚处于起步阶段，但是其在处理复杂的多主体决策过程上已经显现出良好的应用前景。对于新生代农民工而言，社交媒体和移动设备已经成为他们生活的一部分。公众参与式的网页规划支持系统可以给予"沉默的大多数"的农民工群体一定的话语权，以此消解现实存在的或潜在的社会冲突，促进社会公平和可持续发展。它们还可以为不同的主体（政府、专家、企业、民间组织、农民工和村民等）提供新的沟通平台。但是考虑到数字鸿沟的存在，在规划和治理过程中，网络的参与平台也需要结合传统的参与平台（如工作坊）。

智慧治理与互动治理紧密相关。在互动治理中，核心主体之间关系对等且互动密切。网页规划支持系统的应用（结合城中村社区网站和社交媒体）可以用来构建智慧治理，使长期被边缘化的农民工群体参与到决策过程中，推动多方主体之间的交流与合作。对外来人口社区的智慧治理有助于推动农民工的市民化和智慧城市建设等相关政策的实施。2014年发布的《国家新型城镇化规划（2014~2020年）》主要目标之一就是通过提供公共服务、职业技能培训和公共住房等方式改善农民工在城市的生活条件，并提高农民工在公共决策过程中的话语权。然而，规划实践若不注重农民工这个群体的实际需求，这一目标是很难实现的。目前城中村的推倒重建模式不利于可持续发展，将增加外来人口居住和就业成本，使他们在城市中更加边缘化。为了提高社会公平和减少社会矛盾，城市必须探索新的更新模式。例如，城中村的渐进式更新；建设面向外来人口的公共设施、把部分建筑转变成公共租赁房以及更新城中村产业能够更有效地解决外来人口的居住、生活和就业等问题。对于长期忍受恶劣的服务设施和居住环境的农民工而言，这种方式将有助于改善他们的生活质量。同时，因为外来人口大部分在城中村或周围工作，原位更新能够减少交通时间和费用。考虑到在诸如北京、广州这样的大城市，政府无法在短期内为农民工这一群体提供高质量的公共租赁住房，建议将公租房的供给与城中村公共设施、住房、工业厂房和绿地的渐进式更新结合起来。这种结合需要各级政府、村集体、村民、农民工、民间团体和专家等之间的协作（Lin et al., 2014）。在更新过程中，改善（甚至合法化）城中村中的公共服务设施（尤其是非正规的农民工子弟学校），并在决策过程中给予农民工这一群体一定的话语权，将显得尤为重要。国际经验表明，一个有作为的地方政府对于非正式居住区更新的成功也很重要。新型网页规划支持系统可以用来支持农民工和村民参与到城中村渐进式的更新过程中。例如，农民工和村民可以在这一平台上浏览社区地图，反馈城中村中学校、道路和公共空间等存在的问题，并通过智能手机上传相关照片。

此外，国际经验显示，国家层面的扶贫政策和城市层面不同主体之间合作机制的推动，在非正规住区的成功更新中扮演着重要角色。因此，在面向智慧治理与社会可持续性发展的城中村改造过程中，网页规划支持系统的应用应该得到国家层面的政策支持（如农民工市民化）并且由城市政府推动（图15-5）（Lin et al., 2015b）。考虑到当今中国的技术发展与制度因素，将网页规划支持系统应用到所有的城中村尚不太现实，然而对于那些新生代农民工和技术型农民工占多数的城中村而言，可以开始试点工作。从长期来看，网页规划支持系统和社交媒体可以逐渐应用在支持农民工和村民参与到规划决策过程中，从而促进外来人口社区的智慧治理的形成。

面向外来人口社区的智慧治理
- 国家、市场和社会的平衡
- 授权外来人口参与
- 互动的、包容的和协作的
- 透明的和有效的
- 原位渐进式的升级/更新

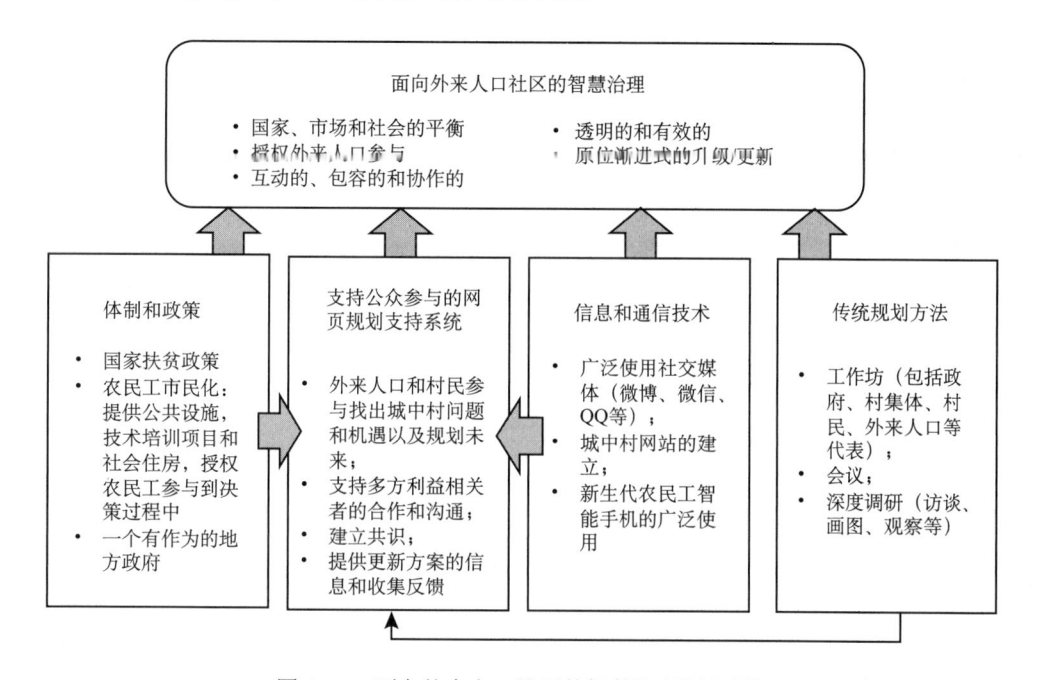

体制和政策	支持公众参与的网页规划支持系统	信息和通信技术	传统规划方法
• 国家扶贫政策 • 农民工市民化：提供公共设施，技术培训项目和社会住房，授权农民工参与到决策过程中 • 一个有作为的地方政府	• 外来人口和村民参与找出城中村问题和机遇以及规划未来； • 支持多方利益相关者的合作和沟通； • 建立共识； • 提供更新方案的信息和收集反馈	• 广泛使用社交媒体（微博、微信、QQ等）； • 城中村网站的建立； • 新生代农民工智能手机的广泛使用	• 工作坊（包括政府、村集体、村民、外来人口等代表）； • 会议； • 深度调研（访谈、画图、观察等）

图 15–5 面向外来人口社区的智慧治理概念框架

五、本章小结

这一章讨论了外来人口社区（城中村）改造的几种治理模式。现存的治理模式存在着低效集体决策和缺乏透明规划过程等问题，并且外来人口在城中村改造过程中扮演着边缘角色甚至没有话语权。总而言之，在外来人口社区改造过程中缺乏政府、市场和社会的平衡关系。因此，我们需要新的规划工具来支持外来人口（特别是新生代农民工）参与到规划过程中。与老一代农民工不同，新生代农民希望在城市长期居住并且有很强的维权意思，更容易促成或介入社会冲突。此外，社交媒体、互联网和智能手机已经成为他们生活的一部分。越来越多的城中村也建立了社区网站，成为外来人口和村民信息共享的平台。虽然网页规划支持系统在国内发展不久，但它们具备处理复杂规划问题和促进规划参与者合作的潜在能力。因此，这种规划支持系统可以结合社交媒体、互联网和智能手机等平台，应用在外来人口社区更新过程中，支持外来人口参与到规划决策过程中。此外，构建外来人口社区的智慧治理，除了技术的创新，政府出台相关的政策也很重要。智慧治理能够促进国家、市场和社会的平衡关系，有利于社会可持续发展。

结论与未来研究方向

本书包括了国内外关于智慧治理和新型协作规划的理论和实践，梳理了智慧治理与新型协作规划的主要特征以及它们之间的关系（图16-1）。

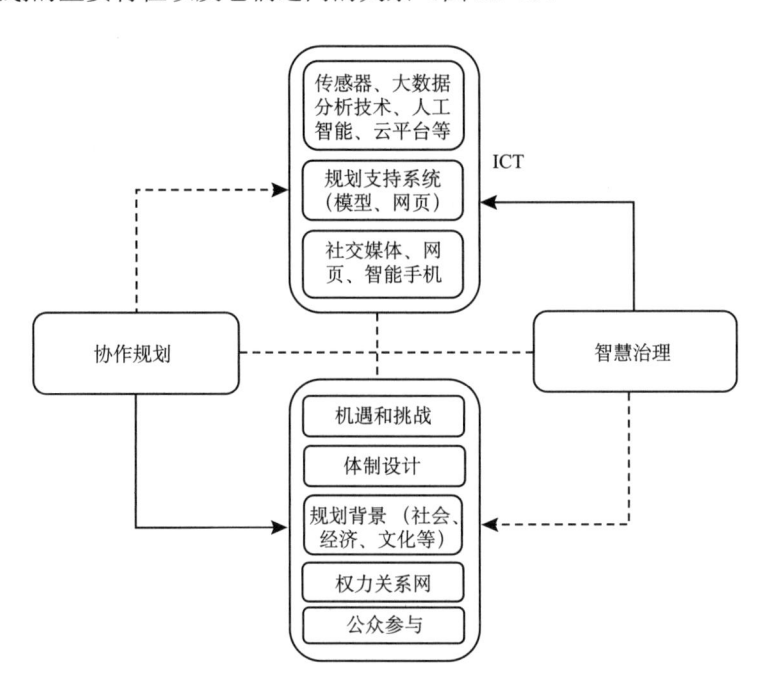

图 16-1　协作规划、智慧治理与信息通信技术

传统的协作规划提倡在政府、市场和公民社会三个领域中选出利益相关者代表参与到规划和治理过程中并且进行长期的面对面沟通和互动，从而一起解决规划难题。这种规划模式的出现是为了应对自从20世纪80年代以来西方社会从"政府"到"治理"的转变以及全球化和社会网络化带来的新的挑战。在规划过程中，关注规划背景（社会、经济和文化等）和权力关系网，探讨通过体制创新和设计等，并且促进多方利益相关者

在决策中的互动和协作。然而，传统的协作规划实践容易出现少数强势利益相关者占主导、规划过程漫长和缺乏公众参与等问题。

近些年来，随着大数据分析技术和规划支持系统的快速发展以及社交媒体和智能手机的广泛使用，出现了支持多方参与者实时互动和有效沟通的平台，从而促进新型协作规划的出现。然而，基于信息通信技术的公众参与，受网络社会和数字鸿沟的影响较大，容易形成新的精英权力中心。不熟悉网络参与的群体和利益相关者很可能受到排斥。因此，新型协作规划要结合传统的规划方法，如工作坊、实地考察和访谈等，使弱势群体和利益相关者参与到规划过程中。此外，政府在规划过程中往往很少考虑公众的意见，然而公众参与的意识已经觉醒，这样常常造成了自下而上的规划事件。通过技术手段创建新的协作平台，结合体制设计和创新，能够有效引导公众理性的参与到规划过程中，促进政府和公众的互动沟通，有利于建立共识和规划方案的顺利实施，提高社会公平和促进社会可持续发展。

由于新型协作规划利用信息通信技术支持多方利益相关者在治理过程中的互动与沟通，因此它与智慧治理有着密切的关系。在某种特定的情况下，新型协作规划能够成为智慧治理的模式。智慧治理是通过使用信息通信技术来获得更好的结果和更加开放的治理过程从而执行新的人类协作方式。它不仅需要技术支撑，而且需要复杂体制的转变来支持治理活动。智慧治理具有互动式、包容性、协作性和透明性，能够重构政府、市场与社会平衡关系。尤其是在促进边缘群体的决策参与上，智慧治理能够起到积极的作用，促进社会公平和生活质量为主要标准的社会可持续发展。智慧治理包括实施战略、智慧治理安排和结果三个主要方面。不同的体制设计和组织过程使智慧治理有着不一样的结果。然而，目前的研究缺乏对情景因素如当地文化、政治和人口等对智慧治理的影响。

未来的研究、实践和教育可以侧重以下几个方面。

一、基于信息通信技术的公众参与和协作规划

公众参与是协作规划的重要构成部分。然而，传统的公众参与形式（如公开听证会和研讨会等）主要吸引有能力和善于表达自己意见的人群。由于受到时间、空间和组织成本制约，存在着参与主体片面性和不具代表性等问题。随着信息通信技术的发展和移动终端的普及，出现了新的公众参与技术平台，如规划网页、规划支持系统、手机应用程序、新媒体和云平台等。这些平台大大提升了公众参与的深度和广度，实现了公众参

与由单向的信息传达到双向沟通交流的转变。从某种程度上来说，信息通信技术改变了公众参与对时间和空间的依赖以及信息传播的方式，从而促进了政府、市民、规划师等实时的沟通和互动。在此基础上，出现了以信息通信技术为基础的新型协作规划。

以信息通信技术为基础的公众参与和协作规划主要有以下几个特点。

第一，公众和政府等利益相关者的沟通不受时间和空间限制。无处不在的移动网络和高普及率的移动设备，使市民可随时随地参与到城市规划的进程中。政府和规划师也能够应用网页和社交媒体等及时与市民沟通。

第二，广大公众参与到城市规划过程中成为可能。新型的基于网络的规划支持系统，例如公众参与规划支持系统，支持大量公众快速地理解城市模型，在短时间内学会并且参与到规划过程中。

第三，利用信息通信技术支持规划过程中不同阶段的公众参与以及利益相关者的互动和沟通。网页版的规划信息平台和手机移动终端应用程序等不仅能方便市民查阅规划项目的有关信息，而且可以支持规划过程不同阶段的市民反馈意见。如规划初期的网络调研、规划中期使用作图工具直接参与和表达自己的想法等。

第四，虽然新型的信息通信技术为公众参与和利益相关者的沟通提供了新的平台和方式，并在一定程度上扩大了参与和沟通的深度与广度，但是数据鸿沟的存在使相当一部分人被网络参与和规划所排斥。因此，以信息通信技术为基础的规划，需要结合传统的规划手段和面对面的沟通方式。

总体来说，技术发展使传播变得更加便捷。媒体信息的传播途径也从自上而下为主的单向传播变成了多源裂变式传播，促进规划信息在规划不同阶段的流通，从而促进政府与公众的有效沟通和合作。随着城市规划中知识领域的拓展和多元价值的介入，一个新型的以信息通信技术为基础的协作规划新范式正在逐渐形成。

二、新规划技术手段和方法

规划支持系统、新媒体和云平台等在新型协作规划中扮演着重要的作用。

首先，规划支持系统包括基于网页和基于模型两大类，主要应用在规划评估、多方案分析和利益相关者沟通等方面。基于网页的规划支持系统能够促进在规划和决策过程中公民与政府的沟通以及各种利益相关者的协作（Epp，2012）。其中，公众参与地理信息系统可以应用在规划过程的不同阶段，支持大规模的公众参与。基于模型的规划支持系统主要应用在场景构建和空间建模，如土地利用演变和影响评估模型（LEAM）、CommunityViz、WHATIF 和 UrbanSIM 等。这些模型能够帮助规划师、决策者和居民更好地了解空间数据和城市发展模式的动态性和复杂性，并在某些情况下评估城市形态的改变对环境、经济和社会的影响。

其次，新媒体技术发展使信息传播变得更加便捷，促进了新的沟通模式和社会网络的形成。社交媒体为用户提供了实时、多方和公开的讨论平台，为规划过程中的公众参与和各种利益相关者协作提供了无比强大的工具。政府利用微博和微信等社交媒体和网络平台发布政策和规划方案信息或者收集公众意见等。同时，居民、专家和市民社会利用新媒体发起自下而上的参与，与地方政府互动和沟通。但面临的挑战包括如何通过简短的文字和小型图像使参与者能清晰地理解和表达以及如何有效地结合自下而上的参与结果到决策中。

此外，新的规划云平台综合了规划支持系统、大数据和新媒体等功能。一方面，利用大数据和规划支持模型技术对汇集的数据进行分析挖掘；另一方面，利用网站平台、移动 APP、新媒体平台以及线下的活动平台等方式向社会展示，有效地推动了公众参与过程，促进了政府、公民和规划师等各方利益相关者的互动和协作。

考虑到数据鸿沟的存在，规划支持系统、新媒体和云平台等不应取代传统公众参与方法如工作坊等，而是一种有效的补充和拓展（Narooie, 2014; Zhang et al., 2019）。因此，要强调线上和线下参与的互补，结合正式和非正式参与，并把产生的信息应用于规划过程中。研究的重点可以包括如何结合规划支持系统、新媒体和云平台的优点，促进信息的传播和有效的沟通以及共识的建立。总之，结合传统规划手段和新技术平台，避免由于数字鸿沟和网络权力中心造成的新的权力不均衡，促进社会公平和可持续发展。

三、智慧治理的多种模式

协作规划在某种情况下能够成为智慧治理。在这个转变过程中，信息通信技术起了很大的作用。未来的研究要关注智慧治理的多种模式，以及其对城市的不同影响（Lin, 2018）。

首先，在智慧城市的建设中，政府、市场和社会的不同合作方式产生了不同的智慧城市治理模式，如政府主导、公私合作和多方互动等模式。中国政府在智慧城市建设过程中起到主导性作用。但在实践中，由于资金的缺乏，越来越多的地方政府与私营企业签署合同，以多样化的融资和运营模式来发展智慧城市。然而，公众很少参与到这个过程中。未来智慧城市建设要注意设施和服务不公平等问题。

其次，智慧社区治理是一种独特的智慧治理模式，主要体现在以智慧的理念和技术方案，解决当前社区发展面临的一些问题（如社区养老、停车、居民健康管理和安全等），提高社区管理、政务服务和治安管控效率。对于社区管理，实现社区数据的有效采集、动态更新和共享，从而提高社区管理效率。在政务服务方面，发挥信息化手段的优势，实现行政审批事项可在社区网络平台受理。此外，通过动态的信息收集，政府能够对社区内的突发事件做出更快速的响应，营造更安全的社区。国内已经有不少城市对智慧社区治理进行尝试，例如张槎街道的"智慧城市管家"项目和陆家嘴智慧社区治理等。由于各个城市的体制背景不太一样，这些社区治理模式也不尽相同。未来研究可以对各种案例进行横向对比，特别是由于智慧治理模式的不同造成的不同结果。

最后，智慧治理可以用在不同的领域和解决不同的规划问题，如外来人口参与问题和历史街区更新等。规划支持系统可以在一定程度上促进城市或社区的智慧治理模式的形成。然而，智慧治理不仅需要技术支撑，而且需要复杂体制的转变来支持治理活动。未来研究要多关注不同政治体制、地方文化和人口等因素对智慧治理结果的影响。

四、规划师角色的转变

新型协作规划要求规划师从传统的技术专家转变为规划调停者。此外，规划师得能够理解技术的作用，能在不同规划阶段和治理活动中使用合适的技术手段，并且把提取的信息应用到规划决策中。这也意味着要培养结合技术、治理和规划的新型规划人才。

作为调停者和规划过程的组织者，规划师的任务是在社会不同群体之间建立联系，并且使用数字化工具来支持他们的沟通、协作和建立共识。一方面，利用网络参与平台和新媒体提高公众参与度，满足不断增强的参与意愿，更有效地整合多元社会的不同需求。一个基于网络的地图工具，能够增强参与者的能力，例如市民可以用来提出新的解决方案。在线参与论坛平台、社交媒体、规划支持系统和大数据可视化等能够增强规划过程的透明性，使本地知识更容易获取，并且能够刺激市民更积极地参与到规划过程中，从而增强规划的公众支持度与合法性。另一方面，可视化模型能够帮助公众、决策者和企业等理解城市空间和规划方案对城市的潜在影响，从而促使多方利益相关者的沟通和协作。虽然规划师在一定程度上得依赖数据和软件专家所提供的数据和平台，但是规划师必须深入了解数据处理过程，才能够有效地指导和组织在线协作规划过程。

利用新媒体的特点，规划师也能够成为协作规划的倡导者，动员和赋权给市民，实现他们的"城市权利"（The Right to the City）（Tayebi，2013）。总而言之，规划师的新角色包括调解者、组织者和倡导者等，能够理解新型协作规划并且能够利用技术手段来协调多方利益和组织规划过程。这也意味着规划师的培养方式将发生改变。规划教育应该涉及规划支持科学、新媒体应用、大数据处理和沟通技巧等。如何利用通信信息技术来组织规划过程将是下一代规划师的一个巨大挑战。

五、城市规划和治理体制创新

规划体制创新是提升协作规划和智慧治理实施效果的有效保障。协作规划的起源地在西方国家。该规划的假设是民主体制下的公民平等和权力中立。在中国的现有体制下，这些假设存在着极大的挑战。在规划过程中，地方政府和市场主体常常是主导者。但随着社会价值观日益多样化和公民意识的日益觉醒，协作规划和治理已经成为社区更新和环境治理的有效手段。虽然近些年来政府出台了不少关于公众参与的法规，但是并没有形成一个有效的公众参与机制。政策法规也存在着模糊性等问题。如何明确不同城市规划方案和不同规划阶段中的公众参与和治理的详细程序已经成为当务之急。

未来研究要关注新型协作规划与中国独特规划背景的关系，探索如何通过体制设计和创新，并利用新技术为合作平台，进一步扩大公众参与，增强多方参与者的互动和沟通，从而建立共识，有效地解决规划问题。智慧治理具有互动式、包容性、协作性和透明性，能够平衡政府、市场与社会的权力关系。因此，协作规划可以结合智慧治理的这些优点，促进规划过程中的公正公平。

参考文献

Albrechts, L., 2004. Strategic (Spatial) Planning Re-examined. *Environment and Planning B: Planning and Design*, 31(5).

Albrechts, L., 2006. Bridge the Gap: From Spatial Planning to Strategic Projects. *European Planning Studies*, 14 (10).

Albrechts, S. and S. Mandelbaum, 2005. *The Network Society: a New Context for Planning*. London: Routledge.

Alfasi, N., 2003. Is Public Participation Making Urban Planning more Democratic? The Israeli Experience. *Planning Theory & Practice*, 4(2).

All, A., R. Researved and H.P. Delivered, 2011. Amsterdam Smart City. URENIO Research Unit. http://www.urenio.org/2011/04/20/amsterdam-smart-city-smart-stories-2011/.

Ansell, C. and A. Gash, 2008. Collaborative Governance in Theory and Practice. *Journal of Public Administration Research and Theory*, 18 (4).

Anthopoulos, L. G. and A. Vakali, 2012. *Urban Planning and Smart Cities: Interrelations and Reciprocities.* Paper presented at the The Future Internet Assembly.

Arnstein, S. R., 1969. A Ladder of Citizen Participation. *Journal of the American Institute of Planners*, 35(4).

Arts, B. and J. Van Tatenhove, 2004. Policy and Power: A Conceptual Framework between the 'Old' and 'New' Policy Idioms. *Policy Sciences*, 37 (3/4).

Avin, U. and L.J. Dembner, 2001. Getting Scenario-Building Right. *Planning*.

Bailey, K. and T. Grossardt, 2010. Toward Structured Public Involvement: Justice, Geography and Collaborative Geospatial/Geovisual Decision Support Systems. *Annals of the Association of American Geographers*, 100 (1).

Bailey, K., J. Brumm and T. Grossardt, 2001. Towards Structured Public Involvement in Highway Design: A Comparative Study of Visualization Methods and Preference Modeling Using CAVE (Casewise Visual Evaluation). *Journal of Geographic Information and Decision Analysis*, 5(1).

Bakici, T., E. Almirall and J.A. Wareham, 2013. A Smart City Initiative: The Case of Barcelona. *Journal of the Knowledge Economy*, 4.

Batty, M., 2013. Big Data, Smart Cities and City Planning. *Dialogues in Human Geography*, 3(3).

Batty, M., K.W. Axhausen, F. Giannotti et al., 2012. Smart Cities of the Future. *The European Physical Journal Special Topics*, 214 (1).

Batty, M., K.W. Axhausen, F. Giannotti et al., 2012. Smart Cities of the Future. *The European Physical Journal Special Topics*, 214(1).

Batty, M., K.W., Axhausen, F. Giannotti et al., 2012. Smart Cities of the Future. *The European Physical Journal Special Topics*, 214 (1).

Berry, L. 2004. The Collaborative Organization: Leadership Lessons from Mayo Clinic. *Organizational Dynamics*, 33(3).

Bevir, M., 2012. *Governance: A Very Short Introduction*. Oxford University Press.

Bolivar, M.P.R. and A.J. Meijer, 2015. Smart Governance: Using a Literature Review and Empirical Analysis to Build a Research Model. *Social Science Computer Review*. DOI:10.1177/0894439315611088.

Booher, D. and J. Innes, 2002. Network power in collaborative planning. *Journal of Planning Education and Research*, 21(3).

Booher, D.E. and J.E. Innes, 2002. Network Power in Collaborative Planning. *Journal of Planning Education and Research*, 21 (3).

Boyd, D. M. and N. B. Ellison, 2007. Social network sites: Definition, history, and scholarship. *Journal of Computer-Mediated Communication*, 13(1).

Brabham, D.C., 2009. Crowdsourcing the Public Participation Process for Planning Projects. *Planning Theory*, 8(3).

Brail, R.K. 2008. Planning Support Systems for Cities and Regions. *Environment and Planning A*, 41（6）.

Brail, R.K. and R.E. Klosterman, 2001. Planning Support Systems. *Integrating Geographical Information Systems Models and Visualization Tools*.

Brisbane City Council, 2007. *Draft Kurilpa Structure Plan*. Brisbane City Council.

Brown, G. and M. Kyttä, 2014. Key Issues and Research Priorities for Public Participation GIS (PPGIS): A Synthesis based on Empirical Research. *Applied Geography,* 46.

Caragliu, A., C. Del Bo and P. Nijkamp, 2009. Smart Cities in Europe. Paper Presented at the *3rd Central European Conference in Regional Science – CERS*, 2009.

Caraliu, A., C.D. Bo and P. Njikamp, 2011. Smart Cities in Europe. *Journal of Urban Technology*, 18 (2).

Cariño, L.V. 2003. The Concept of Governance. In: V. A. Bautista, M.C.P. Alfiler, D.R. Reyes et al. (Eds.) *Introduction to Public Administration in the Philippines: A Reader*. Quezon City: National College of Public Administration and Governance, University of the Philippines.

Carver, S., A. Evans, R. Kingston et al., 2001. Public Participation, GIS, and Cyberdemocracy: Evaluating on-Line Spatial Decision Support Systems. *Environment and Planning B*, 28 (6).

Castells, M, 1989. *The Informational City: Information Technology, Economic Restructuring, and the Urban-Regional Process*. Oxford: Basil Blackwell Oxford.

Castells, M. 1989. *The Informational City: Information Technology, Economic Restructuring, and the Urban-Regional Process*. Basil Blackwell Oxford.

Castells, M. 2006. *The Power of Identity*. China: Social Sciences Academic Press.

Castells, M. 2011. Network Theory A Network Theory of Power. *International Journal of Communication*, 5.

Castells, M., 2011. *The Rise of the Network Society: The Information Age: Economy, Society, and Culture*. Hoboken: John Wiley & Sons.

Castells, M.1996. *The Rise of the Network Society: The Information Age : Economy, Society and Culture,*

Volume 1. Oxford: Blackwell.

Chadwick, A. and M. May, 2003. Interaction between States and Citizens in the Age of the Internet: "E-Government" in the United States, Britain, and the European Union. *Governance*, 16.

Checkoway, B., 1994. Paul Davidoff and Advocacy Planning inR. *Journal of the American Planning Association*, 60(2).

Chen, M., 2013. Towards Smart City: M2M Communications with Software Agent Intelligence. *Multimedia Tools and Applications*, 67.

Cheng, Y. 2013. Collaborative planning in the network: Consensus seeking in urban planning issues on the Internet—the case of China. *Planning Theory*, 12(4).

Cheng, Y., 2013. Collaborative Planning in the Network: Consensus Seeking in Urban Planning Issues on the Internet: the Case of China. *Planning Theory*, 12 (4).

Cheng, Y., 2013. Collaborative Planning in the Network: Consensus Seeking in Urban Planning Issues on the Internet—The Case of China. *Planning Theory*, 12(4).

China Mobile, 2013. China Mobile Limited 2012 Sustainability Report.

Chourabi H., T. Nam, S. Walker *et al.*, 2012. Understanding Smart Cities: An Integrative Framework. In: *Proceedings of 2012 45th Hawaii International Conference on System Sciences*.

Chourabi, H., T. Nam, S. Walker *et al.*, 2012. Understanding Smart Cities: An Integrative Framework. In proceedings of 2012 45th Hawaii international conference on system sciences.

Chourabi, H., T. Nam, S. Walker *et al.*, 2012. Understanding Smart Cities: An Integrative Framework. *Proceedings of 2012 45th Hawaii International Conference on System Sciences IEEE*.

Cleaver, F., 2001. Institutions, Agency and the Limitations of Participatory Approaches to Development. In: Cooke, B. and U. Kothari (Eds.) *Participation: The New Tyranny?* New York: Zed Books.

Conner, M., 2011. *Yesterday, Today and Tomorrow: West End-Highgate Hill Community Profile*. West End Community House.

Davidoff, P., 1965. Advocacy and Pluralism in Planning. *Journal of the American Institute of planners,* 31(4).

Deal, B. and V. Pallathucheril, 2003. The Land Evolution and Impact Assessment Model (LEAM): Will it Play in Peoria? Presented at the *Proceedings of the 8th International Conference on Computers in Urban Planning and Urban Management*, Sendai.

Deal, B. and V. Pallathucheril, 2007. Developing and Using Scenarios, In: Hopkins, L.D. and A.M. Zapa (Eds.) *Engaging the Future: Forecasts, Scenarios, Plans, and Projects.* Cambridge MA: Lincoln Institute for Land Policy.

Deal, B. and V. Pallathucheril, 2009a. A Use-Driven Approach to Large-Scale Urban Modelling and Planning Support. Planning Support Systems Best Practice and New Methods. *The GeoJournal Library*, 95.

Deal, B. and V. Pallathucheril, 2009b. Sustainability and Urban Dynamics: Assessing Future Impacts on Ecosystem Services. *Sustainability*, 1.

Deal, B., V. Pallathucheril, Y. Kim *et al.*, 2015. Sentient PSS for Smart Cities. In: Geertman, S., J. Ferreira, J. R. Goodspeed et al. (Eds.) *Planning Support Systems and Smart Cities*. Berlin, Germany: Springer.

Deng, Z.H., Y.L. Lin, M.X. Zhao *et al.*, 2015 Collaborative Planning in the New Media Age: The Dafo Temple Controversy, China. *Cities,* 45.

Deng, Z.H., Y.L. Lin, M.X. Zhao *et al.*, 2015. Collaborative Planning in the New Media Age: The Dafo

Temple Controversy, China. *Cities,* 45.

Deng, Z.H., Y.L. Lin, S.F. Wang *et al.*, 2015. Collaborative Planning in the New Media Age: The Dafo Temple Controversy in Guangzhou, China. *Cities*, 45.

Doelle, M. and A.J. Sinclair, 2006. Time for a New Approach to Public Participation in EA: Promoting Cooperation and Consensus for Sustainability. *Environmental Impact Assessment Review*, 26(2).

Dragićević, S. and S. Balram, 2004. A Web GIS Collaborative Framework to Structure and Manage Distributed Planning Processes. *Journal of Geographical Systems*, 6(2).

Driessen, P.J. Peter, C. Dieperink, F. Van Laerhoven *et al.*,2012. Towards a Conceptual Framework for the Study of Shifts in Modes of Environmental Governance – Experiences from the Netherlands. *Environmental Policy and Governance*, 22.

Ellison, N.B., 2007. Social Network Sites: Definition, History, and Scholarship. *Journal of Computer-Mediated Communication*, 13(1).

England, P., 2011. *Sustainable Planning in Queensland*. Federation Press.

Epp, M., 2012. Assessing Incidence of Experiences with New Information Communications Technologies in Planning Practice in Canada and the United States. Master thesis in Pratt Institute, School of Architecture.

Faehnle, M. and L. Tyrväinen, 2013. A Framework for Evaluating and Designing Collaborative Planning, *Land Use Policy*, 34.

Fagence, M., 2014. *Citizen Participation in Planning*. Oxford: Pergamon.

Fainstein, S.S. 2000. New Directions in Planning Theory. *Urban Affairs Review*, 35(4).

Ferro, E., B. Caroleo, M. Leo *et al.*, 2012. The Role of ICT in Smart Cities Governance. Paper presented in the International Conference for E-Democracy and Open Government (CeDEM), Austria.

Ferro, E., B. Caroleo, M. Leo *et al.*, 2012. The Role of ICT in Smart Cities Governance. CEDEM.

Fischler, R., 2000. Communicative Planning Theory: A Foucauldian Assessment. *Journal of Planning Education and Research*, 19.

Fischler, R., 2000. Communicative Planning Theory: A Foucauldian Assessment. *Journal of Planning Education and Research,* 19(4).

Fong, S. and F.D.L. Wigand, 2011. Gov 2.0 and Beyond: Using Social Media for Transparency, Participation and Collaboration, In Fong, S. (Ed.) *Networked Digital Technologies*. Heidelberg: Springer.

Forester, J., 1980. Critical Theory and Planning Practice. *Journal of the American Planning Association,* 46(3).

Forester, J., 1993. *Critical Theory, Public Policy and Planning Practice: Toward a Critical Pragmatism*. Albany: State University of New York Press.

Friedmann, J. and M. Douglas, 1998. Editor's Introduction. In: Douglas, M. and J. Friedmann, (Eds.) *Cities for Citizens*. Chichester: John Wiley.

Friedmann, J., 1993. Toward a non-Euclidian Mode of Planning. *Journal of the American Planning Association,* 59(4).

Geertman, S. 2006. Potentials for Planning Support: A Planning-Conceptual Approach. *Environment and Planning B*, 33(6).

Geertman, S. and J. Stillwell, 2003. *Planning Support Systems in Practice*. New York: Springer.

Geertman, S. and J. Stillwell, 2004. Planning Support Systems: An Inventory of Current Practice. *Computers,*

Environment and Urban Systems, 28.

Geertman, S. and J. Stillwell, 2009. *Planning Support Systems Best Practice and New Methods.* Heidelberg: Springer.

Geertman, S. and J. Stillwell, 2009. *Planning Support Systems: Best Practice and New Methods.* Dordrecht: Springer.

Geertman, S., 2002. Participatory Planning and GIS: A PSS to Bridge the Gap. *Environment and Planning B: Planning and Design*, 29.

Geertman, S., 2002. Participatory Planning and GIS: A PSS to Bridge the Gap. *Environment and Planning B: Planning and Design*, 21.

Geertman, S., J. Stillwell and F. Toppen, 2013. Introduction to "Planning Support Systems for Sustainable Urban Development", In: Geertman, S., J. Stillwell and F. Toppen (Eds.), *Planning Support Systems for Sustainable Urban Development.* Heidelberg: Springer.

Giffinger, R., C. Fertner and H. Kramar, 2007. Smart Cities-Ranking of European Medium-sized Cities. http://www.smart-cities.eu/download/smart_cities_final_report.pdf.

Giffinger, R., C. Fertner, H. Kramar *et al.*, 2007. Ranking of European Medium-sized Cities. Final Report, Vienna.

Giffinger, R., C. Fertner, H. Kramar *et al.*, 2007. *Smart Cities – Ranking of European Medium-Sized Cities.* Vienna: Centre of Regional Science. www.smart-cities.eu/download/smart_cities_final_report.pdf.

Giffinger, R., C. Fertner, H. Kramar *et al.*, 2007. *Smart Cities-Ranking of European Medium-sized Cities.* Vienna University of Technology.

Glass, J.J., 1979. Citizen Participation in Planning: The Relationship between Objectives and Techniques. *Journal of the American Planning Association*, 45(2).

Goldman, J., 2003. *From hutong to Hi-rise*: *Explaining the Transformation of Old Beijing, 1990-2002.* Boston: Massachusetts Institute of Technology.

Goodchild, M.F., 2007. Citizens as Sensors: The World of Volunteered Geography. *GeoJournal,* 69 (4).

Goodspeed, R., 2008. Citizen Participation and the Internet in Urban Planning. Unpublished master's thesis. University of Maryland, College Park, MD.

Goodspeed, R., 2014. Smart Cities: Moving Beyond Urban Cybernetics to Tackle Wicked Problems. *Cambridge Journal of Regions, Economy and Society.*

Gordon, E. and E. Manosevitch, 2011. Augmented Deliberation: Merging Physical and Virtual Interaction to Engage Communities in Urban Planning. *New Media & Society*, 13(1).

Gordon, E. and E. Manosevitch, 2011. Augmented deliberation: Merging physical and virtual interaction to engage communities in urban planning. *New Media & Society*, 13(1).

Graham, S. 2005. Strategies for Networked Cities. In: Albrechts, L. and S. Mandelbaum (Eds.), The Network Society: A New Context for Planning. London: Routledge.

Graham, S. and S. Marvin, 1999. Planning Cyber-Cities? Integrating Telecommunications into Urban Planning. *Town Planning Review*, 70(1).

Hall, G.B., R. Chipeniuk, R.D. Feick *et al.*, 2010. Community-based Production of Geographic Information Using Open Source Software and Web 2.0. *International Journal of Geographical Information Science,* 24(5).

Harris, B., 1965. New Tools for Planning. *Journal of the American Institute of Planners*, 31(2).

Harris, B., 1968. Computers and Urban Planning. *Socio-Economic Planning Sciences,* 1(3).

Harris, B., 1989. Beyond Geographic Information Systems: Computers and the Planning Professional. *Journal of the American Planning Association*, 55.

Harris, T. and D. Weiner 1998. Empowerment, Marginalization, and "Community-integrated" GIS. *Cartography and Geographic Information Systems,* 25(2).

Harrison, C. and I. Donelly, 2011. A theory of Smart Cities. Paper in the Proceedings of the *55th Annual Meeting of the ISSS*.

Harrison, C., B. Eckman, R. Hamilton *et al.*, 2010. Foundations for Smarter Cities. *IBM Journal of Research and Development,* 54(4).

Hartmann, T. and B. Needham, 2012. Introduction. In: Thomas, H. and N. Barrie (Eds.) *Planning by Law and Property Rights Reconsidered*. Farnham: Ashgate Surrey.

Hartmann, T. and N. Barrie, 2012. Introduction. In: Thomas, H. and N. Barrie (Eds.), *Planning by Law and Property Rights Reconsidered*. Ashgate Surrey: Farnham.

He, S. and F. Wu, 2005. Property‐led Redevelopment in Post-reform China: A Case Study of Xintiandi Redevelopment Project in Shanghai. *Journal of Urban Affairs,* 27(1).

Healey, P. 1997. An institutionalist approach to spatial planning. In: P. Healey, A. Khakee, A. Motte and B. Needham (Eds.), *Making Strategic Spatial Plans: Innovation in Europe*. London: UCL Press.

Healey, P. 1997. *Collaborative Planning: Shaping Places in Fragmented Societies*. London: Macmillan.

Healey, P., 1997. *Collaborative Planning: Shaping Places in Fragmented Societies*. London: Macmillan.

Healey, P., 1997. *Collaborative Planning: Shaping Places in Fragmented Societies*. British Columbia: UBc Press.

Healey, P., 2003. Collaborative Planning in Perspective. *Planning Theory*, 2 (2).

Hillier, J., 2002. Direct Action and Agonism in Democratic Planning Practice, In: Allmendinger, P. and M. Tewdwr-Jones (Eds.) *Planning Futures: New Directions for Planning Theory*. London: Routledge.

Ho, A. T., 2002. Reinventing Local Governments and the E-Government Initiative. *Public Administration Review*, 62.

Hollands, R.G., 2008. Will the Real Smart City Please Stand up? *Cities*, 12(3).

Horelli, L., 2002. A Methodology of Participatory Planning. *Handbook of Environmental Psychology*.

Hufty, M., 2011. Governance: Exploring Four Approaches and their Relevance to Research. In: Wiesmann, U. and H. Hurni (Eds.) *Research for Sustainable Development: Foundations, Experiences, and Perspectives*. Bern, Geographica Bernensia.

Huxley, M. and O. Yiftachel, 2000. New Paradigm or Old Myopia? Unsettling the Communicative Turn in Planning Theory. *Journal of Planning Education and Research*, 19.

Huxley, M., 2013. Historicizing Planning, Problematizing Participation. *International Journal of Urban and Regional Research,* 37(5).

IBM Global Business Services. A Vision of Smarter Cities: How Cities Can Lead the Way into a Prosperous and Sustainable Future. http://www.935.ibm.com/services/us/gbs/bus/pdf/ibm_podcast_smarter_cities.pdf.

Innes J.E. and J. Gruber, 2005. Planning Styles in Conflict: the Metropolitan Transportation Commission. *Journal of the American planning Association* , 71(2).

Innes, J. and D.E. Booher, 1999. Consensus Building and Complex Adaptive Systems: A Framework for Evaluating Collaborative Planning. *Journal of the American Planning Association*, 65(4).

Innes, J. E. and D. E. Booher, 2010. *Planning with Complexity: An Introduction to Collaborative Rationality for Public Policy* (1st ed.). London: Routledge.

Innes, J., 2004. Consensus Building: Clarifications for the Critics. *Planning Theory*, 3 (1).

Innes, J.E. and D.E. Booher, 1999. Consensus Building and Complex Adaptive Systems: A Framework for Evaluating Collaborative Planning. *Journal of American Planning Association*, 65.

Innes, J.E., 1998. Information in Communicative Planning. *Journal of the American Planning Association*, 64.

Isaacs J.P., E.R. Falconer, J.D. Gilmour et al., 2011. Enhancing Urban Sustainability Using 3D Visualisation. *Proceedings of the Institution of Civil Engineers - Urban Design and Planning*, 164.

Kahila, M. and M. Kyttä, 2009. SoftGIS as a Bridge Builder in Collaborative Urban Planning. In: Geertman, S. and J. Stillwell (Eds.) *Planning Support Systems: Best Practices and New Methods*. Heidelberg: Springer.

Kahila, M., A. Broberg and M. Kyttä, 2014. Let the Citizens Map: Public Participation GIS as a Planning Support System in Helsinki 2050 Master Planning Process. Presentation in the Annual Congress Association of European Schools of Planning (AESOP), 9-12 July 2014, Utrecht.

Kahila, M., A. Broberg and M. Kyttä, 2014. Let the Citizens Map: Public Participation GIS as a Planning Support System in Helsinki 2050 Master Planning process. Presentation in the *Association of European Schools of Planning (AESOP)*, 9-12 July 2014, the Netherlands.

Kahila-Tani, M., A. Broberg, M. Kyttä *et al.*, 2016. Let the Citizens Map-Public Participation GIS as a Planning Support System in the Helsinki Master Plan Process. *Planning Practice and Research*, 31(2).

Kaneyasu, I. 1997. Requirement-consciousness towards the urban infrastructure in the information society. *City Planning Review*, 46(5).

Khirfan, L., 2014. *World Heritage, Urban Design and Tourism: Three Cities in the Middle East*. Surrey: Ashgate Publishing, Ltd.

Kitchen, R., 2013 The Real-time City? Big Data and Smart Urbanism. *GeoJournal,* 79(1).

Kitchin, R., 2014. The Real-time City? Big Data and Smart Urbanism. *GeoJournal*, 79 (1).

Klosterman, R.E., 1997. Planning Support Systems: A Nnew Perspective on Computer-aided Planning. *Journal of Planning Education and Research,* 17(1).

Komninos, N., 2009. Intelligent Cities: Towards Interactive and Global Innovation Environments. *International Journal of Innovation and Regional Development*, 1(4).

Kourtit, K., Nijkamp, P. and D. Arribas, 2012. Smart Cities in Perspective–a Comparative European Study by Means of Self-organizing Maps. *Innovation: The European Journal of Social Science Research*, 25(2).

Kyttä, M., 2011. SoftGIS Methods in Planning Evaluation. In: Hull, A., E. R. Alexander, A. Khakee et al. (Eds.) *Evaluation for Participatory and Sustainable Planning*. London, New York: Routledge.

Kyttä, M., A. Broberg and M. Kahila, 2012. Urban Structure Factors Motivating Active Lifestyle among Children and Youth: A Case Study in the City of Turku, Finland. *American Journal of Health Promotion*, 26(5).

Laatikainen, T., H. Tenkanen, M. Kyttä *et al.*, 2015. Comparing Conventional and PPGIS Approaches in Measuring Equality of Access to Urban Aquatic Environments. *Landscape and Urban Planning*, 144.

Lai, Y.N., Y. Peng, B. Li *et al*., 2014. Industrial Land Development in Urban Villages in China: A Property Rights Perspective. *Habitat International*, 41.

Lange, P., P.R.J. Driessen, A. Sauer *et al*., 2013. Governing towards Sustainability-Conceptualizing Modes of Governance. *Journal of Environmental Policy & Planning*, 15(3).

Leaf, M. and L. Hou, 2006. The "third spring" of urban planning in China: The resurrection of professional planning in the post-Mao era. *China Information*, 20(3).

Lee, B.D., 1973. Requiem for Large-Scale Models. *Journal of the American Institute of Planners*, 39(3).

Lee, J. H., M.G. Hancock and M.C. Hu, 2013. Towards an Effective Framework for Building Smart Cities: Lessons from Seoul and San Francisco. *Technological Forecasting and Social Change*, 89.

Li, D., Y. Yao and Z. Shao 2012. The Concept, Supporting Technologies and Applications of Smart City. *Journal of Engineering Studies*, 4(4).

Li, H. B. 2009. Digital interface design combined with urban public space. Master Thesis of Tongji University.

Li, Z. 2015. *Broaden the Financing Channels to Promote the Healthy Development of Smart City*. China High-Tech Industry Herald.

Lieske S.N., K. Lyons, K. Wall *et al*., 2008. Planning Decision Support – Australian Examples, *Proceedings of the Queensland Spatial Conference*. 17-19 July. Surfer's Paradise, Qld., Australia.

Lieske S.N., R.H. Coupal, J.D. Hamerlinck *et al*., 2013. Planning Support Systems for Fiscally Sustainable Planning. In: Geertman, S., F. Toppen and J. Stillwell (Eds.) *Planning Support Systems for Sustainable Urban Development*. Heidelberg: Springer Berlin Heidelberg.

Lieske, S.N. and J.D. Hamerlinck, 2015. Integrating Planning Support Systems and Multicriteria Evaluation for Energy Facility Site Suitability Evaluation. *Journal of the Urban and Regional Information Systems Association*, 26.

Lin Y.L., X.L. Zhang and S. Geertman, 2015. Toward Smart Governance and Social Sustainability for Chinese Migrant Communities. *Journal of Cleaner Production*, 107(9).

Lin, Y. L., X. L.,Zhang and S.Geertman, 2014. Toward smart Governance and social sustainability for Chinese migrant communities. *Journal of Cleaner Production* 107(9).

Lin, Y.L. 2018. A Comparison of Selected Western and Chinese Smart Governance: The Application of ICT in Governmental Management, Participation and Collaboration. *Telecommunications Policy*, 42(10).

Lin, Y.L. and S. Geertman, 2013. Governance Approaches in the Regeneration of Immigration Communities: Potential Roles of Planning Support Systems (PSS), In: Geertman, S., J. Stillwell and F. Toppen (Eds.) *Planning Support Systems for Sustainable Urban Development*. Heidelberg: Springer.

Lin, Y.L. and S. Geertman, 2013. Governance Approaches in the Regeneration of Immigration Communities: Potential Roles of Planning Support Systems (PSS), In: Geertman, S., J. Stillwell and F. Toppen (Eds.) *Planning Support Systems for Sustainable Urban Development*. Heidelberg: Springer.

Lin, Y.L. and S. Geertman, 2015. Smart Governance, Collaborative Planning and Planning Support Systems: A Fruitful Triangle? In: Geertman, S., J.J. Ferreira, R.Goodspeed *et al*. (Eds.) *Planning Support Systems and Smart Cities*. Springer International Publishing.

Lin, Y.L. and S. Geertman, 2015. Smart Governance, Collaborative Planning and Planning Support Systems: A Fruitful Triangle? In: S. Geertman, J. Stillwell, J. Ferreira *et al*. (Eds.), *Planning Support Systems and Smart Cities*. Heidelberg: Springer.

Lin, Y.L., 2018. A Comparison of Selected Western and Chinese Smart Governance: The Application of ICT in Governmental Management, Participation and Collaboration. *Telecommunications Policy*, 42 (10).

Lin, Y.L., B. De Meulder and S.F. Wang, 2012. The Interplay of State, Market and Society in the Socio-Spatial Transformation of "Villages in the City" in Guangzhou. *Environment and Urbanization*, 24(1).

Lin, Y.L., B. De Meulder, X.X. Cai et al., 2014. Linking Social Housing Provision for Rural Migrants with the Redevelopment of "Villages in the City": A Case Study of Beijing. *Cities*, 40.

Lin, Y.L., Hao, P. and S. Geertman, 2015. A Conceptual Framework on Modes of Governance for the Regeneration of Chinese 'Villages in the City'. *Urban Studies*, 52 (10).

Lin, Y.L., P. Hao and S. Geertman, 2015a. A Conceptual Framework on Modes of Governance for the Regeneration of Chinese "Villages in the City". *Urban Studies*, 52(10).

Lin, Y.L., X.L. Zhang and S. Geertman, 2015b. Toward smart governance and social sustainability for Chinese migrant communities. *Journal of Cleaner Production*, 107.

Litman, T., 2015. *Analysis of Public Policies That Unintentionally Encourage and Subsidize Urban Sprawl.* Victoria Transport Policy Institute, Supporting paper commissioned by LSE Cities at the London School of Economics and Political Science, on behalf of the Global Commission on the Economy and Climate (www.newclimateeconomy.net) for the New Climate Economy Cities Program.

Luna-Reyes, L., S.A. Chun and J. Cho, 2012. E-participation and Transparent Policy Decision Making. *Information Polity: The International Journal of Government & Democracy in the Information Age*, 17(2).

Mandarano, L., M. Meenar and C. Steins, 2010. Building social capital in the digital age of civic engagement. Journal of Planning Literature, 25(2).

Mandarano, L., Meenar, M. and C. Steins, 2010. Building Social Capital in the Digital Age of Civic Engagement. *Journal of Planning Literature*, 25(2).

Mandelbaum, S.J., 1996. Making and Breaking Planning Tools. *Computers, Environment and Urban Systems*, 20(2).

Margerum R.D., 2002. Evaluating Collaborative Planning: Implications from an Empirical Analysis of Growth Management. *Journal of the American Planning Association*, 68(2).

McCrea, R. and P. Walters, 2012. Impacts of Urban Consolidation on Urban Liveability: Comparing an Inner and Outer Suburb in Brisbane, Australia. *Housing, Theory and Society*, 29.

McHenry County Farm Bureau, 2008. *Update on the Regional Planning Commission's 2030 Plan.* http://mchenrycfb.org/news/update-regional-planning-commission%E2%80%99s-2030-plan-jim-mcnutt.

McHenry County Regional Planning Commission, 2010a. *McHenry County 2030 Comprehensive Plan.*

McHenry County Regional Planning Commission, 2010b. *McHenry County 2030 Comprehensive Plan.*

McKinsey 2012. There are 300 million social media users in China! http://tech.qq.com/a/20120426/0000023.htm.

Meijer, A. and M.P.R. Bolivar, 2015. Governing the Smart City: A Review of the Literature on Smart Urban Governance. *International of Review of Administrative Sciences*. DOI: 10.1177/0020852314564308.

Michaud, K., J.E. Carlisle and E.R. Smith, 2008. Nimbyism vs. Environmentalism in Attitudestoward Energy Development. *Environmental Politics,* 17(1).

Murphy, P., 2007. The Metropolis. In: Thompson, S. (Ed.) *Planning Australia: An Overview of Urban and*

Regional Planning. Cambridge University Press.

Narooie, M., 2014. Boosting Public Participation in Urban Planing through the Use of Web GIS Technology: A Case Study of Stockholm County. Master thesis in KTH Royal Institute of Technology, School of Architecture and the Built Environment.

Narooie, M., 2014. *Boosting Public Participation in Urban Planning Through the Use of Web GIS Technology: A Case Study of Stockholm County.* Degree project in regional planning, second level Stockholm.

National Research Council, 2002. *Community and Quality of Life.* Washington: National Research Council.

Neirotti, P., A. De Marco, A.C. Cagliano *et al.*, 2014. Current Trends in Smart City initiatives: Some Stylised Facts. *Cities*, 38.

Nuissl, H. and D. Heinrichs, 2011. Fresh Wind or Hot Air – Does the Governance Discourse Have Something to Offer to Spatial Planning? *Journal of Planning Education and Research*, 31 (1).

Pallathucheril, V. and B. Deal, 2012. Communicative Action and the Challenge of Discounting. Presented at *The 53rd Annual Conference of the Association of Collegiate Schools of Planning*, Cincinnati, Ohio.

Papa, R., C. Gargiulo and A. Galderisi, 2013. Towards an Urban Planners' Perspective on Smart City. *Journal of Land Use, Mobility and Environment*, 17.

Pelzer P., S. Geertman and van der Heijden R., 2015. Knowledge in Communicative Planning Practice: A Different Perspective for Planning Support Systems. *Environment and Planning B: Planning and Design,* 42.

Pelzer, P., S. Geertman, R. van der Heijden *et al.*, 2014. The Added Value of Planning Support Systems: A Practitioner's Perspective. *Computers, Environment and Urban Systems*, 48.

Petit, C.J., 2005. Use of a Collaborative GIS-based Planning-Support System to Assist in Formulating a Sustainable Development Scenario for Hervey Bay, Australia. *Environment and Planning B*, 32.

Poplin, A., C.G. Pereira and F. C. M. Rocha, 2013. The Participatory Cube: A Framework for Analysis of Online Participation Platforms. In: Geertman, S., F. Toppen and J. Stillwell (Eds.) *Planning Support Systems for Sustainable Urban Development.* Dordrecht: Springer.

Poplin, A., C.G. Pereira and F.C.M. Rocha, 2013. The Participatory Cube: A Framework for Analysis of Online Participation Platforms, In: Geertman, S., J. Stillwell and F. Toppen (Eds.) *Planning Support Systems for Sustainable Urban Development.* Heidelberg: Springer.

Portney, P.R. and P.J. Weyant, 1999. *Discounting and Intergenerational Equity.* Washington: Resources for the Future.

Putnam, R.D., 1995. Tuning in, Tuning out: The Strange Disappearance of Social Capital in America. *PS: Political Science and Politics*, 28(4).

Queensland Department of Infrastructure and Planning, 2009. *South East Queensland Regional Plan 2009~2031.* Queensland Government Department of Infrastructure, Local Government and Planning. http://www.dilgp.qld.gov.au/planning/regional-planning.html.

Rauchfleisch, A. and S.M. Schäfera, 2014. Multiple Public Spheres of Weibo: A Typology of Forms and Potentials of Online Public Spheres in China. *Information, Communication & Society*, 18.

Rinner, C., C. Keßler and S. Andrulis, 2008. The Use of Web 2.0 Concepts to Support Deliberation in Spatial Decision-Making. *Computers, Environment and Urban Systems*, 32(5).

Rowe, G. and L.J. Frewer 2000. Public Participation Methods: A Framework for Evaluation. *Science,*

Technology & Human Values, 25(1).

Rowe, G. and L.J. Frewer, 2004. Evaluating Public-Participation Exercises: A Research Agenda. *Science, Technology & Human Values,* 29 (4).

Sandercock, L., 1998. *Towards Cosmopolis: Planning for Multicultural Cities.* Chichester: John Wiley.

Sanoff, H., 2008. Multiple Views of Participatory Design. *International Journal of Architectural Research,* 2(1).

Sassen, S., 2014. Talking Back to Your Intelligent City. McKinsey on Society. http://voices.mckinseyonsociety.com/talking-back-to-your-intelligent-city/.

Schlossberg, M. and E. Shuford, 2005. Delineating "public" and "participation" in PPGIS. *URISA Journal*, 16 (2).

Searle, G., 2010. Too Concentrated? The Planned Distribution of Residential Density in SEQ. *Australian Planner*, 47.

Shah, D.V., N. Kwak and R.L. Holbert, 2001. "Connecting" and "Disconnecting" with Civic Life: Patterns of Internet Use and the Production of Social Capital. *Political Communication*, 18(2).

Shen, L. Z. 2010. *Flowing Space*. Nanjing: Southeast University Press.

Shiode, N. 1999. Visualising the spatial pattern of Internet address space. In Gittings, B. M. (Ed.), *Innovations in GIS 6: Integrating Information Infrastructure with Geographical Information*. CRC Press.

Snyder, K., 2003. Tools for Community Design and Decision-Making, In: Geertman, S. and J. Stillwell (Eds.) *Planning Support Systems in Practice.* Berlin: Springer.

Stein, S.M. and T.L. Harper, 2012. Creativity and Innovation: Divergence and Convergence in Pragmatic Dialogical Planning. *Journal of Planning Education and Research*, 32.

Stone, D., 2012. *Policy Paradox: The Art of Political Decision Making*. New York: W.W. Norton & Company.

Sui, D., S. Elwood and M. Goodchild, 2012. *Crowdsourcing Geographic Knowledge: Volunteered Geographic Information (VGI) in Theory and Practice.* Springer Science & Business Media.

Suk-Joon, K., 2013. Smart Governance Enhances Social Cohesion in Korea. http://bookr2.com/viewmanual/24124. Accessed 10 June 2013.

Suk-Joon, K., 2013. Smart Governance Enhances Social Cohesion in Korea. http://bookr2.com/viewmanual/24124.

Talen, E., 2000. Bottom-up GIS: A New Tool for Individual and Group Expression in Participatory Planning. *Journal of the American Planning Association,* 66 (3).

Tapscott, D., A.D. Williams and D.Herman, 2007. Government 2.0: Transforming Government and Governance for the Twenty-First Century. Report, New Paradigm.

Tayebi, A., 2013. Planning Activism: Using Social Media to Claim Marginalized Citizens' Right to the City. *Cities*, 32.

Toppeta, D., 2010. *The Smart City Vision: How Innovation and ICT Can Build Smart, "Livable", Sustainable Cities*. The Innovation Knowledge Foundation. http://www.thinkinnovation.org/portfol/the-smart-city-vision-how-innovation-and-ict-can-build-smart-liveable-sustainable-cities-2-2.

Tulloch, D.L. 2008. Is VGI Participation? From Vernal Pools to Video Games. *GeoJournal,* 72(3~4).

Umemoto, K. and H. Igarashi, 2009. Deliberative Planning in a Multicultural Milieu. *Journal of Planning Education and Research*, 29.

Van Herzele, A., K. Collins and L. Tyrväinen, 2005. Involving People in Urban Forestry—A Discussion of Participatory Practices throughout Europe. In: Konijnendijk, C. C., K. Nilsson, T. Randrup, et al. Schipperijn (Eds.) *Urban Forests and Trees in Europe: A Reference Book*. Berlin: Springer.

Veeneklaas F.R., M.L. van den Berg, J.I. Schoonenboom *et al*., 1995. Scenarios as a Tool. In: Schoute, J.T., P. Finke, F. Veeneklaas and H. Wolfert (Eds.) *Scenario Studies for the Rural Environment* (*Environment & Policy*). Dordrecht: Springer.

Verma, N. and H. Shin, 2006. Communicative Action and the Network Society: A Pragmatic Marriage? In: Albrechts, L. and S. Mandelbaum (Eds.), The Network Society: A New Context for Planning. London: Routledge,9-24.

Voets, J., K. Dezeure and F. De Rynck, 2007. Collaborative roles of public officials in urban planning processes: an exploration. ISoCaRP Congress, 43.

Walker, D. and L.T. Daniels, 2011. *The Planners Guide to CommunityViz: The Essential Tool for a New Generation of Planning*. Chicago: APA Planners Press.

Walters, P. and R. McCrea, 2011. Maintenance of the Public Realm in the Face of Rapid Inner City Densification: A Case Study of West End in Brisbane, Australia. RC21: *The Struggle to Belong. Dealing with Diversity in 21st Century Urban Settings*. W. Nicholls. Amsterdam, University of Amsterdam.

White, R. and G. Engelen, 1994. Urban Systems Dynamics and Cellular Automata: Fractal Structures between Order and Chaos. *Chaos, Solitons & Fractals*, 5(5).

Wilhelm, A. G., 2000. *Democracy in the Digital Age: Challenges to Political Life in Cyberspace*. London: Routledge.

Wu, F., 2001. China's Recent Urban Development in the Process of Land and Housing Marketisation and Economic Globalisation. *Habitat International*, 25(3).

Xiang, W.-N. and C.K. Clarke, 2003. The Use of Scenarios in Land-Use Planning. *Environment and Planning B: Planning and Design,* 30. DOI:10.1068/b2945

Yeh, A.G. and F. Wu, 1999. The Transformation of the Urban Planning System in China from a Centrally-planned to Transitional Economy. *Progress in Planning*, 51(3).

Yeh, A.G., F.F. Yang and J. Wang, 2015. Economic transition and urban transformation of China: The interplay of the state and the market. *Urban Studies*, 52(15).

Young, K., D. Ashby, A. Boaz *et al*., 2002. Social Science and the Evidence-based Policy Movement. *Social Policy and Society,* 1(03).

Zhang, L., S. Geertman, P. Hooimeijer *et al*., 2019. The Usefulness of a Web-based Participatory Planning Support, China. *Computers, Environment and Urban Systems*, 74.

Zhou, L. J. and T. Wang, 2014. Social media: A new vehicle for city marketing in China. *Cities*, 37.

Zhou, L.J. and T. Wang, 2014. Social Media: A New Vehicle for City Marketing in China. *Cities*, 37.

CNNIC. 2015. 第36次中国互联网络发展状况统计报告. http://www.cnnic.net.cn/hlwfzyj/hlwxzbg/hlwtjbg/201507/P020150723549500667087.pdf.

奥雅纳:"中国智慧城市服务技术缺口分析",2015年(a)。

奥雅纳:"未来智慧系统的系统设计框架",2015年(b)。

奥雅纳:"某智慧地产的发展策略和智慧标准",2015年(c)。

奥雅纳:"中国智慧城市发展——深圳坪山新区推进策略",2015年(d)。

曹阳、樊弋滋、彭兰："网络集群的自组织特征——以'南京梧桐树事件'的微博维权为个案",《南京邮电大学学报》,2011年第13期。
陈东辉："新中国干部考核评价机制的历史演变及启示",《上海党史与党建》,2010年。
陈述彭:《地理信息系统导论》,科学出版社,2002年。
陈先枢、金豫北:《长沙地名古迹揽胜》,中国文联出版社,2002年。
陈燕申："我国城市规划领域中计算机应用的历史回顾与发展",《城市规划汇刊》,1995年第3期。
仇保兴："中国城市规划信息化发展进程",《规划师》,2007年第9期。
仇保兴:《中国智慧城市发展研究报告(2012—2013年度)》,中国建筑工业出版社,2013年。
邓昭华："西方规划师职业素养的形成及启示",《规划师》,2014年第11期。
郭彦弘："从花园城市到社区发展——现代城市规划的趋势",《城市规划》,1981年第2期。
国家统计局人口与就业统计司:《中国人口统计年鉴(2009)》,中国统计出版社,2009年。
国家统计局统计科学研究所信息化统计评价研究组:"2013年中国信息化发展指数(II)研究报告",《调研世界》,2014年第4期。
国脉互联智慧城市研究中心:"2013年中国智慧城市发展水平评估报告",2013年。
蒋明华、吴运建、丁有良等:"智慧城市系统及项目的投资运营模式研究",《电子政务》,2014年第144期。
梁鹤年:"公众(市民)参与:北美的经验与教训",《城市规划》,1999年第5期。
戚冬瑾、周剑云:"透视城市规划中的公众参与——从两个城市规划公众参与案例谈起",《城市规划》,2005年第7期。
全国总工会新生代农民工问题课题组:"关于新生代农民工问题的研究报告",2010年。
赛迪顾问:"中国智慧城市大数据应用市场研究白皮书",2013年。
上海陆家嘴智慧社区信息发展中心:"陆家嘴智慧社区白皮书2014",2014年。
上海陆家嘴智慧社区信息发展中心和奥雅纳:"陆家嘴2025",2015年(b)。
上海陆家嘴智慧社区信息发展中心和奥雅纳:"陆家嘴智慧社区白皮书2015",2015年(a)。
上海市经济和信息化委员会:"上海市智慧社区建设指南",2013年。
深圳市鑫梓润物业有限公司佛山分公司:《智慧城市管家》,2014年第1期。
孙施文、乔建平、袁锦富等:"技术进步:从CAD到微博——技术因素如何影响规划进步",《城市规划》,2013年第1期。
孙施文、殷悦:"西方城市规划中公众参与的理论基础及其发展",《国外城市规划》,2004年第1期。
孙玮:"'我们是谁',大众媒介对于新社会运动的集体认同感建构——厦门PX项目事件大众媒介报道的个案研究",《新闻大学》,2007年第3期。
谭纵波:《城市规划》,清华大学出版社有限公司,2005年。
王建国:"常熟新城区中心设计初探",《东南大学学报:自然科学版》,1990年第5期。
王璐:"智慧城市建设成熟度评价研究",哈尔滨工业大学硕士论文,2013年。
隗佳、王鹏、王伟:"新媒体介入公众参与历史街区保护的机制与对策",2015年中国城市规划年会。
吴树伟等:"智慧社区进入全新建设时代",2015年。http://paper.people.com.cn/zgcsb/html/2015-08/10/content_1598265.htm。
徐春燕:"智慧城市的建设模式及对'智慧武汉'建设的构想",华中师范大学硕士论文,2012年。
续合元、李健、曲振华等:"智慧城市内涵和应用服务体系研究",《电信网技术》,2011年第9期。
严涵:"新媒体时代的城乡规划公众参与研究",南京大学硕士论文,2013年。

杨会华、樊耀东:"智慧城市典型商业模式分析和选择",《移动通信》,2013年第3期。
杨哲:"数字城市建设必须重视历史文化的保护与更新",新技术应用:中国城市规划学会2002年年会论文集,2002年。
杨中芳、彭泗清:"中国人人际信任的概念化:一个人际关系的观点",《社会学研究》,1999年第2期。
张萍:"新时期社区建设与城市规划法制保障",《城市规划》,2001年。
张永民、杜忠潮:"我国智慧城市建设的现状及思考",《中国信息界》,2011年第168期。
张永民:"智慧城市总体方案",《中国信息界》,2011年第171期。
赵幸:"从一次网络事件说开去——谈旧城保护中的沟通和公众参与",《工程建设与设计》,2012年第1期。
郑卫:"我国邻避设施规划公众参与困境研究——以北京六里屯垃圾焚烧发电厂规划为例",《城市规划》,2013年第8期。
郑欣:"媒介的延伸:新生代农民工城市适应研究的传播学探索",《西南民族大学学报:人文社会科学版》,2016年第6期。
郑新强:"走向基层社会管理的善治之道——西乡街道'花园街区'建设实践的启示",载唐娟、陈文主编:《互相嵌入的政府、市场和社会——深圳市西乡街区治理改革的探索与思考》,中国社会出版社,2010年。
中国互联网络信息中心(CNNIC):"中国互联网络发展状况统计报告",2021年。
中国住建部:"智慧社区建设指南",2014年。
周恺、闫岩、宋斌:"基于互联网的规划信息交流平台和公众参与平台建设",《国际城市规划》,2012年。